20
25

PAULO DE **BESSA ANTUNES**
POVOS INDÍGENAS E TRIBAIS

E A CONSULTA PRÉVIA DA CONVENÇÃO 169 DA
ORGANIZAÇÃO INTERNACIONAL DO TRABALHO

Dados Internacionais de Catalogação na Publicação (CIP) de acordo com ISBD

A636p   Antunes, Paulo de Bessa

Povos Indígenas e Tribais: e a consulta prévia da convenção 169 da Organização Internacional do Trabalho / Paulo de Bessa Antunes. - Indaiatuba, SP : Editora Foco, 2025.

224 p. ; 16cm x 23cm.

Inclui bibliografia e índice.

ISBN: 978-65-6120-244-2

1. Direito. 2. Povos indígenas e tribais. 3. Convenção 169. 4. Trabalho. I. Título.

2025-20   CDD 340   CDU 34

Elaborado por Odilio Hilario Moreira Junior - CRB-8/9949

Índices para Catálogo Sistemático:

1. Direito 340

2. Direito 34

PAULO DE **BESSA ANTUNES**

POVOS INDÍGENAS E TRIBAIS

E A CONSULTA PRÉVIA DA CONVENÇÃO 169 DA
ORGANIZAÇÃO INTERNACIONAL DO TRABALHO

2025 © Editora Foco

Autor: Paulo de Bessa Antunes
Diretor Acadêmico: Leonardo Pereira
Editor: Roberta Densa
Coordenadora Editorial: Paula Morishita
Revisora Sênior: Georgia Renata Dias
Revisora Júnior: Adriana Souza Lima
Capa Criação: Leonardo Hermano
Diagramação: Ladislau Lima e Aparecida Lima
Impressão miolo e capa: FORMA CERTA

DIREITOS AUTORAIS: É proibida a reprodução parcial ou total desta publicação, por qualquer forma ou meio, sem a prévia autorização da Editora FOCO, com exceção do teor das questões de concursos públicos que, por serem atos oficiais, não são protegidas como Direitos Autorais, na forma do Artigo 8º, IV, da Lei 9.610/1998. Referida vedação se estende às características gráficas da obra e sua editoração. A punição para a violação dos Direitos Autorais é crime previsto no Artigo 184 do Código Penal e as sanções civis às violações dos Direitos Autorais estão previstas nos Artigos 101 a 110 da Lei 9.610/1998. Os comentários das questões são de responsabilidade dos autores.

NOTAS DA EDITORA:

Atualizações e erratas: A presente obra é vendida como está, atualizada até a data do seu fechamento, informação que consta na página II do livro. Havendo a publicação de legislação de suma relevância, a editora, de forma discricionária, se empenhará em disponibilizar atualização futura.

Erratas: A Editora se compromete a disponibilizar no site www.editorafoco.com.br, na seção Atualizações, eventuais erratas por razões de erros técnicos ou de conteúdo. Solicitamos, outrossim, que o leitor faça a gentileza de colaborar com a perfeição da obra, comunicando eventual erro encontrado por meio de mensagem para contato@editorafoco.com.br. O acesso será disponibilizado durante a vigência da edição da obra.

Impresso no Brasil (1.2025) – Data de Fechamento (1.2025)

2025
Todos os direitos reservados à
Editora Foco Jurídico Ltda.
Rua Antonio Brunetti, 593 – Jd. Morada do Sol
CEP 13348-533 – Indaiatuba – SP

E-mail: contato@editorafoco.com.br
www.editorafoco.com.br

Muitas pessoas disseram que os povos indígenas são mitos do passado, ruínas que morreram. Mas a comunidade indígena não é um vestígio do passado, nem um mito. Está cheio de vitalidade e tem rumo e futuro. Tem muita sabedoria e riqueza para contribuir. Eles não nos mataram e não nos matarão agora. Estamos avançando para dizer: "Não, estamos aqui. Nós vivemos".

(Rigoberta Menchú)

ABREVIATURAS

AAM – Acordos ambientais multilaterais

ADCT – Ato das Disposições Constitucionais Transitórias

BID – Banco Interamericano de Desenvolvimento

BM – Banco Mundial

CADHP – Comissão Africana dos Direitos Humanos e dos Povos

CAN – Comunidade Andina

CCJ – Corte Caribenha de Justiça

CCJ – Corte Caribenha de Justiça

CDB – Convenção sobre Diversidade Biológica

CF – Constituição Federal

CIDH – IACHR – Comissão Interamericana de Direitos Humanos

CLPI – Consentimento livre, prévio e informado

COP Conferência da Partes

Corte ADHP – Corte Africana dos Direitos Humanos e dos Povos

Corte IDH – Corte Interamericana de Direitos Humanos

DDHH – Direitos Humanos

DIMA – Direito internacional do meio ambiente

DUDH – Declaração Universal de Direitos Humanos

e.g, exempli gratia (por exemplo)

EPO – Escritório Europeu de Patentes (European Patent Office)

FCP – Fundação Cultural Palmares

FMI – Fundo Monetário Internacional

IFC – International Finance Corporation (Corporação Financeira Internacional)

INAI – Instituto Nacional de Assuntos Indígenas

LSO – Licença social para operar

OEA – Organização dos Estados Americanos

OIT/ILO – Organização Internacional do Trabalho

OMC/WTO – Organização Mundial do Comércio

OMPI/WIPO – Organização Mundial da Propriedade Intelectual

ONU – Organização das Nações Unidas

PE – Princípios do Equador

RTDI – Relatório Técnico de Delimitação e Identificação

SIDH – Sistema interamericano de proteção dos direitos humanos

STF – Supremo Tribunal Federal

TCP – Tribunal Constitucional Plurinacional

TJCA – Tribunal de Justiça da Comunidade Andina

TRF – Tribunal Regional Federal

UNCED /CNUMAD – Conferência das Nações Unidas sobre Meio Ambiente e Desenvolvimento

UNDRIP – Declaração das Nações Unidas sobre os Direitos dos Povos Indígenas. (United Nations Declaration on Indigenous Peoples Rights)

USPTO – Escritório de patentes dos Estados Unidos (United States Patent Office)

INTRODUÇÃO

Este trabalho tem por objeto pesquisar, especialmente na jurisprudência, o regime jurídico aplicável à consulta prevista na Convenção 169 da Organização Internacional do Trabalho aos povos indígenas e tribais pelas Cortes Constitucionais da América Latina, mas não só. O livro que ora se oferece ao público leitor é uma revisão de *A Convenção 169 da Organização Internacional do Trabalho na América do Sul*, lançado em 2017 e que se encontra esgotado. Optei pela mudança de título devido ao fato de que o escopo nesta edição foi muito ampliado. Houve uma reorganização dos capítulos de forma que o texto ganhou em coerência e organização.

Há um grande volume de jurisprudência sobre a consulta livre, prévia e informada, de modo que o leitor poderá ter uma visão panorâmica do atual estágio da questão em muitas Cortes nacionais e internacionais.

Como se constatará ao longo do trabalho, a construção de tal jurisprudência está alicerçada sobre alguns elementos fundamentais: (1) a construção histórica da legislação indigenista no período colonial; (2) as peculiaridades culturais dos povos indígenas; (3) o papel desempenhado pelo território nas sociedades indígenas; (4) a interpretação da Convenção 169 pela Corte Interamericana de Direitos Humanos, e (5) as novas Constituições sul-americanas.

Portanto, para que se possa enfrentar a questão focal do trabalho, faz-se necessária a contextualização do tema e os seus inúmeros desdobramentos no mundo moderno, em especial no que diz respeito à extração de recursos naturais e utilização de componentes da diversidade biológica que possam ser encontrados no interior de territórios ocupados por povos indígenas e tribais. Com efeito, parece evidente que as Convenções 169 e de Diversidade Biológica estão destinadas a ocupar lugares de destaque no cenário constitucional do continente durante os próximos anos, haja vista que a Biotecnologia é uma das fronteiras da ciência moderna e os chamados conhecimentos tradicionais associados, cada vez mais, se tronam relevantes no contexto da indústria farmacêutica e da propriedade intelectual. No que diz respeito à indústria extrativista, os indígenas sempre se viram envolvidos em questões complexas. A diferença é que, atualmente, os povos indígenas ostentam uma posição jurídica nunca imaginada.

Os povos indígenas e tribais, cada vez mais, têm buscado fazer valer os seus direitos perante tribunais nacionais e internacionais, obtendo significativos êxitos.

De fato, atualmente existe um amplo conjunto jurisprudencial que se espalha pelos mais diferentes países e, em especial, pelos países da América Latina, com destaque para os países da América do Sul.

A opção pelo estudo da jurisprudência das Cortes Constitucionais é fruto de uma decisão pragmática ante a enorme quantidade de material a ser pesquisado e, também, da importância que tal jurisprudência vem alcançando.

A matéria a ser examinada está, sem dúvida, na fronteira do moderno conhecimento jurídico, pois engloba temas muito diferentes que se imbricam de maneira bastante complexa. Com efeito, questões relacionadas com direito internacional público, direitos humanos, direito constitucional, história, antropologia e tantas outras permeiam a matéria de forma inexorável, fazendo com que as decisões sejam verdadeiros exercícios de ponderação entre direitos que, em aparente conflito, necessitam de harmonização.

Pelos motivos acima, a interdisciplinaridade do tema impõe que a pesquisa seja abrangente, começando com uma perspectiva histórica da legislação indigenista, sobretudo aquela relativa às terras e que se avance até o surgimento pleno dos povos indígenas e tribais de forma autônoma no mundo jurídico, como é o caso da Convenção 169.

A jurisprudência constitucional relativa à consulta prevista na Convenção 169 é mais uma etapa da multissecular luta dos povos indígenas e tribais pelo reconhecimento de seus direitos e dignidade. É isto que a presente pesquisa pretende mostrar.

O trabalho está dividido em sete capítulos que buscam estabelecer o contexto que permitirá ao leitor compreender a enorme importância da jurisprudência constitucional relativa à consulta livre, prévia e informada aos povos indígenas e tribais.

O capítulo 1 é introdutório e aborda a evolução legislativa dos direitos dos povos indígenas e comunidades tradicionais no Brasil, chegando à constitucionalização de tais direitos.

O capítulo 2 tem por objeto as terras indígenas e as comunidades tradicionais, assim como os conceitos normativos aplicáveis aos indígenas e às comunidades tradicionais.

O capítulo 3 cuida dos povos indígenas e tribais no mundo.

O capítulo 4 trata de povos indígenas, meio ambiente e direitos humanos buscando demonstrar a interrelação entre eles e expôs os principais acordos internacionais sobre a matéria e as decisões da Corte IDH sobre essas questões.

O capítulo 5 aborda a consulta no contexto do direito internacional.

O capítulo 6 apresenta uma visão da jurisprudência internacional sobre a consulta, com ênfase para as Cortes Constitucionais latino-americanas.

O capítulo 7 trata das instituições financeiras internacionais e como elas veem a consulta.

Os três primeiros capítulos, como se pode perceber, têm por objetivo estabelecer as bases para os capítulos subsequentes que lidarão mais diretamente com o conteúdo fundamental da pesquisa. No capítulo 4 é apresentada a "relação" das comunidades tuteladas pela Convenção 169. É interessante observar que, na América do Sul, o único país que alega não ter povos indígenas ou tribais como componente de sua população é o Uruguai, muito embora tal afirmação seja amplamente contestável e contestada. Em razão de tal "inexistência" de povos indígenas ou tribais em sua população, o Uruguai não é signatário da Convenção 169 e, da mesma forma, a sua Constituição não faz qualquer menção ao tema.

Metodologicamente, o trabalho foi realizado a partir de pesquisa bibliográfica e jurisprudencial que se expandiu em diversas áreas, tais como direito, história, antropologia, por exemplo. Doutrinariamente, buscou-se consultar a doutrina específica mais relevante, embora mereça ser destacado o fato de que ela se encontra dispersa em documentos extremamente variados, tais como livros, relatórios de comissões etc.

SUMÁRIO

ABREVIATURAS VII

INTRODUÇÃO IX

CAPÍTULO 1 – EVOLUÇÃO DA LEGISLAÇÃO BRASILEIRA SOBRE OS PO-
VOS INDÍGENAS, QUILOMBOLAS, COMUNIDADES TRADICIONAIS E SUAS
TERRAS 1

   1. Reconhecimento dos direitos tradicionais dos povos indígenas e tribais 1

      1.1 A legislação aplicável aos indígenas no Brasil (direito indigenista) .. 9

      1.2 Legislação aplicável aos negros escravizados 13

         1.2.1 O regime constitucional e legal da escravidão 14

            1.2.1.1 Extinção gradativa da escravidão 18

   2. A constitucionalização dos direitos costumeiros indígenas e dos povos
      tribais e comunidades tradicionais 23

      2.1 Supremacia constitucional sobre os direitos tradicionais indígenas e
         dos povos tribais e comunidades tradicionais 23

      2.2 A constitucionalização dos direitos dos povos indígenas, quilombo-
         las e comunidades tradicionais no Brasil 25

         2.2.1 Os indígenas como sujeitos da ordem constitucional 25

         2.2.2 A Constituição de 1988 29

CAPÍTULO 2 – AS TERRAS INDÍGENAS E DAS COMUNIDADES TRADICIO-
NAIS 31

   1. Terras indígenas e das comunidades tradicionais no direito brasileiro 31

   2. As terras indígenas e das comunidades tradicionais na Constituição de
      1988 34

      2.1 Terras indígenas 34

      2.2 Conceitos normativos de comunidade tradicional e de comunidade
         remanescente de quilombo 36

2. 2.1 Condições constitucionais e legais para o reconhecimento de comunidades remanescentes de quilombos 39

2.2.1.1 Regime de propriedade das terras quilombolas 43

2.3 Comunidades brasileiras tuteladas pela Convenção 169..................... 44

2.3.1 Comunidades Tradicionais brasileiras reconhecidas 46

3. As terras dos povos indígenas e tribais na Convenção 169 da OIT........... 50

CAPÍTULO 3 – POVOS INDÍGENAS E TRIBAIS... 53

1. Povos indígenas e tribais no mundo 53

1.1 África 53

1.2 América Latina e Caribe 53

1.3 América do Norte 61

1.4 Ásia 62

1.5 Europa 63

1.6 Oceania 64

CAPÍTULO 4 – POVOS INDÍGENAS, MEIO AMBIENTE E DIREITOS HUMANOS 65

1. A carta da ONU, Declaração Universal de Direitos Humanos e os Direitos dos Povos Indígenas 65

2. As grandes conferências ambientais da onu e os direitos dos povos indígenas e comunidades locais 66

3. Declarações de Direitos dos Povos Indígenas 69

3.1 Declaração das Nações Unidas sobre os Direitos dos Povos Indígenas 70

3.2 Declaração Americana dos Direitos dos Povos Indígenas 72

4. O sistema interamericano de proteção dos direitos humanos 72

4.1 Comissão interamericana de direitos humanos 74

4.1.1 A CIDH e a consulta prévia 75

4.2 Corte Interamericana de Direitos Humanos 76

4.2.1 Obrigações dos Estados conforme o entendimento da Corte Interamericana de Direitos Humanos 77

4.2.2 A jurisprudência da Corte Interamericana de Direitos Humanos 78

4.2.2.1 Requisitos para a realização da consulta livre, prévia e informada 79

4.2.2.2 Consulta, acordo e consentimento............................. 80

4.2.2.3 Decisões da Corte IDH sobre a consulta livre, prévia e informada 82

CAPÍTULO 5 – CONSULTA E CONSENTIMENTO LIVRE, PRÉVIO E INFORMADO NO DIREITO INTERNACIONAL... 95

1. A Convenção 169 da Organização Internacional do Trabalho 95

   1.1 Antecedentes: A Convenção 107 da OIT.. 96

   1.2 A Convenção 169 da Organização Internacional do Trabalho 99

2. Convenção sobre diversidade biológica 100

   2.1 Diversidade biológica, propriedade intelectual e biopirataria 104

       2.1.1 Propriedade intelectual e biopirataria 105

             2.1.1.1 O Patenteamento da biopirataria 107

                     2.1.1.1.1 Casos exemplares 108

   2.2 Tratado da OMPI sobre propriedade intelectual, recursos genéticos e conhecimentos tradicionais associados 109

3. Outros acordos multilaterais 110

   3.1 Convenção sobre o Controle de Movimentos Transfronteiriços de Resíduos Perigosos e seu Depósito [Convenção de Basileia] 110

   3.2 A Convenção de Roterdã sobre o Procedimento de Consentimento Prévio Informado Aplicado a Certos Agrotóxicos e Substâncias Químicas Perigosas Objeto de Comércio Internacional – PIC 111

   3.3 Convenção de Estocolmo sobre Poluentes Orgânicos Persistentes (POPS).. 111

4. Natureza jurídica da consulta prevista no artigo 6º da Convenção 169 da OIT 112

   4.1 A natureza jurídica da Consulta 112

       4.1.1 Consulta e poder de veto... 114

   4.2 Natureza jurídica 116

CAPÍTULO 6 – A CONVENÇÃO 169 E A CONSULTA PRÉVIA PERANTE OS TRIBUNAIS...... 119

1. Tribunais Internacionais 119

    1.1 Corte Africana de Direitos Humanos e dos Povos 119

    1.2 Corte Caribenha de Justiça e os casos ambientais 120

    1.3 Tribunal de Justiça da Comunidade Andina...... 122

2. Cortes Constitucionais da América do Sul 126

    2.1 Argentina 126

    2.2 Bolívia 132

    2.3 Chile 136

    2.4 Colômbia 137

    2.5 Equador...... 144

    2.6 Honduras 150

    2.7 México 151

    2.8 Peru 153

3. A consulta prévia perante o Poder Judiciário Brasileiro 161

    3.1 Supremo Tribunal Federal 162

        3.1.1 Terra Indígena Raposa Serra do Sol 162

            3.1.1.1 O marco temporal 165

                3.1.1.1.1 A tese confrontante: o indigenato como instituto jurídico...... 166

        3.1.2 RE 1017365/SC – Comunidade Indígena Xokleng, Terra Indígena Ibirama laklaño 167

        3.1.3 Belo Monte...... 171

        3.1.4 Comunidade Quilombola Quingoma 173

    3.2 Superior Tribunal de Justiça 175

CAPÍTULO 7 – INSTITUIÇÕES FINANCEIRAS, CONSULTA PRÉVIA E LICENÇA SOCIAL PARA OPERAR...... 177

1. Projeto Polonoroeste e a mudança de rumo do Banco Mundial 179

    1.1 As políticas do Banco Mundial...... 181

    1.2 *International Finance Corporation* 184

2. Princípios do Equador	186
2.1 Princípios do Equador e Padrão de desempenho 7 na jurisprudência brasileira	187
3. Licença social para operar	188
REFERÊNCIAS	193

Capítulo 1
EVOLUÇÃO DA LEGISLAÇÃO BRASILEIRA SOBRE OS POVOS INDÍGENAS, QUILOMBOLAS, COMUNIDADES TRADICIONAIS E SUAS TERRAS

1. RECONHECIMENTO DOS DIREITOS TRADICIONAIS DOS POVOS INDÍGENAS E TRIBAIS

A colonização do continente americano se fez com base em normas jurídicas produzidas no continente europeu, com dois pressupostos básicos (1) as terras recém-descobertas não tinham proprietários legítimos e (2) as populações existentes no novo continente deveriam ser cristianizadas, pois eram povos sem religião. A colonização, do ponto de vista humano teve, no mínimo, duas consequências relevantes: (1) a radical redução da população autóctone em razão de guerras, escravização e doenças; e (2) transferência forçada de milhões de africanos para o hemisfério com grande impacto étnico, cultural e linguísticos. Em relação ao ambiente físico no continente americano, a colonização provocou profundas mudanças na paisagem, com grandes desflorestamentos, mineração, agricultura voltada para a exportação etc. Isto tudo se fez acompanhar de um arsenal legislativo específico que se desenvolveu em todo o continente americano.

Há que se observar que os povos autóctones existentes no continente americano eram muito, com uma população estimada de aproximadamente 54 milhões de habitantes, divididos em cerca de (1) 3,8 milhões para os Estados Unidos da América e o Canadá; (2) 17,2 milhões para o México; (3) 5,6 milhões para a América Central; (4) 3, 0 milhões no Caribe; (5) 15, 7 milhões vivendo nos Andes e (6) 8,6 milhões no restante da América do Sul (Stebbins, 2024). Os números, naturalmente, são especulativos; contudo, o contato dos indígenas com os europeus teve impactos "catastróficos" na demografia do hemisfério ocidental (Bacci, 207). Esta grande população se dividia em diversos povos e nações, evidentemente, este fato não foi negligenciado pelos colonizadores que tiveram que se adaptar a tal diversidade.

A presença dos colonizadores europeus no continente americano, de imediato, trouxe um conjunto de normas jurídicas europeias aplicáveis aos indígenas que habitavam o Novo Mundo, normas que não se confundiam com o direito consuetudinário existente entre os diversos povos indígenas. Contudo, houve casos e aproveitamento do direito costumeiro indígena pelos europeus, como foi o caso da mita nos Andes.[1-2]

Logo, passaram a coexistir multipolos direitos sobre um mesmo território, fenômeno este que não causava nenhum estranhamento, pois o pluralismo jurídico somente foi "derrotado" no século XVIII com a prevalência de um direito estatal único e unificado. O direito costumeiro das sociedades indígenas não é objeto do presente capítulo.

É importante observar que há uma tendência internacional, sobretudo nos países com tradição de *common law*, que considera que o direito europeu não revogou o direito costumeiro indígena salvo quando tenha expressamente mencionado tal circunstância. O leading case internacional é o conhecido Caso Mabo – dividido em Mabo 1 e Mabo 2 – que foi julgado na Austrália e está relacionado ao povo Meriam,[3] grupo aborígene que reivindicava direitos sobre as ilhas Murray, situadas no estreito de Torres. Conforme o entendimento jurídico anterior ao caso, as terras das ilhas Murray eram *terra nullius* (terra de ninguém), pois os aborígenes não tinham uma concepção consolidada de direito de propriedade e que a chegada dos ingleses à Austrália em 1788 havia estabelecido que todas as terras australianas passaram à propriedade da Coroa Britânica (doutrina da terra nullius).

Em maio de 1982, Eddie Koiki Mabo, Sam Passi, David Passi, Celuia Mapo Salee e James Rice[4] (caso Mabo 2) propuseram uma ação judicial reivindicando

---

1. La Mita: El término mita proviene del quechua y significa turno. El sistema era utilizado por los Incas de época precolombina y los conquistadores lo adaptaron a sus necesidades. Consistía en un trabajo obligatorio de los indios varones entre 18 y 50 años a favor del estado español, este administraba la mano de obra indígena en función a los pedidos de las diversas "industrias" españolas. La mita era por un periodo determinado, en el caso de la mita minera el tiempo de duración era un año, por sus servicios los indios recibían un pago que les era insuficiente (ellos debían costear su alimentación y alojamiento durante su mita). Disponível em: https://edea.juntadeandalucia.es/bancorecursos/file/fcab687a-d009-4863-8dcf-aa3616df95c8/1/es-an_2018062512_9175221.zip/PSM_MITA_Y_EN-COMIENDA.pdf. Acesso em: 19 out. 2024.
2. Os textos em espanhol nem sempre serão traduzidos, tendo em vista a facilidade de compreensão.
3. Disponível em: https://aiatsis.gov.au/explore/articles/mabo-case. Acesso em 19 out. 2024.
4. A tradução dos textos é do autor, salvo menção em contrário. Disponível em: https://aiatsis.gov.au/sites/default/files/research_pub/overturning-the-doctrine-of-terra-nullius_0_3.pdf. Acesso em: 20 out. 2024.

CAPÍTULO 1 • LEGISLAÇÃO SOBRE OS POVOS INDÍGENAS, QUILOMBOLAS E SUAS TERRAS | **3**

a propriedade de suas terras na ilha de Mer, no Estreito de Torres situadas entre a Austrália e Papua Nova Guiné. A Suprema Corte da Austrália Tribunal determinou que o Supremo Tribunal de Justiça de Queensland identificasse a matéria de fato; todavia, enquanto o caso estava pendente e julgamento no tribunal de Queensland, o legislativo estadual de Queensland aprovou uma lei sobre relativa às Ilhas do Estreito de Torres. A lei dispunha que quaisquer direitos que os habitantes das ilhas do Estreito de Torres tivessem após a reivindicação de soberania em 1879 ficam extintos sem qualquer compensação".

A impugnação da lei de Queensland foi feita perante a Suprema Corte Australiana (caso Mabo 1) que decidiu no sentido de que a lei local violava a Lei sobre discriminação racial de 1975 e, portanto, era inconstitucional.

A decisão do caso Mabo 2 é de junho de 1992 quando Celuia Mapo Salee e Eddie Mabo já eram falecidos.

A decisão do Caso Mabo (1) foi proclamada pela Suprema Corte australiana representando uma profunda modificação no direito fundiário australiano e superando a *doutrina da terra nullius* que serviu de justificativa legal para que os britânicos reivindicassem direitos de posse sobre a Austrália. A decisão reconheceu a *doutrina do título nativo* como parte do direito australiano. Com base na doutrina do título nativo, foram reconhecidos os direitos costumeiros e tradicionais do povo Meriam sobre as ilhas que ocupavam ao leste do Estreito de Torres. Na oportunidade, também foram reconhecidos os direitos de todos os povos aborígenes da Austrália anteriores ao estabelecimento da Colônia Britânica de Nova Gales do Sul em 1788. O tribunal reconheceu os títulos nativos anteriores à tomada de terras pela Coroa, desde a declaração de posse de Cook em 1770. A Corte entendeu que o título nativo persiste até o presente, salvo onde tenha sido legitimamente extinto (lei da Coroa Britânica). Em seguida à decisão judicial foi editada Lei do Título Nativo de 1993.

No Brasil, há o caso Denilson, julgado pelo Tribunal de Justiça de Roraima que entendeu que uma condenação criminal feita pela justiça estatal brasileira não poderia ser aplicada se a comunidade indígena já havia condenado o autor pelo seu direito costumeiro.[5]

---

5. Se o crime em comento foi punido conforme os usos e costumes da comunidade indígena do Manoá, os quais são protegidos pelo art. 231 da Constituição, e desde que observados os limites do art. 57 do Estatuto do Índio, que deva penas cruéis, infamantes e a pena de morte, há de se considerar penalmente responsabilizada a conduta do apelado.

– A hipótese de a jurisdição penal estatal suceder à punição imposta pela comunidade indica clara situação de ofensa ao princípio non bis in idem.

Disponível em: http://diario.tjrr.jus.br/dpj/dpj-20160217.pdf. Acesso em: 17 out. 2024.

O que será examinado neste trabalho é o chamado *direito indigenista*, isto é, aquele destinado aos índios, contudo fruto de uma produção externa às sociedades indígenas. Para os nossos objetivos, considera-se a presença dos europeus no continente americano *após* 1492, haja vista que as incursões realizadas pelos povos nórdicos na região do moderno Canadá não são relevantes para o presente trabalho.[6]

A colonização da América pelos estados ibéricos teve um forte componente religioso, embora a ele não se limitasse. É importante relembrar que a expansão para a América teve como base jurídica a emissão de vários documentos papais que legitimavam a empreitada, do ponto de vista legal. Conforme Adriano Moreira (Moreira, 1994), a doutrina do poder indireto do Sumo Pontífice sobre os assuntos terrenos foi a base jurídica e teológica para a expansão ibérica em direção ao Novo Mundo. A doutrina se materializou em um conjunto de diplomas legais, como por exemplo (1) Bula *Romanus Pontifex*, 8 de janeiro de 1454, Papa Nicolau V, (2) Bula *Aeterni regis clementia*, 21 de junho de 1481, Papa Sisto IV, (3) Bula *Inter Coetera*, 4 de maio de 1493, Papa Alexandre VI, (4) Bula *Ea quae pro bono pacis*, 24 de novembro de 1506, Papa Júlio II; pelas duas últimas bulas papais foi reconhecido o Tratado de Tordesilhas firmado entre Portugal e Espanha. Sobre a eficácia das decisões papais é conhecida a afirmação de Francisco I, Rei de França, "o sol brilha para todos e desconheço a cláusula do testamento de Adão que dividiu o mundo entre portugueses e espanhóis", ao se referir ao Tratado de Tordesilhas firmado em 1494 para pacificar as disputas relativas às bulas papais. No particular, há que se registrar que, no início da colonização, ainda não era claro se boa parcela do território que formaria o Brasil seria incorporado ao império colonial português ou ao francês, somente se consolidando o domínio português sobre as regiões ao sul de Salvador com a fundação da cidade de São Sebastião do Rio de Janeiro em 1565, que contou com o apoio dos indígenas Tupi, liderados por Araribóia, líder (cacique) indígena (Silva, 2022). A presença francesa na região da Baía de Guanabara era muito intensa antes da fundação da cidade (Freitas, 2020).

No que se refere à colonização do Brasil, a Companhia de Jesus desempenhou papel essencial tanto para as questões espirituais quanto para as temporais (Almeida, 2014). Os jesuítas se fizeram presentes na colonização de todo o continente americano. De acordo com Tiago Cordeiro (Cordeiro, 2016), houve várias levas de religiosos jesuítas que vieram para o Novo Mundo, sempre conforme as necessidades dos países colonizadores. Os franceses, já em 1609, enviaram religiosos da Companhia de Jesus para as atuais províncias canadenses de Quebec

---

6. Disponível em: http://www.newworldencyclopedia.org/entry/Leif_Ericson. Acesso em: 22 out. 2024.

CAPÍTULO 1 • LEGISLAÇÃO SOBRE OS POVOS INDÍGENAS, QUILOMBOLAS E SUAS TERRAS | **5**

e Ontário e para o atual estado da Louisiana; até mesmo os inglese se utilizaram de jesuítas (Maryland – 1634); os portugueses mandaram religiosos juntamente com a equipe de Tomé de Souza, em 1534. Os espanhóis mandaram missionários jesuítas para as Américas a partir de 1556.

Toda a jornada colonial suscitou importantes debates morais sobre o valor das conquistas militares para a evangelização, gerando questões relativas a (1) guerras justas, (2) manutenção de propriedade e igualdade entre os seres humanos. É também no mesmo período histórico que se observa o florescimento de uma nova concepção de direito natural[7] e, igualmente, o lançamento dos alicerces do nascente direito internacional.

José Vicente César (1985) anota que tanto Colombo como Pero Vaz de Caminha consideravam a possibilidade de conversão dos indígenas à fé católica como uma mera questão de tempo, paciência e conhecimento de suas línguas, pois consideravam que os nativos não tinham nenhuma seita ou mesmo idolatria.

Os europeus, quando chegaram, encontraram povos totalmente diferentes daqueles com os quais estavam acostumados a travar contato. Isto fez com que inúmeras discussões teológicas, filosóficas e políticas tivessem lugar entre os religiosos ibéricos, destacando-se os escritos do Frei Francisco Vitória, do Frei Bartolomé de las Casas e de Juan Ginés de Sepúlveda, estes dois últimos protagonistas da chamada "controvérsia de Valladolid". O centro dos debates era a questão de como abordar os povos originários do continente e como incorporá-los, bem como os seus territórios, à cristandade (domínio espiritual) e aos estados europeus (domínio temporal). No centro de tais questões estava o problema da manifestação de vontade livre e consciente de tais povos em aceitar a dominação europeia. A questão da diferença ou da alteridade foi, portanto, introduzida no ambiente intelectual europeu da colonização (Pierré-Caps e Poumarède, 2004) e continua presente, inobstante os mais de 500 anos de contato.

O livre arbítrio é um dos elementos centrais do catecismo católico,[8] não se admitindo a evangelização compulsória. Assim, era indiscutível que, do ponto de vista teórico, o *consentimento* dos indígenas para a evangelização e, também, para a ocupação pelos europeus de suas terras era fundamental e, portanto, um

---

7. Disponível em: https://plato.stanford.edu/archives/sum2010/entries/colonialism. Acesso em: 21 out. 2024
8. 1730. Deus criou o homem racional, conferindo-lhe a dignidade de pessoa dotada de iniciativa e do domínio dos seus próprios actos. "Deus quis 'deixar o homem entregue à sua própria decisão'" (*Sir* 15, 14), de tal modo que procure por si mesmo o seu Criador e, aderindo livremente a Ele, chegue à total e beatífica perfeição" "O homem é racional e, por isso, semelhante a Deus, criado livre e senhor dos seus actos" Disponível em: https://catecismo.net/indice-geral/parte=3/secao=1/capitulo=1/artigo=3/paragrafo=0/topico=0/titulo=0/numero=0. Acesso em: 21 out. 2024.

fator de legitimação. Apesar disto, vale observar que, no espaço de duas gerações, o povo Taino foi extinto na ilha Hispaniola, em Cuba, em Porto Rico e na Jamaica (Bacci, 2007, p. 36).

A chegada dos europeus à América no século XVI é fato cujas repercussões ainda se fazem sentir. Todavia, é necessário que não nos deixemos enganar pela designação genérica – "índios" – atribuída aos habitantes originários do Novo Mundo. Da mesma forma, não se pode considerar que a América foi submetida por europeus *genéricos*. Com efeito, as populações autóctones tinham e continuam tendo grandes diferenças culturais entre si, assim como os europeus. Por isso, os modelos de colonização dos (1) espanhóis, (2) dos franceses, (3) dos portugueses, (4) dos ingleses e dos (5) holandeses tinham importantes diferenças quanto ao relacionamento com as populações nativas. A partir do século XIX iniciou um processo de classificação e categorização do conhecimento sobre as relações com as populações autóctones que deu origem a um processo de "racialização" (Banton, 2015) das relações entre autóctones e colonizadores e, posteriormente, com os estados nacionais quando da independência de várias das antigas colônias. Essas relações, contudo, sempre foram marcadas pela ambiguidade, pois dependendo do grau de "amizade" ou "inimizade", os indígenas podiam ser mansos ou selvagens, o que implicava em uma modificação de *status* perante os europeus.

> – Sei o que queres dizer; não partilho essas ideias que vogam entre os meus companheiros; para mim, os índios quando nos atacam, são inimigos que devemos combater; quando nos respeitam são vassalos de uma terra que conquistamos, mas são homens!
>
> – Não há dúvida, disse D. Antônio de Mariz, na sua cega dedicação por Cecília quis fazer-lhe a vontade com risco de vida. É para mim uma das coisas mais admiráveis que tenho visto nesta terra, o caráter desse índio. Desde o primeiro dia que aqui entrou, salvando minha filha, a sua vida tem sido um só ato de abnegação e heroísmo. Crede-me, Álvaro, é um cavalheiro português no corpo de um selvagem![9]

Os portugueses quando se estabeleceram no Brasil aqui encontraram uma grande população plenamente instalada e que lhes recordavam os mitos edênicos (Cunha, 2012). Os povos originários não eram uniformes e tinham as suas rivalidades e controvérsias, o que fez com que algumas se aliassem aos europeus considerando um conjunto de rivalidades anteriormente existentes entre os próprios indígenas ou vantagens concretas oferecidas por portugueses, franceses ou espanhóis, conforme o caso. Já Gandavo havia chamado a atenção para a importância das dissensões entre os indígenas como fator de poder lusitano,

---

9. ALENCAR, José. *O Guarani*. Disponível em: http://www.dominiopublico.gov.br/download/texto/bv000135.pdf. Acesso em: 25 nov. 2017.

CAPÍTULO 1 • LEGISLAÇÃO SOBRE OS POVOS INDÍGENAS, QUILOMBOLAS E SUAS TERRAS

"porque se assim não fosse, os portugueses não poderiam viver na terra" (Gandavo, 1574 (2014), posição 305). Este mesmo fenômeno aconteceu em outras partes do continente americano (Hämäläinen, 2024).

A utilização moderna das expressões "povos autóctones" ou "povos indígenas" abarca uma grande variedade de grupos sociais como por exemplo os Tuaregue, os Ianomâmi e os Inuit (Deroche, 2005, p. 47). Logo, parece claro que não há uma definição consensual sobre quais as características suficientes para que se possa reconhecer uma população como autóctone ou indígena. Entretanto, autóctone ou indígena são designações que partem do conceito de que o centro das relações está naqueles que chegaram ao novo local e lá – para espanto – se defrontaram com o inesperado: a existência de populações diferentes dos adventistas. Neste pormenor, a Convenção 169 é inovadora, pois coloca um dos pontos principais da definição de povo indígena ou tribal nas próprias populações por ela tuteladas, o que é uma importantíssima alteração do modelo até então vigente.

No continente americano quem eram os autóctones ou indígenas? Inicialmente, recorde-se de que as Américas estavam habitadas, desde o Alasca até a Patagônia, por inúmeros povos e comunidades que ostentavam níveis muito diferentes de atividades políticas, econômicas e sociais, inclusive com cidades que estavam entre as maiores do mundo de então. Hoje em dia, já não é mais novidade o reconhecimento de que tais povos estavam articulados por complexas relações locais e regionais, com intensa troca de informações e trocas comerciais, inclusive de diversidade biológica. Sabemos que a Amazônia em seu atual aspecto, por exemplo, é fruto de interações ecológicas, geológicas e humanas (Witkoski, 2007), estando em descrédito as teses de uma natureza intocada sem a presença de humanos (Moran, 2008).

A população exata das Américas é uma incógnita, havendo enormes variações de números, sendo certo que ultrapassavam algumas dezenas de milhões (Oliveira, 2014, p. 176). Em relação ao Brasil, não ultrapassava os cinco milhões de indivíduos, composta por várias etnias, muitas das quais desapareceram (Almeida, 2010). As informações mais detalhadas que temos dizem respeito aos tupis, pois foram eles que mantiveram contatos mais frequentes e próximos com os portugueses, seja como aliados, seja como inimigos (Holanda, 2003, p. 83).

O contato com os tupis foi decisivo para a definição do padrão de relacionamento com as diferentes etnias. Assim, a expressão "tapuia", bárbaro em Tupi passou a ser utilizada para identificar não só os inimigos dos Tupis, mas igualmente para os inimigos dos portugueses. Eram os povos de língua travada, não compreensível. Aliás, no que respeita às línguas indígenas, vale relembrar a célebre passagem de Gandavo:

[a] língua deste gentio toda pela costa é uma; carece de três letras, *slicet* [a saber], não se acha nela F, nem L, nem R, coisa digna de espanto, porque assim não têm Fé, nem Lei, nem Rei; e desta maneira vivem sem justiça e desordenadamente. (Gandavo, 1574 (2014), posição 523).

Na medida em que a colonização se afirmou, os indígenas foram sendo divididos em (1) mansos – aqueles que mantinham relações pacíficas ou, no mínimo, de tolerância recíproca com os europeus (portugueses) – e (2) bravos, aqueles que resistiram por mais tempo à colonização, ou que mantinham alianças com outros europeus, franceses, por exemplo. A existência de índios bravos estendeu-se do século XVI até o século XIX. Dentre os índios bravos merecem destaque as etnias dos caetés, potiguaras, goitacazes e aimorés que, após o século XVIII passaram a ser chamados de botocudos (Almeida, 2010). É curioso observar o termo desbravar:

Estes números se explicam em nossa história de "desbravamento", que parece não ter se encerrado até hoje. "Desbravar", termo cunhado sobre o sangue indígena, significou "retirar os bravos" ao longo da ocupação territorial brasileira. Os bravos, os índios, foram tratados como parte do território a ser tratado, ocupado, limpo. "Desmatar" e "Desbravar" caracterizam a forma como o território brasileiro foi – e continua, em alguma medida, a ser – criado. (Niskier, 2016, p. 18).

As relações entre colonos e indígenas sempre foram ambíguas. Não se pode esquecer que até a consolidação do domínio português – especialmente com a fundação da cidade do Rio de Janeiro em 1565 –, franceses e portugueses mantinham relações com os povos indígenas mediante a constituição de casamentos e alianças familiares. Isto em função do fato de que no início da colonização os povos indígenas foram percebidos como nações "autônomas" (Cunha, 2012). Um bom exemplo da política de alianças por meio de casamentos e o casamento de Jeronimo de Albuquerque com a filha do Chefe Arcoverde, unindo portugueses e tabajaras. A se observar, igualmente, que os indígenas também souberam se aproveitar das divergências entre os diferentes colonos, sendo notório o caso dos Potiguaras, que se dividiram no apoio a holandeses e portugueses. As complexas relações entre indígenas e portugueses foram objeto de uma ampla legislação especial, a qual doravante se passa a examinar em breves palavras.

Os povos nativos que aqui estavam passaram a ser conhecidos como índios. Esta designação passou a ser válida para todos os povos e indivíduos que aqui habitavam. Desnecessário dizer da superficialidade da generalização. Tal designação, como se sabe, é bastante equívoca, pois não se pode afirmar qualquer semelhança entre os originários habitantes de nossa terra e as populações do subcontinente indiano. Esta, no entanto, foi a designação que se adotou para todos os povos nativos do "Novo Mundo".

CAPÍTULO 1 • LEGISLAÇÃO SOBRE OS POVOS INDÍGENAS, QUILOMBOLAS E SUAS TERRAS **9**

Os "índios", em realidade, eram, e são, constituídos por diversos povos e nações com costumes e peculiaridades específicas e diferentes entre si. Não se pode agrupá-los em uma única categoria. Pouco se sabe sobre os povos que habitavam o Brasil quando da época da chegada dos colonizadores. Os tupis formam o grupo melhor conhecido, pois, em razão dos combates e guerras que travaram com os portugueses, estes passaram a anotar as suas características mais importantes etc. Diferentemente do que é pregado pela história oficial, a colonização não se fez sem sangue e sem luta. A disparidade entre a força das armas, o nível organizacional e outras circunstâncias levaram os povos nativos à derrota ante o colonizador. Convém acentuar, contudo, que: "nos limites de suas possibilidades, foram inimigos duros e terríveis, que lutaram ardorosamente pelas terras, pela segurança e pela liberdade, que lhes eram arrebatadas conjuntamente" (Holanda, 1985, p. 72). Não há, contudo, uma história da resistência indígena. A História é sempre a História do vencedor, de seus "feitos". O movimento historiográfico voltado para o "outro" lado da História é recente e minoritário.

Os brasileiros nativos, desde o começo, sofreram a escravização por parte dos colonizadores que aqui aportavam. De fato, a escravização dos "gentios" caminhou lado a lado com a ocupação do território brasileiro e dela não pode ser separada. Conforme anota Rodolfo Garcia: "[d]esde o primeiro contato com a terra do Brasil, como veio a chamar-se logo depois, e com a população aborígine, começaram os descobridores a praticar a escravidão" (Garcia, 1975, p. 63).

A historiografia mais recente (Almeida, 2010) (Cunha, 2012) nos informa que os indígenas exerceram um papel ativo na colônia, não sendo meros expectadores passivos da colonização. Um delicado jogo político entre europeus e indígenas – ora como aliados, ora como inimigos – se desenvolveu ao longo de todo o período da colonização e, certamente, ainda se desenvolve entre os indígenas e os modernos estados nacionais. Ao contrário do que as correntes de pensamento mais vinculadas a visões Malthusianas e catastróficas do mundo imaginam, os povos indígenas, apesar das dificuldades, não vivem em "colapso" (Diamond, 2005), sendo muito consistente o seu aumento populacional.

1.1 A legislação aplicável aos indígenas no Brasil (direito indigenista)

Uma das primeiras atitudes do colonizador para com os indígenas foi a tentativa de escravizá-los. Já em 1511, cerca de 30 índios cativos foram levados para Lisboa. Os senhores e donatários das capitanias hereditárias recebiam, através das próprias Cartas de Doação e Forais, o direito de escravizar indígenas. Os senhores tinham o direito de escravizar quantos índios quisessem e podiam levar até 39 para a capital da colônia. Buscava, o colonizador, assegurar o suprimento de mão de obra barata e abundante, sem que precisasse, para tanto, comprar escravos negros no mercado africano.

O Regimento de Tomé de Souza[10] foi bastante claro ao tratar dos indígenas brasileiros, possuindo determinações precisas para que a autoridade colonial explorasse as rivalidades e divergências entre os diferentes povos indígenas. Da mesma forma, ele trazia comandos para que o exército lusitano destruísse, sem qualquer piedade, os que se opusessem à colonização. Merece destaque o fato de que a palavra *paz* foi repetida diversas vezes no Regimento, o que demonstrava o reinante estado de beligerância entre os colonos e os indígenas. A "paz" seria feita com a subjugação dos povos autóctones.

> E tanto que a dita cerca for reparada e estiver desprovido do necessário, e o tempo vos parecer disposto para isso, praticareis, com pessoas que o bem entendam, a maneira que tereis para poder castigar os culpados, a mais a vosso salvo, e com menos risco da gente que puder ser, e como assim tiverdes praticado, o poreis em ordem, destruindo-lhes suas aldeias e povoações, e matando e cativando aquela parte deles, que vos parecer que basta para seu castigo e exemplo de todos, e daí em diante, pedindo-vos paz, lha concedais, dando-lhes perdão; e isso, porém, será com eles ficarem reconhecendo sujeição e vassalagem, e com encargo de darem em cada ano alguns mantimentos para a gente da povoação; e no tempo que vos pedirem paz, trabalhareis por haver a vosso poder alguns dos principais que foram no dito alevantamento, e estes mandareis, por justiça, enforcar na aldeia donde eram principais.

O Regimento também trazia diretrizes relativas à evangelização dos indígenas, que, em seus próprios termos, era a "principal causa" para o povoamento das novas terras. Izidoro Martins Junior (Martins Jr., 1979) ressalta que mesmo os nobres desideratos de difusão da fé não impediram que o Regimento ordenasse a expulsão, o cativeiro e a morte como sanções e punições exemplares para os que não aceitassem a paz colonial. No projeto da colonização não havia espaço para a complacência ou tolerância para com os autóctones que não aderissem à nova ordem colonial. A guerra travada contra os indígenas possuía dois *fronts* bastante claros e definidos: o ataque físico às populações indígenas e o ataque cultural. Pelo ataque físico, tentava-se a destruição militar dos indígenas; pelo ataque cultural, o objetivo era a "integração" dos indígenas à sociedade colonial. Estas características que marcaram o início do processo regeram, por cinco séculos, as relações entre brancos e índios, entre "civilizados" e "selvagens".

O início oficial e legal do cativeiro indígena, contudo, ocorreu no ano de 1537, quando foi expedida uma Carta Régia pela qual foi permitida a escravização dos caetés. Ao longo do período colonial foram feitas inúmeras leis e outros documentos legais cuja finalidade era tratar da "liberdade" dos povos indígenas.

---

10. Disponível em: https://educacao.uol.com.br/disciplinas/historia-brasil/brasil-colonia-documentos-2-regimento-de-tome-de-sousa-1548.htm. Acesso em: 20 out. 2024.

CAPÍTULO 1 • LEGISLAÇÃO SOBRE OS POVOS INDÍGENAS, QUILOMBOLAS E SUAS TERRAS

Este era o eufemismo utilizado para estabelecer as condições mediante as quais era permitida a escravização dos indígenas. Em que pese a alegada fé cristã e católica da Coroa Portuguesa, a Corte jamais deu muita importância aos mandamentos da Igreja quanto ao delicado problema da escravização dos indígenas, sendo certo que a própria concepção eclesiástica acerca do problema da escravização dos indígenas, por muito tempo, foi vacilante e contraditória. Observe-se que, no ano de 1537, isto é, no mesmo ano em que foi permitida a escravização dos caetés, o papa Paulo III expediu uma Bula pela qual eram excomungados os que mantivessem indígenas em cativeiro.

A legislação acerca dos direitos, deveres e escravização dos indígenas foi confusa, embora tivesse um núcleo comum que era o de, no mínimo, submeter os índios à religião católica. Tanto é assim que no Regimento de Tomé de Souza constava que o principal fim porque se povoava o Brasil era o de reduzir "o gentio à fé católica". Reduzir o gentio à fé católica, evidentemente, significava impor a religião católica aos nativos da terra. Pelo Alvará de 30 de julho de 1609,[11] os índios foram declarados livres conforme o direito e seu nascimento natural.

Por força da nova legislação eles tiveram restabelecidos os seus direitos de liberdade. Tal liberdade, contudo, não durou muito, pois a Carta de lei de 10 de setembro de 1611[12] restabeleceu o regime de escravidão indígena. Pela referida lei será reputado legítimo o cativeiro não só dos aprisionados em guerra justa, mas, também, dos índios resgatados quando cativos de outros índios. Somente em 1647 que houve a revogação da Lei de 13 de outubro de 1611, a qual estabeleceu condições para a "liberdade dos gentios". Os Alvarás de 10 de novembro de 1647 e dos dias 5 e 29 de setembro de 1649 restabeleceram o regime de liberdade dos povos nativos. É de se observar, contudo, que, pela provisão de 17 de outubro de 1653, voltada especialmente para o Pará e para o Maranhão, foram restabelecidos os antigos casos de cativeiro e instituídos outros novos. Já aos 9 de abril de 1655 foram abolidos os novos casos de escravidão.

A incoerência e vacilação da legislação, contudo, levaram a que leis dos anos 1663, 1667 e 1673 voltassem a determinar hipóteses de escravidão indígena. A escravidão indígena foi abolida pela lei de 1º de abril de 1680, que repristinou a lei de 30 de julho de 1609. Em 1684, pela lei de 2 de setembro, novamente, foi restabelecida a escravidão indígena. Para o grande estudioso da escravidão no Brasil, Perdigão Malheiros, a lei de 2 de setembro, contudo, não passava de uma

---

11. Disponível em: https://edisciplinas.usp.br/pluginfile.php/8295780/mod_resource/content/1/Leis%20de%201609%20e%201611.pdf. Acesso em: 22 out. 2024.

12. Disponível em: https://edisciplinas.usp.br/pluginfile.php/8295780/mod_resource/content/1/Leis%20de%201609%20e%201611.pdf. Acesso em: 22 out. 2024.

"escravidão disfarçada". A revogação definitiva da escravidão indígena no Brasil só ocorreu com a Lei de 27 de outubro de 1831:

> Art. 1º Fica revogada a Carta Régia de 5 de novembro de 1808, na parte em que mandou declarar a guerra aos Índios Bugres da Província de S. Paulo, e determinou que os prisioneiros fossem obrigados a servir por 15 anos aos milicianos ou moradores, que os apreendessem.
>
> Art. 2º Ficam também revogadas as Cartas Régias de 13 de Maio, e de 2 de Dezembro de 1808, na parte, em que autorizam na Provincia de Minas Geraes a mesma guerra, e servidão dos índios prisioneiros.
>
> Art. 3º Os índios todos até aqui em servidão serão dela desonerados.

J. F. Lisboa, citado por Izidoro Martins Jr. (1979, p. 135-136), fez uma síntese extremamente feliz de todas as ambiguidades e contradições que marcaram a escravização dos povos indígenas:

> Em relação aos índios a dominação portuguesa foi uma série nunca interrompida de hesiações e contradições até o ministério do marquês de Pombal. Decretava-se hoje o cativeiro sem restrições, amanhã a liberdade absoluta, –depois um meio-termo entre os dois extremos. Promulgava-se, revogava-se, transigia-se, ao sabor das paixões e interesses em voga, e, quando enfim se supunham as ideias assentadas por uma vez, recomeçava-se com novo ardor a teia interminável. Foi aquele ministro enérgico e poderoso quem rompeu sem regresso com o princípio funesto da escravidão. Os índios, é certo, ainda depois das famosas leis de 1755, foram não poucas vezes vítimas da opressão; porém o mal nestes casos tinha um caráter meramente acidental e transitório e nunca mais adquiriu os foros de doutrina corrente, que legitimando os seus resultados, os tornava por isso mesmo mais intensos e duradouros. As experiências que em sentido contrário tentou o governo do príncipe regente em 1808 nem foram bem aceitas pela opinião pública, nem vingaram contra o princípio da liberdade já radicado... Um curioso espécime dessa legislação casuística e vacilante é a provisão de 9 de março de 1718, que, ela só, resume em poucas linhas quanto se encontra disperso em difusas páginas durante mais de dois séculos... É fácil conceber todo o partido que executores ávidos e cruéis podiam tirar dessas leis contraditórias e confusas, que multiplicando-os casos e as exceções davam estímulos poderosos à cavilação e ao arbítrio... Uma vez reduzidos ao cativeiro, índios e africanos eram em tudo e por tudo igualados em condição e miséria. As leis portuguesas, equiparando-os frequentemente às bestas e a animais, e considerando-os antes coisas que pessoas, tratavam-nos consequentemente de um modo estranho a todos os sentimentos de humanidade. Os escravos chamavam-se peças. Como fôlegos vivos e bem perituros, acautelava-se o perigo da sua perda. Como gado ou mercadoria, marcavam-se e carimbavam-se para se não confundirem uns com os outros, em prejuízo dos respectivos senhores. Se cometiam crimes, e um dos mais graves era tentarem fugir do cativeiro, julga-vam-se em voz, sem forma nem estrépito de juízo, e a mutilação e a marca de ferro em brasa, já instrumentos de boa arrumação mercantil e sinais distintivos da propriedade, passavam a figurar entre as disposições da política e justiça real... Nem os seus folguedos rudes e simples, nem os ornatos das suas mulheres escapavam a implacável regulamentação da Corte!... A exploração destas peças desvalidas nunca ficou circunscrita dentro dos limites da escravidão, aliás tão fáceis de transpor e sempre tão pouco respeitados pela cobiça infrene dos exploradores. Quanto aos remorsos ou à hipocrisia da Corte forçaram-na a decretar o

princípio da liberdade, ficava-lhe o recurso dos descimentos dos índios livres para prover os colonos ociosos de braços para o trabalho... Com o suor de seu rosto, e a força de seus braços, edificavam-se as igrejas, os conventos, os hospitais, os palácios, as fortalezas e os armazéns reais. Eles abriram as estradas, lavraram a terra, colhiam os frutos, beneficiavam os engenhos, tripulavam as canoas, iam à pesca e à caça, apanhavam o gado, e eram nos açougues as ajudas dos açougueiros. Os índios finalmente faziam a guerra ofensiva e defensiva no interesse dos seus opressores, e iam com eles às expedições do sertão para matarem, cativarem e desceram por seu turno outros índios. [ortografia atualizada]

Izidoro Martins Jr. sintetizou muito bem o significado da legislação portuguesa sobre a escravização dos indígenas: "Foi esta que aí fica, na sua simplíssima feição de labirinto, de caos, de Proteu administrativo, a extravagante legislação portuguesa sobre os índios da colônia brasileira" (Martins Jr., 1979, p. 139).

1.2 Legislação aplicável aos negros escravizados

As dificuldades para a escravização dos indígenas levaram à introdução de negros escravizados no Brasil que foram trazidos compulsoriamente da África. No continente americano o Brasil foi o maior "importador" de escravos. Estima-se que entre os séculos XVI e XIX cerca de 4 milhões de africanos (homens, mulheres e crianças) tenham sido trazidos para o país.[13] Esse imenso contingente populacional veio majoritariamente de Angola, Moçambique e do Benin. Naturalmente foram diversas a etnias africanas que vieram para o Brasil, com línguas e tradições culturais e sociais muito variadas.

Como observado por Flávio dos Santos Gomes (2015) a colonização das Américas foi sustentada com base no trabalho compulsório de indígenas e africanos negros. Entre os indígenas e entre os negros africanos havia diversas etnias distintas "provenientes tanto de microssociedades com chefias descentralizadas da Alta Guiné e da Senegâmbia, como de impérios e reinos do Daomé, Oyo, Ndongo, Ketu, Matamba e outros; ou de cidades como Uidá e Luanda, nas áreas ocidentais africanas, entre savanas e florestas" (Gomes, 2015, p. 8). Tanto os índios como os negros não aceitaram passivamente o cativeiro e, em toda a extensão das Américas ocorreram movimentos de revolta e resistência ao aprisionamento e ao trabalho compulsório.

A resistência à escravização – seja de índios, seja de negros – deu origem a diversas comunidades de refugiados que, não raras vezes, congregavam negros, índios e brancos. Essas comunidades originadas das fugas dos escravos, conforme aponta Richard Price encontram-se "do Brasil ao sul dos Estados Unidos, do Peru

---

13. Disponível em: https://brasil500anos.ibge.gov.br/territorio-brasileiro-e-povoamento/negros. Acesso em: 22 out. 2024.

ao sudoeste americano" (Price, 1973. Posição 65). As comunidades de negros fugitivos receberam vários nomes nas Américas, tais como *cumbes* na Venezuela, *palenques* na Colômbia; *maroons* na Jamaica, Caribe inglês e sul dos Estados Unidos; *bush negroes* no Suriname; cimarron no Caribe francês, Cuba e Porto Rico (Gomes, 2015, p. 10). No Brasil as comunidades, conforme relembra Flavio dos Santos Gomes (2015), desde o início da colonização se tornaram conhecidas primeiramente com a denominação mocambos e, em seguida, quilombos. Eles são fenômenos complexos em função de suas origens, população e até mesmo inserção na economia colonial.

A escravidão africana no Brasil é contemporânea do descobrimento, tendo vigido por 388 anos, ou seja, na maior parte da vida do País. A escravidão existiu em praticamente todas as sociedades ao longo da História. Há registro de tráfico negreiro entre os séculos VII e XIX (M'Bokolo: 2009), todavia, o tráfico negreiro para as Américas teve características especiais, dada as suas dimensões, barbaridade e inserção na economia das Américas.[14]

Os negros escravizados no Brasil sempre lutaram pela sua liberdade, assim como aconteceu nas outras colônias americanas. Já em 1502 foi registrada a primeira fuga de um negro escravizado na ilha de Hispaniola, um escravo anônimo que fugiu para junto dos índios (Price: 1973). Esta primeira fuga é a heroica origem de comunidades que se forjaram por mais de quatro séculos em todo o continente americano, sendo conhecidas por diferentes denominações, tais como *palenques, quilombos, mocambos, cumbes, ladeiras* ou *mambises*, por exemplo.

1.2.1 O regime constitucional e legal da escravidão

A Constituição Imperial de 1824 não tratou da escravidão embora o fizesse, indiretamente, haja vista que aos escravos não era atribuída cidadania brasileira, mesmo que nascidos no Brasil.[15] Entretanto, a Assembleia Constituinte se preocupou com o tema, tendo José Bonifácio de Andrada e Silva apresentado à Assembleia uma representação:

> Este comércio de carne humana é pois um cancro que rói as entranhas do Brasil, comércio porém, que hoje em dia já não é preciso para aumento da sua agricultura e povoação, uma vez que, por sábios regulamentos, não se consinta a vadiação dos brancos, e outros cidadãos mesclados, e a dos forros; uma vez que os muitos escravos, que já temos, possam, ás abas de um Governo justo, propagar livre e naturalmente com as outras classes, uma vez que possam

---

14. Recomenda-se a leitura do excelente trabalho de M'Bokolo (2009) que fornece uma perspectiva ampla da questão.
15. Art. 6. São Cidadãos Brasileiros: I. Os que no Brasil tiverem nascido, quer sejam ingênuos, ou libertos, ainda que o pai seja estrangeiro, uma vez que este não resida por serviço de sua Nação.

bem criar e sustentar seus filhos, tratando-se esta desgraçada raça Africana com maior cristandade, até por interesse próprio uma vez que se cuide sem-fim na emancipação gradual da escravatura, e se convertam Brutos imorais em cidadãos úteis, ativos e morigerados.

Acabe-se, pois, de uma vez o infame tráfico da escravatura Africana; mas com isto não está tudo feito; é também preciso cuidar seriamente em melhorar a sorte dos escravos existentes, e tais cuidados são já um passo dado para a sua futura emancipação.

As leis devem prescrever estes meios, se é que elas reconhecem, que os escravos são homens feitos à imagem de Deus. E se as leis os consideram como objetos de legislação penal, por que o não serão também da proteção civil?

Torno a dizer, porém que eu não desejo ver abolida de repente a escravidão; tal acontecimento traria consigo grandes males. Para emancipar escravos sem prejuízo da sociedade, cumpre fazê-los primeiramente dignos da liberdade: cumpre que sejamos forçados pela razão e pela lei a convertê-los gradualmente de vis escravos em homens livres e ativos. Então os moradores deste Império, de cruéis que são em grande parte neste ponto, se tornarão cristãos e justos, e ganharão muito pelo andar do tempo, pondo em livre circulação cabedais mortos, que absorve o uso da escravatura: livrando as suas famílias de exemplos domésticos de corrupção e tirania; de inimigos seus e do Estado; que hoje não tem pátria, e que podem vir a ser nossos irmãos, e nossos compatriotas.

O mal está feito, Senhores, mas não o aumentemos cada vez mais; ainda é tempo de emendar a mão. Acabado o infame comércio de escravatura, já que somos forçados pela razão política a tolerar a existência dos atuais escravos, cumpre em primeiro lugar favorecer a sua gradual emancipação, e antes que consigamos ver o nosso país livre de todo deste cancro, o que levará tempo, desde já abrandemos o sofrimento dos escravos, favoreçamos, e aumentemos todos os seus gozos domésticos e civis; instruamo-los no fundo da verdadeira Religião de Jesus Cristo, e não em momices e superstições: por todos estes meios nós lhes daremos toda a civilização de que são capazes no seu desgraçado estado, despojando-os o menos que podermos da dignidade de homens e cidadãos. Este é não só o nosso dever, mas o nosso maior interesse, porque só então conservando eles a esperança de virem a ser um dia nossos iguais em direitos, e começando a gozar desde já da liberdade e nobreza d'alma, que só o vício é capaz de roubar-nos, eles nos servirão com fidelidade e amor; de inimigos se tornarão nossos amigos e clientes. Sejamos pois justos e benéficos, Senhores, e sentiremos dentro d'alma, que não há situação mais deliciosa, que a de um senhor carinhoso e humano, que vive sem medo e contente no meio de seus escravos, como no meio da sua própria família, que admira e goza do fervor com que esses desgraçados advinham seus desejos, e obedecem a seus mandos, observa com júbilo celestial o como maridos e mulheres, filhos e netos, sãos e robustos, satisfeitos c risonhos, não só cultivam suas terras para enriquece-lo, mas vem voluntariamente oferecer – lhe até as premissas dos frutos de suas terrinhas, de sua caça e pesca, como a um Deus tutelar. É tempo pois, que esses senhores bárbaros, que por desgraça nossa inda pululam no Brasil, ouçam os brados da consciência e da humanidade, ou pelo menos o seu próprio interesse, senão, mais cedo do que pensão, serão punidos das suas injustiças, e da sua incorrigível barbaridade (Silva: 1840, p. 23-25).

A legislação imperial dividia os seres humanos em (1) livres ou (2) escravos. Os livres podiam ser (a) ingênuos ou (b) libertos. Ingênuos eram os livres de nascença, já os libertos eram aqueles que, embora nascendo escravos, tivessem adquirido a liberdade. É importante observar que até a Lei 2.040, de 28 de setembro de 1871, os libertos podiam ser reconduzidos à condição de escravos, pois vigente as Ordenações Filipinas Livro 4º, título 63 (Das doações e alforrias que se pode revogar por ingratidão).[16]

> Se alguém forrar seu escravo, livrando-o de toda a servidão, e depois que for forro, cometer contra quem o forrou, alguma ingratidão pessoal em sua presença, ou em sua absência, quer seja verbal, quer de feito e real, poderá este patrono revogar a liberdade, que deu a este liberto, e reduzi-lo à servidão, em que antes estava. E bem si por cada uma das outras causas de ingratidão, porque o doador pôde revogar a doação feita ao donatário, como dissemos acima.

Os libertos eram cidadãos de "segunda classe", pois não possuíam os mesmos direitos constitucionais dos livres. O artigo 94 da Constituição imperial, ao estabelecer os direitos eleitorais, em seu inciso II excluía os libertos, independentemente de sua renda líquida anual.

Aos escravos aplicava-se legislação civil, pois ostentavam a condição jurídica de *res*, coisa. No Brasil, diante da inexistência de uma legislação civil própria, a Lei de 20 de outubro de 1823 determinou que fossem aplicadas as Ordenações, Leis, Regimentos e Alvarás promulgadas pelos Reis de Portugal, e pelas quais o Brasil se governava até o dia 25 de abril de 1821.

Assim, na compra e venda de escravos eram aplicados institutos tais como os vícios redibitórios e outros. A escravidão criava enormes dificuldades jurídicas, pois tornava a posição do escravo extremamente ambígua. Do ponto de vista criminal, veja-se que a Constituição Imperial, artigo 179, XIX, proibia a pena de açoite, entretanto, o Código Criminal de 1830 [Lei de 16 de dezembro] estabelecia em seu artigo 60 que:

> Art. 60. Se o réu for escravo, e incorrer em pena, que não seja a capital, ou de galés, será condenado na de açoute, e depois de os sofrer, será entregue a seu senhor, que se obrigará a trazê-lo com um ferro, pelo tempo, e maneira que o Juiz designar. O número de açoutes será fixado por sentença; e o escravo não poderá levar por dia mais de cinquenta.

A pena de morte era aplicável aos escravos, conforme a Lei 4, de 10 de junho de 1835, que "matarem por qualquer maneira que seja, propinarem veneno, ferirem gravemente ou fizerem outra qualquer grave ofensa física a seu senhor, a sua mulher, a descendentes ou ascendentes, que em sua companhia morarem, a administrador, feitor e ás suas mulheres, que com eles viverem" (artigo 1º). Uma vez condenado o réu, "a sentença... se executará sem recurso algum" (artigo 4º).

---

16. Disponível em: https://www2.senado.leg.br/bdsf/item/id/242733. Acesso em: 22 out. 2024.

CAPÍTULO 1 • LEGISLAÇÃO SOBRE OS POVOS INDÍGENAS, QUILOMBOLAS E SUAS TERRAS **17**

Tanto o artigo 60 do Código Criminal do Império, quanto a Lei 4 de 10 de junho de 1835 foram revogados pela Lei 3.310, de 15 de outubro de 1886.[17]

A Lei 4, de 10 de junho de 1835 foi uma resposta à revolta dos Malês[18] ocorrida em Salvador, Bahia. Os Malês eram negros muçulmanos (malê – iorubá) e protagonizaram uma das maiores rebeliões de escravos no Brasil. Um dos fatores primordiais da revolta foi a tentativa de imposição da religião católica aos escravizados de fé muçulmana, sendo certo que, à época, a cidade de Salvador tinha cerca de metade de sua população composta por negros escravos ou libertos, das mais variadas culturas e procedências africanas. Os malês sabiam ler e escrever em árabe. A maioria dos escravos em Salvador era composta por "negros de ganho",[19] que tinham mais liberdade que os negros das fazendas, podendo circular por toda a cidade com certa facilidade, embora tratados com desprezo e violência. Alguns, economizando a pequena parte dos ganhos que seus donos lhes deixavam, conseguiam comprar a própria alforria.

Em janeiro de 1835 um grupo de cerca de 1500 negros, liderados pelos muçulmanos Manuel Calafate, Aprígio, Pai Inácio, dentre outros, armou uma conspiração visando libertar seus companheiros islâmicos e matar brancos e mulatos considerados traidores, marcada para estourar no dia 25 daquele mesmo mês. Arrecadaram dinheiro para comprar armas e redigiram planos em árabe, mas foram denunciados por uma negra ao juiz de paz. Conseguem, ainda, atacar o quartel que controlava a cidade, mas, devido à inferioridade numérica e de armamentos, acabaram massacrados pelas tropas da Guarda Nacional, pela polícia e por civis armados que estavam apavorados ante a possibilidade do sucesso da rebelião negra.

No confronto morreram sete integrantes das tropas oficiais e setenta do lado dos negros. Duzentos escravos foram levados aos tribunais. Suas condenações variaram entre a pena de morte, os trabalhos forçados, o degredo e os açoites, mas

---

17. Art. 1º São revogados o art. 60 do Código Criminal e a Lei 4, de 10 de Junho de 1835, na parte em que impõem a pena de açoutes.

    Ao réu escravo serão impostas as mesmas penas decretadas pelo Código Criminal e mais legislação em vigor para outros quaisquer delinquentes, segundo a espécie dos delitos cometidos, menos quando forem essas penas de degredo, de desterro ou de multa, as quais serão substituídas pela de prisão; sendo nos casos das duas primeiras por prisão simples pelo mesmo tempo para elas fixado, e no de multa, si não for ela satisfeita pelos respectivos senhores, por prisão simples ou com trabalho, conforme se acha estabelecido nos arts. 431, 432, 433 e 434 do Regulamento 120 de 31 de Janeiro de 1842.

18. Disponível em: http://www.multirio.rj.gov.br/historia/modulo02/rev_males.html. Acesso em: 22 out. 2024.

19. Os 'negros de ganho' eram aqueles que trabalhavam e que repassavam todos os seus ganhos a seus donos. Já os 'negros de aluguel' eram os escravos cujos seus senhores alugavam seus serviços, inclusive para o poder público da época. Disponível em: http://www.usp.br/agen/?p=6781. Acesso em: 24 dez. 2020.

todos foram barbaramente torturados, alguns até a morte. Mais de quinhentos africanos foram expulsos do Brasil e levados de volta à África.

1.2.1.1 Extinção gradativa da escravidão

A escravidão africana no Brasil foi extinta paulatinamente, mediante a edição de uma série de leis. As revoltas e rebeliões dos escravos, a luta dos abolicionistas, as pressões internacionais tudo isto serviu para pavimentar o longo caminho até o fim da escravidão em 13 de maio de 1888. No fim do período colonial, um empréstimo de 600 mil libras, concedido ao governo português, em 1809, foi seguido, em 1810, pelo Tratado de Aliança e Amizade, estabelecendo compromissos que davam base a uma futura abolição do tráfico negreiro.[20]

O Congresso de Viena (1815) foi palco de grandes discussões sobre o tema, quando Portugal e Inglaterra acomodaram suas divergências em relação aos termos do tratado anterior, o tráfico de escravos, ou antes, sua limitação, esteve na pauta de todo o Congresso. O governo inglês se comprometeu a indenizar o governo português pelos apresamentos de navios negreiros, além de renunciar ao recebimento de um empréstimo de 600 mil libras, feito em 1809. Em contrapartida, estabelecia-se, em um tratado firmado no Congresso de 1815, que o tráfico fosse abolido ao norte do Equador.

Em 1817 uma convenção adicional complementou os termos firmados em 1815. O novo acordo previa o direito recíproco de visita aos navios de ambos os países (Portugal e Inglaterra); o apresamento das embarcações que navegassem ao norte do equador carregadas de africanos; a indenização por apresamentos indevidos; a proibição de capturas em águas territoriais de ambas as nações; e a criação de comissões mistas anglo-portuguesas no Rio de Janeiro, Serra Leoa e Londres. Após a independência, foi firmado um tratado entre o Brasil e a Inglaterra (1826), que entrou em vigor em 1830, proibido o comércio de escravos para o Brasil.

Essa legislação, no entanto, foi amplamente descumprida e o seu regulamento era, na verdade, uma forma de escravização disfarçada. O Alvará de 26 de janeiro de 1818 regulamentou as penas aplicáveis ao comércio proibido de escravos.[21]

---

20. Disponível em: http://historialuso.an.gov.br/index.php?option=com_content&view=article&id=5199&Itemid=343. Acesso em: 22 out. 2024.

21. § 1º todas as pessoas de qualquer qualidade e condição que sejam, que fizerem armar e preparar navios para o resgate e compra de escravos, em qualquer dos portos da Costa d'África situados ao norte do Equador, incorrerão na pena de perdimento dos escravos, os quais imediatamente ficarão libertos, para terem o destino abaixo declarado; e lhes serão confiscados os navios empregados nesse trafico com todos os seus aparelhos e pertences, e juntamente a carga, qualquer que seja, que a seu bordo estiver por conta dos donos e fretadores dos mesmos navios, ou dos carregadores de escravos. E os

CAPÍTULO 1 • LEGISLAÇÃO SOBRE OS POVOS INDÍGENAS, QUILOMBOLAS E SUAS TERRAS **19**

A libertação dos escravos ilegalmente traficados, no entanto, não era imediata e ao contrário, tais pessoas, conforme o § 5º do Alvará,[22] ou seja, o escravo ilegalmente traficado era libertado, mas em compensação tinha que passar um período de 14 anos como *libertos* (condição intermediária entre escravo e livre), até que pudesse ser, finalmente, libertado (Mamigonian, 2017).

É no contexto acima que surge a chamada Lei Feijó (Lei de 7 de novembro de 1831) que declarou livres todos os escravos vindos de fora do Império, impondo penas aos traficantes de escravos.[23]

Oficiais dos navios, a saber, Capitão ou Mestre, Piloto e Sobrecarga, serão degradados por cinco anos para Moçambique, e cada um pagará uma multa equivalente à soldada e mais interesses que haveria de vencer na viagem. Não se poderão fazer seguros sobre tais navios, ou sua carregação, e fazendo-se serão nulos; e os seguradores que cientemente os fizerem, serão condenados no tresdobro do prêmio estipulado para o caso de sinistro.

22. § 5º Os escravos consignados à minha Real Fazenda, pelo modo prescrito no sobredito 7º artigo do regulamento para as Comissões Mistas, e todos os mais libertos pela maneira acima decretada, por não ser justo que fiquem abandonados, serão entregues no Juízo da Ouvidoria da Comarca, e onde o não houver, naquele que estiver encarregado da Conservatória dos Índios, que hei por bem ampliar unindo-lhe esta jurisdição, para ali serem destinados a servir como libertos por tempo de 14 anos, ou em algum serviço público de mar, fortalezas, agricultura e de ofícios, como melhor convier, sendo para isso alistados nas respectivas Estações; ou alugados em praça a particulares de estabelecimento e probidade conhecida, assignando estes termo de os alimentar, vestir, doutrinar, e ensinar-lhe o ofício ou trabalho, que se convencionar, e pelo tempo que for estipulado, renovando-se os termos e condições as vezes que for necessário, até preencher o sobredito tempo de 14 anos, este tempo porém poderá ser diminuído por dois ou mais anos, aqueles libertos que por seu préstimo e bons costumes, se fizerem dignos de gozar antes dele do pleno direito da sua liberdade. E no caso de serem destinados a serviço público na maneira sobredita, quem tiver autoridade na respectiva Estação nomeará uma pessoa capaz para assignar o sobredito termo, e para ficar responsável pela educação e ensino dos mesmos libertos. Terão um Curador, pessoa de conhecida probidade, que será proposto todos os triênios pelo Juiz, e aprovado pela Mesa do Desembargo do Paço desta Côrte, ou pelo Governador e Capitão General da respectiva Provincia; e a seu ofício pertencerá requerer tudo o que for a bem dos libertos, e fiscalizar os abusos, procurar que no tempo competente se lhe dê ressalva do serviço, e promover geralmente em seu benefício a observância do que se acha prescrito pela lei a favor dos órfãos, no que lhes puder ser aplicado, para o que será sempre ouvido em tudo o que acerca deles se ordenar pelo sobredito Juízo.

23. Art. 1º Todos os escravos, que entrarem no território ou portos do Brasil, vindos de fora, ficam livres. Exceptuam-se: 1º Os escravos matriculados no serviço de embarcações pertencentes a país, onde a escravidão é permitida, enquanto empregados no serviço das mesmas embarcações. 2º Os que fugirem do território, ou embarcação estrangeira, os quais serão entregues aos senhores que os reclamarem, e reexportados para fora do Brasil.
Para os casos da excepção n. 1º, na visita da entrada se lavrará termo do número dos escravos, com as declarações necessárias para verificar a identidade dos mesmos, e fiscalizar-se na visita da saída se a embarcação leva aqueles, com que entrou. Os escravos, que forem achados depois da saída da embarcação, serão apreendidos, e retidos até serem reexportados.
Art. 2º Os importadores de escravos no Brasil incorrerão na pena corporal do artigo cento e setenta e nove do Código Criminal, imposta aos que reduzem à escravidão pessoas livres, e na multa de duzentos mil réis por cabeça de cada um dos escravos importados, além de pagarem as despesas da reexportação para qualquer parte da África; reexportação, que o Governo fará efetiva com a maior possível brevidade, contrastando com as autoridades africanas para lhes darem um asilo. Os infratores responderão cada um por si, e por todos.

A Lei Feijó foi pouco ou nada efetiva e, em 1850, foi aprovada uma nova legislação para a questão do tráfico negreiro (Lei 581, de 4 de setembro de 1850 – Lei Eusébio de Queirós). Ela[24] reafirmou a proibição do tráfico de escravos, estabeleceu novas penas e passou para a jurisdição naval a competência para julgamento das infrações às suas normas.

Em relação à aplicação da Lei Eusébio de Queirós, Beatriz Mamigonian (2017) afirma que as apreensões se tornaram frequentes a partir de setembro de 1850, com a emancipação de milhares de africanos em poucos meses, tendo o gabinete saquarema condenado e reprimido a entrada de africanos novos, ao mesmo tempo em que protegia a escravização ilegal dos entrados até então. O tráfico cessava, mas a escravidão persistia. É interessante anotar que a maioria dos escravos apreendidos e libertados eram crianças. (Mamigonian: 2017).

A política de concessão dos libertos para a prestação de serviços públicos era feita na base do favorecimento pessoal, como é o caso da concessão de 100

---

24. Art. 1º As embarcações brasileiras encontradas em qualquer parte, e as estrangeiras encontradas nos portos, enseadas, ancoradouros, ou mares territoriais do Brasil, tendo a seu bordo escravos, cuja importação é proibida pela Lei de sete de novembro de mil oitocentos trinta e um, ou havendo-os desembarcado, serão apreendidas pelas Autoridades, ou pelos Navios de guerra brasileiros, e consideradas importadoras de escravos.

Aquelas que não tiverem escravos a bordo, nem os houverem proximamente desembarcado, porém que se encontrarem com os sinais de se empregarem no tráfico de escravos, serão igualmente apreendidas, e consideradas em tentativa de importação de escravos.

Art. 2º O Governo Imperial marcará em Regulamento os sinais que devem constituir a presunção legal do destino das embarcações ao tráfico de escravos.

Art. 3º São autores do crime de importação, ou de tentativa dessa importação o dono, o capitão ou mestre, o piloto e o contramestre da embarcação, e o sobrecarga. São cúmplices a equipagem, e os que coadjuvarem o desembarque de escravos no território brasileiro, ou que concorrerem para os ocultar ao conhecimento da Autoridade, ou para os subtrair a apreensão no mar, ou em ato de desembarque, sendo perseguido.

Art. 4º A importação de escravos no território do Império fica nele considerada como pirataria, e será punida pelos seus Tribunais com as penas declaradas no Artigo segundo da Lei de sete de novembro de mil oitocentos trinta e um. A tentativa e a cumplicidade serão punidas segundo as regras dos Artigos trinta e quatro e trinta e cinco do Código Criminal.

Art. 5º As embarcações de que tratam os Artigos primeiro e segundo e todos os barcos empregados no desembarque, ocultação, ou extravio de escravos, serão vendidos com toda a carga encontrada a bordo, e o seu produto pertencerá aos apresadores, deduzindo-se um quarto para o denunciante, se o houver. E o Governo, verificado o julgamento de boa presa, retribuirá a tripulação da embarcação com a soma de quarenta mil réis por cada um africano apreendido, que era distribuído conforme as Leis a respeito. (...)

Art. 8º Todos os apresamentos de embarcações, de que tratam os Artigos primeiro e segundo, assim como a liberdade dos escravos apreendidos no alto mar, ou na costa antes do desembarque, no ato dele, ou imediatamente depois em armazéns, e depósitos sitos nas costas e portos, serão processados e julgados em primeira instancia pela Auditoria de Marinha, e em segunda pelo Conselho d'Estado. O Governo marcará em Regulamento a forma do processo em primeira e segunda instancia, e poderá criar Auditores de Marinha nos portos onde convenha, devendo servir de Auditores os Juízes de Direito das respectivas Comarcas, que para isso forem designados.

africanos livres para a Sociedade de Mineração de Mato Grosso e outros escravos para a Companhia de Navegação a Vapor do Amazonas (de propriedade de Irineu Evangelista de Sousa, Barão de Mauá), que atualmente forma a comunidade quilombola do Sagrado Coração de Jesus do Largo de Serpa (Itacoatiara, Amazonas).[25]

A Lei do Ventre Livre (Lei 2.040, de 28 de setembro de 1871) teve por finalidade declarar livres os filhos de "mulher escrava" nascidos no Brasil (artigo 1º). As crianças nascidas em tais condições deveriam ficar em "poder ou sob a autoridade dos senhores de suas mães" até a idade de oito anos completos, período no qual os senhores das mães teriam a "obrigação de criá-los e tratá-los". Após a criança ter completado os oito anos de idade, era dada a opção ao senhor da mãe de "ou de receber do Estado a indemnização de 600$000, ou de utilizar-se dos serviços do menor até a idade de 21 anos completos." Caso a opção fosse pela indenização, o Estado ficava encarregado de dar "destino" à criança. Se a opção não fosse feita, a Lei estipulava que a opção era "pelo arbítrio de utilizar-se dos serviços do mesmo menor", isto é, a criança de oito anos passava a trabalhar para o senhor de sua mãe até os 21 anos de idade. Os "serviços" prestados pelos menores podiam ser finalizados se, "por sentença do juízo criminal, reconhecer-se que os senhores das mães os maltratam, afligindo-lhes castigos excessivos" (artigo 1º, § 6º).

Os escravos que fossem liberados por força do artigo 6º da Lei 2.040/1871, deveriam ficar, durante 5 (cinco) anos, sob a inspeção do governo, sendo "obrigados a contratar seus serviços sob pena de serem constrangidos, se viverem vadios, a trabalhar nos estabelecimentos públicos. Cessará, porém, o constrangimento do trabalho, sempre que o liberto exibir contrato de serviço".

A liberdade outorgada pela chamada Lei do Ventre Livre, para ser obtida, era extremamente complexa e, na prática, mantinha o liberto em regime assemelhado ao da escravidão até vinte e um anos de idade, em regime de trabalho infantil, a partir dos 8 (oito) anos de idade. Em relação aos escravos libertados pelo artigo 6º, foi instituído um regime de, pelo menos, cinco anos de trabalho compulsório, a partir da libertação.

Em seguida, vem a Lei do Sexagenário, ou Lei Saraiva-Cotegipe (Lei 3.270, de 28 de setembro de 1885) que regulou a "extinção gradual do elemento servil". A lei tinha por objetivo a libertação dos escravos com mais de sessenta anos de idade. Antes de qualquer comentário, frise-se que, no Brasil, "em 1900, a expectativa de

---

25. Disponível em: https://www.modefica.com.br/web-stories/historia-do-quilombo-sagrado-coracao--de-jesus-do-lago-de-serpa/. Acesso em: 22 out. 2024.

vida era de 33,7 anos".[26] A Lei 3.270/1885 determinava fossem matriculados todos os escravos com idade inferior a sessenta anos, devendo dela constar os seguintes dados: (a) nome, (b) nacionalidade, (c) sexo, (d) filiação, "se for conhecida", (e) ocupação ou serviço em que for empregado, (f) idade e (g) valor, calculado conforme a tabela constante do § 3º do artigo 1º. A Tabela considerava a idade do escravo atribuindo-lhe um valor. Note-se que "[o] valor dos indivíduos do sexo feminino se regulará do mesmo modo, fazendo-se, porém, o abatimento de 25% sobre os preços acima estabelecidos" (artigo 1º, § 4º).

A lei considerava libertos os escravos que não fossem levados à matrícula em prazo de um ano. A lei criou também um fundo de emancipação formado por (1) taxas e rendas para ele destinadas na legislação vigente; pela (2) taxa de 5% adicionais a todos os impostos gerais, exceto os de exportação; por (3) títulos da dívida pública emitidos a 5%, com amortização anual de ½ %, sendo os juros e amortização pagos pela referida taxa de 5%. O produto da taxa adicional seria dividido em três partes assim definidas, a 1ª parte aplicada a emancipação dos escravos de maior idade, conforme o que for estabelecido em regulamento do Governo; a 2ª parte aplicada a libertação por metade ou menos de metade de seu valor, dos escravos de lavoura e mineração cujos senhores quiserem converter em livres os estabelecimentos mantidos por escravos e a 3ª parte s destinada a subvencionar a *colonização* por meio do pagamento de transporte de colonos que forem efetivamente colocados em estabelecimentos agrícolas de qualquer natureza.

Os escravos com 60 anos completos seriam libertados (artigo 3º, § 10), ficando obrigados, a título de indenização pela sua alforria, a prestar serviços a seus ex-senhores pelo espaço de três anos. A chamada Lei do Sexagenário, como se viu, continha várias disposições além de "libertar" os escravos acima de 60 anos de idade que, aparentemente, não deviam ser muitos, diante da expectativa de vida nacional. Ademais, possuía vários dispositivos que estabeleciam trabalho compulsório para os alforriados, inclusive com a possibilidade da imposição de pena de prisão aos "vagabundos".

A Lei Aurea (Lei 3.353, de 13 de maio de 1888]) que declarou extinta a escravidão foi, dentre toda a legislação escravagista, a mais simples: continha apenas dois artigos.[27]

---

26. Disponível em: https://agenciabrasil.ebc.com.br/geral/noticia/2016-08/ibge-expectativa-de-vida--dos-brasileiros-aumentou-mais-de-75-anos-em-11. Acesso em: 22 out. 2024.
27. A Princesa Imperial Regente, em nome de Sua Majestade o Imperador, o Senhor D. Pedro II, faz saber a todos os súditos do Império que a Assembleia Geral decretou e ela sancionou a lei seguinte: Art. 1º: É declarada extinta desde a data desta lei a escravidão no Brasil. Art. 2º: Revogam-se as disposições em contrário. Manda, portanto, a todas as autoridades, a quem o conhecimento e execução da referida

CAPÍTULO 1 • LEGISLAÇÃO SOBRE OS POVOS INDÍGENAS, QUILOMBOLAS E SUAS TERRAS **23**

Após a abolição da escravatura, os ex-escravos foram deixados à própria sorte, sem qualquer medida de amparo ou integração social aptas a torná-los capazes de enfrenar os novos desafios que teriam pela frente.

2. A CONSTITUCIONALIZAÇÃO DOS DIREITOS COSTUMEIROS INDÍGENAS E DOS POVOS TRIBAIS E COMUNIDADES TRADICIONAIS

Os direitos dos povos indígenas e das comunidades tradicionais têm sido merecido reconhecimento constitucional em vários países. Esta é uma tendência irreversível que tende a se fortalecer. Tal reconhecimento jurídico, muito embora não seja uma garantia de que os direitos serão respeitados e implementados, certamente, é um importante instrumento para a uta institucional de tais populações.

2.1 Supremacia constitucional sobre os direitos tradicionais indígenas e dos povos tribais e comunidades tradicionais

As décadas finais do século XX e o início do século XXI foram de grande importância para o reconhecimento dos direitos tradicionais e costumeiros dos povos indígenas e tribais, sobretudo na América Latina – mas não só – com a inserção de tais direitos ao nível constitucional. Uma análise ampla do reconhecimento dos direitos tradicionais e costumeiros dos povos indígenas nas diferentes constituições políticas dos diversos países demonstra a relevância da questão (Cats-Baril, 2020). Há, em todos os continentes, o reconhecimento constitucional dos costumes e tradições de povos indígenas e tribais. Entretanto, como demonstram, *e.g.*, as Constituições da África do Sul e do Kenya, esses direitos não se sobrepõem as disposições constitucionais vigentes no País. O artigo 39 (3) da Constituição da África do Sul dispõe que a Declaração de Direitos não nega a existência de outros direitos e liberdades que sejam reconhecidos ou conferidos pelo direito costumeiro (consuetudinário) ou pelas leis, na medida em que sejam consistentes com ela Declaração. A Constituição do Kenya (2010), em seu artigo 2 (4) ao dispor sobre a supremacia da Constituição, estabelece que qualquer lei, incluindo o direito consuetudinário, que seja inconsistente com a própria Constituição é nula, na medida de sua inconsistência.

Lei pertencer, que a cumpram, e façam cumprir e guardar tão inteiramente como nela se contém. O secretário de Estado dos Negócios da Agricultura, Comercio e Obras Públicas e interino dos Negócios Estrangeiros, Bacharel Rodrigo Augusto da Silva, do Conselho de sua Majestade o Imperador, o faça imprimir, publicar e correr. Dada no Palácio do Rio de Janeiro, em 13 de maio de 1888, 67º da Independência e do Império. Princesa Imperial Regente.

Mesmo as Constituições que, em maior amplitude, reconhecem os direitos dos povos indígenas e das comunidades locais, como é o caso das Constituições da maioria dos países andinos, determinam a prevalência da Lei Fundamental sobre os direitos costumeiros.

A Constituição colombiana (1991), em seu artigo 246, estabelece que as autoridades dos povos indígenas poderão exercer funções judiciais dentro de seus territórios, conforme as suas próprias normas e procedimentos, desde que não contrariem à própria Constituição e às leis da república.

A Constituição do Equador (2008), em seu artigo 171 determina que as autoridades das comunidades, povoados e nacionalidades indígenas exercerão funções judiciais com base nas suas tradições ancestrais e no seu próprio direito, dentro de seu território, e que essas autoridades aplicarão "normas e procedimentos próprios para a solução de seus conflitos internos e que não sejam contrários à Constituição e aos direitos humanos reconhecidos em instrumentos internacionais".

A Constituição Mexicana em seu artigo 2º, A, II reconhece e garante o direito dos povos e comunidades indígenas à livre determinação e a autonomia para aplicar os seus próprios sistemas normativos para a regulação e solução de seus conflitos internos, sujeitando-se aos princípios gerais da constituição mexicana, respeitando as garantias individuais, os direitos humanos e, de maneira relevante, a dignidade e integridade das mulheres.

Os direitos culturais são os mais presentes nas Constituições, em geral assegurando o uso de linguagem própria e de outras particularidades que caracterizam a minoria étnica. Os Sami, povo indígena que habita as partes nortes da Noruega, Suécia e Finlândia, bem como o noroeste da Rússia, formando uma população de aproximadamente 80.000 pessoas, têm os seus direitos culturais como povo indígena reconhecidos pelo artigo 17 da Constituição da Finlândia (direito à própria língua e cultura);[28] em consequência disso eles têm assegura a autodeterminação em matéria linguística e cultural em seus territórios.[29] A Constituição da Noruega, em seu artigo 108, também assegura direitos culturais para o povo Sami.[30] A Suécia não possui uma Constituição formada por um único

---

28. Os Sami, enquanto povo indígena, bem como os Roma e outros grupos, têm o direito de manter e desenvolver sua própria língua e cultura. As disposições sobre o direito dos Sami de usar a língua Sami perante as autoridades são estabelecidos por lei.

29. As disposições sobre autogoverno em áreas administrativas maiores que um município são estabelecidas por uma lei. Em seu região nativa, os Sami possuem autogoverno linguístico e cultural, conforme previsto em lei. Disponível em: https://www.finlex.fi/en/laki/kaannokset/1999/en19990731.pdf. Acesso em: 22 out. 2024.

30. As autoridades do Estado criarão condições que permitam ao povo Sami, enquanto povo indígena, preservar e desenvolver a sua língua, cultura e modo de vida. Disponível em: https://lovdata.no/dokument/NLE/lov/1814-05-17. Acesso em: 22 out. 2024.

CAPÍTULO 1 • LEGISLAÇÃO SOBRE OS POVOS INDÍGENAS, QUILOMBOLAS E SUAS TERRAS

documento; diversas leis têm *status* constitucional. O Instrumento de Governo, em seu artigo 2º, estabelece que as oportunidades para que o povo Sami e as minorias étnicas, linguísticas e religiosas preservem e desenvolvam uma vida cultural e social próprias, deve ser promovida.[31]

2.2 A constitucionalização dos direitos dos povos indígenas, quilombolas e comunidades tradicionais no Brasil

A primeira Constituição brasileira data de 1824, tendo sido outorgada por D. Pedro I após a dissolução da Assembleia Constituinte. Antes disso, as primeiras "leis supremas" aplicáveis na colônia eram as Cartas de Doação e os Forais que eram expedidas pelos Reis de Portugal em favor dos donatários das capitanias hereditárias. A esse conjunto normativo devem ser acrescentados os regulamentos dos governadores gerais.

A Constituição brasileira de 1824 não dedicou qualquer de seus itens ao tratamento dos problemas indígenas. Foi totalmente omissa. É curioso que a Assembleia Constituinte não deixou de debater os assuntos indígenas, assim como a Constituinte anterior. O resultado dos debates, contudo, foi classificado por Manuela Carneiro da Cunha como "decepcionante" (Cunha, 1987, p. 65).

A Carta Republicana de 1891 não se dedicou aos assuntos indigenistas, muito embora o debate acerca dos aborígines estivesse presente na Assembleia Constituinte. O Apostolado Positivista, na sua proposta constitucional, elaborou um texto que reconhecia cabalmente os índios e seus direitos originários, organizando um modelo confederativo, com dois modelos de estados, com autonomia reconhecida, (1) os Estados Ocidentais brasileiros confederados sistematicamente que se originam da fusão do elemento europeu, com o americano e o africano e (2) os Estados Americanos brasileiros, confederados empiricamente e formado pelas "hordas fetichistas" espalhadas pela república.

2.2.1 Os indígenas como sujeitos da ordem constitucional

A primeira Constituição brasileira que dispôs sobre os indígenas foi a de 1934, com dois artigos. A Constituição de 1934 tentou integrar os "silvícolas à comunhão nacional" (artigo 5º, inciso XIX). Todavia, no artigo 129 cuidou da posse indígena.[32] Pontes de Miranda (1936, p. 348) em comentário ao artigo, afirmou que

---

31. Disponível em: https://www.riksdagen.se/globalassets/05.-sa-fungerar-riksdagen/demokrati/the-instrument-of-government-2023-eng.pdf. Acesso em: 22 out. 2024.
32. Art. 129. Será respeitada a posse de terras de silvícolas que nelas se achem permanentemente localizados sendo-lhes, no entanto, vedado aliená-las.

... respeita-se a "posse" do silvícola, posse a que ainda se exige a localização permanente... Desde que há a posse e a localização permanente, a terra é do nativo, porque assim o quis a Constituição, e qualquer alienação de terras por parte de silvícolas, ou em que se achem permanentemente localizados grifamos e com posse os silvícolas, é nula.

A Constituição limitava-se a "respeitar" a posse dos "silvícolas" sem qualquer consideração relativa aos indígenas que houvessem sido desapossados violentamente das terras que ocupavam. A título de exemplo, veja o caso do povo Laklãnõ-Xokleng que, reconhecidamente, foram expulsos de suas terras no ano de 1904 mediante massacres cometidos por pistoleiros contratados especialmente para assassiná-los (bugreiros):

A luz da manhã ainda rompia aquela madrugada em abril de 1904, quando cerca de dez bugreiros, como eram chamados os matadores de indígenas no Vale do Itajaí, avançaram sobre um acampamento do povo Laklãnõ-Xokleng perto de Aquidaban, atual município de Apiúna, em Santa Catarina. De acordo com o "Jornal Novidades", que narrou o episódio em sua edição de 4 de junho daquele ano, "havia perto de 230 almas, a maior parte mulheres e crianças" no assentamento. Os pistoleiros surpreenderam os indígenas enquanto eles dormiam e, depois de inutilizar seus arcos, começaram a disparar sem fazer pausa. Ninguém ficou vivo na comunidade.

(...)

Foi aí que surgiram os "bugreiros". Mercenários contratados por governos ou fazendeiros locais, eles se especializaram em matar os Xoklengs e cortar-lhes as orelhas, que serviam como prova do número de vítimas eliminadas. Os assassinos eram festejados pela população das cidades, que aprovava a matança e conferia fama aos seus autores. Segundo Coelho dos Santos, o mais cruel deles era o pequeno criador de gado Martinho Marcelino de Jesus, conhecido como Martim Brugreiro. Nascido em 1876, ele era jovem quando começou a atender a pedidos para caçar indígenas na mata como se fossem animais. Comandou várias expedições com dezenas de homens, que agiam sempre da mesma maneira.[33]

A Carta de 1937 (artigo 154) manteve disposições assemelhadas às de 1934. O regime liberal de 1946 persistiu na perspectiva de assimilação dos indígenas à "comunhão nacional", da mesma forma o artigo 216 manteve disposições relativas às terras indígenas em teor semelhante às cartas anteriores. Quanto à interpretação do artigo 216 da Carta de 1946, o Supremo Tribunal Federal examinou a questão no Recurso Extraordinário 44.485:

Aqui não se trata do direito de propriedade comum; o que se reservou foi o território dos índios. Essa área foi transformada num parque indígena, sob a guarda e administração do Serviço de Proteção aos Índios, pois estes não têm disponibilidade de terras. O objetivo da

---

33. Laklãnõ-Xokleng: O povo dizimado por pistoleiros que está no centro de julgamento histórico no STF. Disponível em: https://blogs.oglobo.globo.com/blog-do-acervo/post/laklano-xokleng-saga-de--um-povo-dizimado-por-mercenarios-e-que-esta-no-centro-de-julgamento-historico-no-stf.html. Acesso em: 20 out. 2024.

Constituição Federal é que ali permanecem os traços culturais dos antigos habitantes, não só para a sobrevivência dessa tribo, como para estudo dos etnólogos e para outros efeitos de natureza cultural ou intelectual. Não está em jogo, propriamente, um conceito de posse, nem de domínio, no sentido civilista dos vocábulos; trata-se do habitat de um povo. *Se os índios, na data da Constituição Federal, ocupavam determinado território, porque desse território tiravam seus recursos alimentícios, embora sem terem construções ou obras permanentes que testemunhassem posse de acordo com o nosso conceito, essa área, na qual e da qual viviam, era necessária à sua subsistência. Essa área, existente na data da Constituição Federal, é que se mandou respeitar.* Se ela foi reduzida por lei posterior; se o Estado a diminuiu de dez mil hectares, amanhã a reduzirá em outros dez, depois mais dez, e poderia acabar confinando os índios a um pequeno trato, até o território da aldeia, porque ali é que a 'posse' estaria materializada nas malocas.

Ao realizar a exegese do artigo constitucional, Pontes de Miranda (1953, p. 335-336) sustentou que:

O texto respeita a 'posse' do silvícola, posse a que ainda se exige o pressuposto da localização permanente. O juiz que conhecer de alguma questão de terras deve aplicar o art. 216, desde que os pressupostos estejam provados pelos silvícolas, ou constem dos autos, ainda que algumas das partes ou terceiro exiba título de domínio. Desde que há posse e a localização permanente, a terra é do nativo, porque assim o diz a Constituição, e qualquer alienação de terras por parte de silvícolas, ou em que se achem permanentemente localizados e com posse, os silvícolas, é nula, por infração da Constituição. Aquelas mesmas que forem em virtude do art. 216 reconhecidas como de posse de tais gentes, não podem se alienadas. Os juízes não podem expedir mandados contra silvícolas que tenham posse, e nas terras, de que se trata, se localizaram com permanência. A proibição de alienação tem como consequências: a) a nulidade de qualquer ato de disposição incluídos aqueles que só se referem a elementos do direito de propriedade ou da posse (usufruto, garantia real, locação); b) não há usucapião contra silvícola ainda que trintenal; c) as sentenças que adjudiquem tais terras a outrem são suscetíveis de rescisão, dentro do prazo de preclusão, por infringirem texto constitucional.

No regime democrático de 1946 ocorreu o tristemente famoso "massacre do paralelo 11" foi perpetrado no ano de 1963,

Foi a mando dos seringalistas Antônio Mascarenhas Junqueira, 50 anos, e Hélio Palma de Arruda, 48, donos da empresa Arruda e Junqueira & Cia. Ltda que indígenas cintas-largas foram exterminados entre outubro e novembro de 1963, no caso que ficou conhecido internacionalmente como "Massacre do Paralelo 11". Na época, era dito pela imprensa que 3.500 pessoas indígenas teriam sido assassinadas, embora os números sejam imprecisos.

(...)

O genocídio foi causado por açúcar envenenado com arsênico, dinamites jogadas de avião e ataques com metralhadoras e facões, com a finalidade de explorarem a extração do látex e ratificarem um negócio ilegal de terras entre a prefeitura de Aripuanã (MT) e uma empresa norte-americana interessada em minerar cassiterita no espaço indígena.

A carnificina aconteceu nas cabeceiras do Rio Aripuanã, hoje sob a jurisdição de Vilhena (que só passou a ser município em 1977), ao sul de Rondônia, onde fica a nascente e parte do Parque Indígena Aripuanã, criado em 1969 pelo Governo Federal. Mas o caso do massacre de 1963 ocorreu em território mato-grossense, no paralelo 11° grau a sul do plano equatorial terrestre, que corta Rondônia de leste a oeste; não passa por Vilhena.[34]

À época a "proteção aos indígenas era de responsabilidade do Serviço de Proteção aos Índios – SPI, uma das instituições mais corruptas do serviço público federal em todos os tempos. O Relatório Figueiredo requerido pelo Governo Federal em 1967, ao analisar a atuação do SPI afirmou:

> [p]elo exame do matéria infere-se que o Serviço de Proteção aos Índios foi antro de corrupção inominável durante muitos anos.
>
> O Índio, razão de ser do SPI, tornou-se vítima de verdadeiros celerados, que lhe impuseram um regime de escravidão e lhe negaram um mínimo de condições de vida compatível com a dignidade da pessoa humana.
>
> É espantoso que exista na estrutura administrativa do País repartição que haja descido a tão baixos padrões de decência. E que haja funcionários públicos, cuja bestialidade tenha atingido tais requintes de perversidade. Venderam-se crianças indefesas para servir aos instintos de indivíduos desumanos. Tortura contra crianças e adultos, em monstruosos e lentos suplícios, a título de ministrar justiça.
>
> O episódio de extinção da tribo localizada em Itabuna, na Bahia, a serem verdadeiras as acusações, é gravíssimo. Jamais foram apuradas as denúncias de que foi inoculado o vírus da varíola nos infelizes indígenas para que se pudessem distribuir suas terras entre os figurões do Governo.
>
> Mais recentemente os Cintas-largas, em Mato Grosso, teriam sido exterminados a dinamite atirada de avião, e a extricnina adicionada ao açúcar enquanto os mateiros os caçam a tiros de "pi-ri-pi-pi" (metralhadora) e racham vivos a facão, do púbis para a cabeça, o sobrevivente!!! Os criminosos continuam impues, tanto que o Pesidente desta Comissão viu um dos asseclas deste hediondo crime sossegadamente vendendo picolé à crianças em uma esquina de Cuiabá, sem que a justiça Matogrossense o incomodasse.[35]

O antropólogo Shelton H. Davis (1974) relembra que, em 1957, Darcy Ribeiro publicou um relatório estatístico no qual mostrava que entre 1900 e 1957, mais de 80 tribos indígenas entraram em contato com a sociedade nacional brasileira e sofreram fortes danos culturais e/ou foram dizimadas por doenças e contaminações diversas. Isso acarretou que a população indígena declinasse de 1 milhão de indivíduos para aproximadamente 200 mil. Segundo relatório, nas áreas de expansão agrícola, 13 tribos desapareceram; nas regiões de atividades extrativistas (castanha, borracha, garimpo) 59 tribos foram destruídas.

---

34. Disponível em: https://portalamazonia.com/jotao-escreve/os-60-anos-do-massacre-do-paralelo-11-1/. Acesso em: 20 out. 2024.
35. Disponível em: https://midia.mpf.mp.br/6ccr/relatorio-figueiredo/relatorio-figueiredo.pdf. Acesso em: 20 out. 2024.

CAPÍTULO 1 • LEGISLAÇÃO SOBRE OS POVOS INDÍGENAS, QUILOMBOLAS E SUAS TERRAS | 29

Como se viu, o regime democrático de 1946 não atendeu às necessidades dos povos indígenas, sendo, efetivamente, mais uma fonte de agruras.

O regime cívico-militar implantado em 1964, pela Constituição de 1967, estabeleceu que "as terras ocupadas pelos silvícolas" eram bens de propriedade da União, permanecendo fiel à concepção de incorporação dos indígenas à comunidade nacional. Todavia, o artigo 186 da Carta de 1967 foi mais específico sobre a fruição dos direitos dos indígenas sobre as terras por eles ocupadas. Assim, foi "assegurada aos silvícolas a posse permanente das terras que habitam e reconhecido seu direito ao usufruto exclusivo dos recursos naturais e de todas as utilidades nelas existentes".

A Emenda Constitucional 1, de 17 de outubro de 1969, muito embora persistisse na concepção de assimilação dos indígenas pela sociedade envolvente (art. 8º, XVII, alínea o), inovou no § 1º do artigo 198 que declarou nulos e extintos todos os efeitos jurídicos, quaisquer que fossem as suas naturezas, de atos que tivessem por objeto o domínio, a posse ou a ocupação de terras habitadas pelos silvícolas; a nulidade foi coroada com a proibição de qualquer indenização. Até 1988, a marca mais característica das políticas e leis voltadas para os indígenas foi a constante busca de integrá-los à chamada comunidade nacional e, portanto, fazer com que eles perdessem a condição de indígenas, transformando-se em brasileiros genéricos. As diferenças existente entre os índios e a "comunidade nacional" sempre foram vistas como algo a ser eliminado, através da progressiva transformação do indígena em "branco", ou seja, à medida que o indígena renuncie a sua diferença cultural e assume a plena identificação com a sociedade envolvente.

As normas constitucionais que foram apresentadas, ainda que bem-intencionadas, não foram capazes de assegurar aos indígenas a posse de suas terras. Além disso, de certa forma, legitimavam os esbulhos sofridos pelos povos originários, na medida em que só reconheciam como terras indígenas aquelas que estivessem na posse efetiva das populações autóctones.

2.2.2   A Constituição de 1988

A Constituição Federal de 1988 é totalmente inovadora em relação às Cartas Política anteriores, ainda que tenha mantido algumas disposições já constantes de textos constitucionais passados. Há uma grande variedade de artigos dedicados aos povos indígenas.[36] Neste ponto merece ser realçado que, pela primeira vez, as populações tradicionais também foram lembradas pela Constituição Federal

---

36. Art. 20, XI; Art. 22, XIV; Art. 109, XI; Art. 129, V; Art. 210, § 2º; Art. 215, § 1º; Art. 231, Art. 232 e 67 do ADCT.

que, por exemplo, cuidou das populações remanescentes de quilombos e dos "diferentes grupos formadores da sociedade brasileira".[37]

Em relação às terras indígenas, abandou-se o conceito de terras ocupadas em caráter permanente, adotando-se o de terras tradicionalmente ocupadas pelos indígenas. A ocupação tradicional não é, necessariamente, uma ocupação imemorial, mas, uma ocupação compatível com o modo de vida próprio das comunidades indígenas. Do ponto de vista econômico, poder-se-ia dizer uma ocupação fora dos mecanismos da economia de mercado.

A terra tradicionalmente ocupada pelos indígenas não tem o sentido temporal de "ocupação imemorial". "Se recorrermos ao Alvará de 1º de abril de 1680 que reconhecia aos índios as terras onde estão tal qual as terras que ocupavam no sertão, veremos que a expressão que ocupavam tradicionalmente não significa ocupação imemorial" (Silva, 1993, p. 47).

As terras indígenas, embora pertencentes à União, são outorgadas em usufruto permanente aos indígenas, cabendo ao Congresso Nacional dispor sobre a autorização, a exploração e o aproveitamento dos recursos hídricos e a lavra de riquezas minerais no seu interior, "ouvidas as comunidades afetadas, ficando-lhes assegurada participação nos resultados da lavra, na forma da lei". Aqui deve ser ressaltado que não há proibição constitucional para a exploração de tais recursos em terras indígenas, o que a Constituição exige é um processo complexo que se desdobra em duas etapas: (1) a consulta aos indígenas e (b) a autorização do Congresso Nacional. Por fim, cabe aos indígenas receber participação no produto das atividades como definido em lei.

Uma modificação constitucional fundamental em relação às terras indígenas foi o reconhecimento de um direito originário sobe os territórios indígenas. Direitos originários são aqueles que derivam de um fato histórico, reconhecendo-se que os índios foram os primeiros ocupantes do território nacional e não de uma situação de fragilidade e desproteção, cuidam-se de direitos preexistentes à colonização. O título indígena deriva da anterioridade da presença autóctone no território nacional.

---

37. Art. 216, § 5º e ADCT Art. 68.

Capítulo 2
AS TERRAS INDÍGENAS E DAS COMUNIDADES TRADICIONAIS

1. TERRAS INDÍGENAS E DAS COMUNIDADES TRADICIONAIS NO DIREITO BRASILEIRO

O direito colonial e o direito brasileiro registram inúmeras normas voltadas para as terras indígenas. O tema foi se tornando mais relevante, na medida em que aumentava a pressão sobre os territórios indígenas para incorporá-los à economia nacional. Para Alcida Rita Ramos (Ramos, 1986), a terra não é só um recurso natural, mas também um recurso sociocultural da mesma importância. Na legislação colonial houve muitas normas regulando sobre acesso e uso das terras indígenas, sendo o diretório dos índios a mais relevante. Rita Heloisa de Almeida (Almeida, 1997, p. 14) entende que "[s]ituado em seu próprio tempo e espaço, o *Diretório* teve o cunho de carta de orientação da amplitude equivalente às Constituições que atualmente regem as nações".

O conceito de fronteira, como regra, não tem maior significado para os povos indígenas, pois há tolerância no sentido de que diferentes povos possam usar um mesmo território. As limitações de uso são estabelecidas com base em uma ética própria. A casa e a aldeia são concebidas como integrantes do território, o seu mundo. É dentro desse universo que todas as suas principais relações são desenvolvidas, e fora dele, dificilmente, a sociedade consegue sobreviver e prosperar.

Logo no início do século XVII é possível constatar-se que a legislação colonial reconhecia uma realidade: as terras sob posse e domínio indígenas. Manuela Carneiro da Cunha (Cunha, 1987) informa que as Cartas Régias (Alvará) de 30 de julho de 1609,[1] bem como a Carta de Lei de 10 de setembro

---

1. Ey por bem que os ditos gentios senão senhores de suas fazendas nas povoações em que mirarem, como o são na serra, sem lhe poderem .ser tomadas, nem sobre elas se lhe fazer moléstia, nem injustiça alguma e o Governador com parecer dos ditos religiosos, aos que vierem da serra, assinalará lugares para neles lavrarem e cultivarem (não sendo já aproveitados pelos capitão dentro no tampo) como por suas doações são obrigados e das capitanias e lugares que lhe forem ordenados não poderão ser mudados pera outros contra sua vontade (salvo quando eles livremente quiserem fazer). Disponível em: https://edisciplinas.usp.br/pluginfile.php/8295780/mod_resource/content/1/Leis%20de%20 1609%20e%201611.pdf. Acesso em: 23 out. 2024.

de 1611,[2] expedidas por Felipe III, reconheciam o pleno domínio dos índios sobre seus territórios e sobre as terras que lhes são alocadas nos aldeamentos. Ainda no século XVII, surgiram outros alvarás e atos governamentais que dispunham sobre o direito dos índios às suas terras. Este tipo de legislação, indiscutivelmente, pressupunha que as terras do Brasil não eram dos índios e que, ao contrário, dentro do território nacional, deveriam ser reservadas áreas específicas para eles; reconheciam, igualmente, a existência de um estado de beligerância entre nações diversas.

Neste sentido, é interessante ressaltar a própria redação da Provisão de 1º de abril de 1680,[3] pelo qual foi reconhecido oficialmente que os povos indígenas foram os primeiros ocupantes e donos naturais destas terras. Em razão do reconhecimento, o Estado passou a destinar áreas exclusivas para os indígenas, buscando compensar-lhes as enormes perdas sofridas e manter controle a expansão da colonização. A principal dessas compensações foi a indicação e o reconhecimento das áreas que seriam dedicadas à posse exclusiva dos indígenas. A Provisão tinha por objeto as questões relativas ao aldeamento e catequese dos povos indígenas do Maranhão, entretanto, pode ser considerada como um importante marco legislativo no contexto das relações com os povos indígenas. No Alvará de 8 de maio de 1758, foi determinada a extensão das determinações ora examinadas para todos os povos indígenas do Brasil. O § 4º do Alvará de 1680 determinou que fossem destinadas terras aos índios que descessem do sertão. Havia a proibição explícita de que os indígenas fossem deslocados das terras que lhes foram destinadas, sem o seu consentimento.

Evidentemente a distância entre a norma legal e a sua aplicação concreta sempre foi muito grande em nosso país. Imagine-se quão descumpridas deveriam ser as regras citadas. Fato é que a legislação colonial reconhecia aos índios o direito exclusivo das terras necessárias à sua sobrevivência. Observe-se que a

---

2. E os ditos gentios serão senhores de suas fazendas nas povoações, assim como o são na Serra, sem lhes poderem ser tomadas, nem sobre elas fazer moléstia ou injustiça alguma; nem poderão ser mudados contra as suas vontades das capitanias e lugares que lhes forem ordenados, salvo quando eles livremente o quiserem fazer. Disponível em: https://edisciplinas.usp.br/pluginfile.php/8295780/mod_resource/content/1/Leis%20de%201609%20e%201611.pdf. Acesso em: 23 out. 2024.

3. E para que os ditos Gentios que assim descerem e os mais que há de presente melhor se conservem nas Aldeias, Hei por bem que sejam senhores de suas fazendas como o são no Sertão sem lhe poderem ser tomadas nem sobre eles se lhes fazer moléstia, e o Governador com parecer dos ditos Religiosos assignará aos que descerem do Sertão lugares convenientes para neles lavrarem e cultivarem e não poderão ser mudados dos ditos lugares contra sua vontade, nem serão obrigados a pagar foro ou tributo algum das ditas terras, ainda que estejam dadas em sesmaria a pessoas particulares por que na concessão destas se reservaria sempre o prejuízo de terceiro, e muito mais se entende e quero se entenda ser reservado o prejuízo e direito dos Índios primários e naturais Senhores deles. Disponível em: http://transfontes.blogspot.com/2010/02/provisao-de-1-de-abril-de-1680.html. Acesso em: 23 out. 2024.

Carta Régia de 9 de março de 1718 reconheceu que os índios "são livres, e isentos de minha jurisdição que os não podem obrigar a saírem de suas terras, para tomarem um modo de vida que se não agradarão". Apear do reconhecimento da posse indígena, "[d]esde o início a posse dos índios aos seus territórios foi visto como empecilho ao caminho do dito "desenvolvimento". Se por um lado reconhecia-se a posse indígena, essa proteção na prática só era tida enquanto não colidisse com os interesses desenvolvimentistas" (Amado, 2015, p. 68). É importante observar que, se foi estabelecida uma proibição legal, isto se deveu ao fato de que, evidentemente, a situação proibida, de fato, ocorria. Do contrário, não haveria a necessidade da proibição.

A "guerra justa", movida contra os povos indígenas, permitia que as suas terras fossem subtraídas de seu domínio, tornando-se devolutas. Todavia, a conceituação normativa de terras devolutas, somente foi estabelecida de forma definitiva pela Lei 601, de 18 de setembro de 1850. Devolutas eram as terras concedidas a sesmeiros que, por caírem em comisso, retornavam ao domínio do Poder Público.

O conjunto de normas jurídicas que regulava as terras indígenas constitui o regime jurídico do indigenato que é fonte primária de direito e não se confunde com a simples posse. O Indigenato extrapola os limites do direito civil, sendo especializado e reconhecido como tal pelo STF no julgamento da Ação Civil Originária 312:

> 25 – A posse indígena sobre a terra, fundada no indigenato, diz com o *ius possessionis* e o *ius possidendi*. Abrange a relação material do sujeito com a coisa e o direito de seus titulares a possuírem-na como seu habitat.
>
> 26. Nessa linha decidiu esta Corte, sob a Constituição de 1946, voto do Ministro Victor Nunes Leal, no RE 44.585 [DJ de 11.10.1961]:
>
> "O objetivo da Constituição Federal é que ali permaneçam os traços culturais dos antigos habitantes, não só para sobrevivência dessa tribo, como para estudo dos etnólogos e para outros efeitos de natureza cultural e intelectual. Não está em jogo, propriamente, um conceito de posse, nem de domínio, no sentido civilista dos silvícolas, trata-se de habitat de um povo".
>
> 53. No voto que proferi no 'caso Raposa-Serra do Sol' (PET 388, Rel. Min. Carlos Britto, DJe 24.09.2009) observei que, embora as Constituições brasileiras somente tenham cuidado, especificamente, do tema relativo aos direitos dos indígenas em 1934, a matéria foi objeto de legislação antes mesmo da formação do Estado brasileiro, conforme demonstra a fecunda lição de João Mendes Júnior em seu celebrado trabalho "Os indígenas do Brazil, seus direitos individuais e políticos" (São Paulo: Typ. Hennies, Irmãos, 1912), a qual remete ao Alvará de 1º de Abril de 1680 a origem do indigenato, a distinguir a posse dos indígenas sobre suas terras da posse de ocupação.
>
> Naquele estudo, o autor paulista realçou situação retratada nestes autos e que não pode ser desconsiderada sequer após quase cem anos de sua exposição, *verbis*:

Os pobres índios não tinham cônsules que por eles interviessem, não tinham juízes que lhes reconhecessem direito ao trabalho: fizeram justiça por si, tanto quanto deles não era lícito esperar, porque limitaram-se à evasão e à dispersão. Fugiram alguns; pois, apesar de todas as calúnias, quando queremos derrubar matas e trabalhos mais pesados, não recorremos aos compatriotas de nossos avós europeus, mas aos descendentes dos nossos índios, aos nossos caboclos, aos nossos caipiras (op. cit., p. 54).

Sem órgãos judiciais a garantir o que a legislação colonial e, depois, a imperial a eles assegurava, os índios viram minguados os seus direitos e os seus espaços de existência e de manutenção de suas identidades, situação que nem o advento da República, conforme o caso sob exame evidencia e os sucessivos(sic), teve o condão de resolver.

No século XIX houve um grande retrocesso na legislação indigenista, em boa medida, devido ao Ato Adicional de 1834, que atribuiu competência às Assembleias Provinciais para legislar, concorrentemente, com o Governo Geral e a Assembleia Nacional sobre assuntos indígenas, o que redundou em maior poder para as oligarquias que eram as grandes interessadas em ocupar as terras indígenas que sempre foram mais protegidas quando submetidas à legislação do poder central.

No período republicano, até o advento da Constituição de 1988, o documento legislativo mais relevante é a Lei 6.001/1973 (Estatuto do Índio), como não poderia deixar de ser, possui uma lista de artigos voltados unicamente para o trato das terras indígenas, estabelecendo as seguintes categorias:

a) reserva indígena – área destinada a servir de habitat a grupo indígena, com os meios suficientes à sua subsistência;

b) parque indígena – área contida em terra na posse dos índios, cujo grau de integração permita assistência econômica, educacional e sanitária dos –órgãos da União, em que se preservem as reservas de flora e fauna e as belezas naturais da região;

c) colônia agrícola indígena – área destinada à exploração agropecuária, administrada pelo órgão de assistência ao índio, onde convivam tribos aculturadas e membros da comunidade nacional;

d) território federal indígena – é a unidade administrativa subordinada à União, instituída em região na qual pelo menos um terço da população seja formado por indígenas.

O Estatuto do Índio é uma lei defasada em relação às disposições constitucionais relativas aos indígenas.

2. AS TERRAS INDÍGENAS E DAS COMUNIDADES TRADICIONAIS NA CONSTITUIÇÃO DE 1988

2.1 Terras indígenas

A importância da matéria é de tal magnitude que a Constituição Federal dedicou-lhe diversos artigos e incisos, inclusive naqueles dedicados à ordem

CAPÍTULO 2 • TERRAS INDÍGENAS E DAS COMUNIDADES TRADICIONAIS **35**

econômica e social, que exige lei específica para o desenvolvimento da atividade garimpeira em terras indígenas. Na hipótese de elaboração de tal norma, faz-se necessária a realização de consulta prévia aos povos indígenas. A relevância da matéria é extraordinariamente grande e o próprio ato das disposições constitucionais transitórias estabeleceu um prazo para a demarcação de todas as terras indígenas. Por força do artigo 67 do ADCT, a demarcação deveria estar concluída em prazo de cinco anos, a partir da promulgação da Constituição Federal. Tal norma permanece no campo da aspiração, pois a norma é completamente ineficaz.

Foi reconhecido aos índios o direito originário sobre as terras que tradicionalmente ocupam, cujo conceito é o seguinte: (1) são as terras utilizadas para atividades produtivas; as imprescindíveis para a preservação dos recursos ambientais necessários ao bem-estar dos índios e as necessárias à reprodução física e cultural, segundo seus usos, costumes e tradições (art. 231, § 1º); (2) são destinadas à posse permanente dos índios, cabendo-lhes o usufruto exclusivo das riquezas do solo, dos rios e dos lagos nelas existentes (art. 231, § 2º). As terras tradicionalmente ocupadas pelos indígenas não se confundem com as terras que "imemorialmente" tenham sido ocupadas pelos indígenas, elas podem ou não estar tal condição. O fundamental do conceito é que as terras sejam essenciais ao modo indígena de viver, nada mais. Não se cogita de temporalidade. Todavia, como se verá, a definição de um marco temporal para a ocupação tem consequências negativas e práticas extraordinárias.

As terras indígenas são terras públicas federais e pertencentes ao domínio exclusivo da União. A própria União, entretanto, sofreu limitação de seus direitos de proprietária, haja vista que o constituinte instituiu um usufruto exclusivo dos índios sobre as riquezas do solo, dos rios e dos lagos nelas existentes. E mais: determinou que fossem inalienáveis e indisponíveis, sendo imprescritíveis os direitos delas.

A inalienabilidade e a imprescritibilidade que gravam as terras indígenas opõem-se à União e às próprias comunidades indígenas, que, elas também, não poderão efetuar qualquer negócio jurídico que implique em alienação, cessão ou disposição de seus direitos sobre elas.

A importância das terras indígenas para os diferentes povos indígenas é tão grande que a Lei Fundamental estabeleceu uma inamovibilidade indígena, recuperando um instituto que, como foi visto, se encontrava presente na legislação colonial. A remoção temporária de um povo indígena de suas terras somente pode ser feita em casos de epidemia ou catástrofe que ponha em risco a própria sobrevivência da população indígena. Em tal hipótese, a remoção deverá ser referendada pelo Congresso Nacional. Admite-se, ainda, que, mediante deliberação do Congresso Nacional, possam os índios ser removidos de suas terras, quando em risco a soberania nacional. Cessados os riscos, deverão ser recolocados em suas terras de origem.

A própria Constituição determina a absoluta nulidade e extinção de qualquer ato jurídico que tenha por objeto a ocupação, o domínio e a posse das terras indígenas. Igualmente nulos e extintos são quaisquer atos que Tenham por objeto a exploração de riquezas naturais do solo, dos rios e dos lagos existentes em terras indígenas. Entretanto, há a ressalva para questões de interesse público da União, tal qual definido em lei complementar. As nulidades tratadas no § 6º do artigo 231 não ensejam qualquer indenização, excetuadas as benfeitorias realizadas de boa-fé.

O texto Constitucional é compatível com o moderno direito internacional de proteção dos direitos dos povos indígenas e tribais, tal como definidos na Convenção 169, na Declaração Americana sobre os Direitos dos Povos Indígenas e na Declaração das Nações Unidas sobre os Direitos dos Povos Indígenas.

2.2 Conceitos normativos de comunidade tradicional e de comunidade remanescente de quilombo

O direito brasileiro reconhece e concede ampla proteção aos povos e comunidades tradicionais. Essa proteção é, primeiramente, constitucional e se espalha às normas infraconstitucionais. Em função disso, a jurisprudência nacional tem feito respeitar tais direitos.

Antônio Carlos Diegues et al. utilizam o termo sociedade tradicional para se referirem a

> grupos humanos culturalmente diferenciados que historicamente reproduzem seu modo de vida, de forma mais ou menos isolada, com base em modos de cooperação social e formas específicas de relações com a natureza, caracterizados tradicionalmente pelo manejo sustentado do meio ambiente. Essa noção se refere tanto a povos indígenas quanto a segmentos da população nacional que desenvolveram modos particulares de existência, adaptados a nichos ecológicos específicos.

> Exemplos empíricos de populações tradicionais são as comunidades caiçaras, os sitiantes e roceiros tradicionais, comunidades quilombolas, comunidades ribeirinhas, os pescadores artesanais, os grupos extrativistas e indígenas. Exemplos empíricos de populações não tradicionais são os fazendeiros, veranistas, comerciantes, servidores públicos, empresários, empregados, donos de empresas de beneficiamento de palmito ou outros recursos, madeireiros etc. (Diegus, 2000, p. 20).

O Decreto Federal 6.040/2007, em seu artigo 3º, I define povos e comunidades tradicionais como:

CAPÍTULO 2 • TERRAS INDÍGENAS E DAS COMUNIDADES TRADICIONAIS | **37**

grupos culturalmente diferenciados e que se reconhecem como tais, que possuem formas próprias de organização social, que ocupam e usam territórios e recursos naturais como condição para sua reprodução cultural, social, religiosa, ancestral e econômica, utilizando conhecimentos, inovações e práticas gerados e transmitidos pela tradição.

A Constituição Federal, em reconhecimento histórico das agruras passadas pelas comunidades remanescentes de quilombo, em dois momentos específicos, atribuiu a tais comunidades proteção especial, *e.g.*, art. 216, § 5º e ADCT art. 68. O quilombo foi uma estratégia, utilizada pelos escravizados, para criar um polo de liberdade no interior do sistema escravista. Os quilombos foram extremamente variados, sendo interessante a observação de Eduardo Silva sobre o Quilombo das Camélias no Rio de Janeiro:

A crise final da escravidão, no Brasil, deu lugar ao aparecimento de um novo modelo de resistência, a que podemos chamar *quilombo abolicionista*. No modelo tradicional de resistência à escravidão, o *quilombo-rompimento*, a tendência dominante era a política do esconderijo e do segredo de guerra. Por isso, esforçavam-se os quilombolas exatamente para proteger seu dia a dia, sua organização interna e suas lideranças de todo tipo de inimigo, curioso ou forasteiro, inclusive, depois, os historiadores (Silva, 2003, p. 11).

O quilombo (mocambo) corresponde a um fenômeno social que se produziu em todas as Américas no período colonial e escravista, a diversidade foi assim resumida por Flávio dos Santos Gomes:

[o]utras experiências tiveram aqueles que escaparam (muitos coletivamente) e formaram comunidades, procurando se estabelecer com base econômica e estrutura social própria. Nas Américas se desenvolveram pequenas, médias, grandes improvisadas, solidificadas, temporárias ou permanentes comunidades de fugitivos que receberam diversos nomes, como *cumbes* na Venezuela ou *palenques* na Colômbia. Na Jamaica, no restante do Caribe inglês e no sul dos Estados Unidos foram denominados *marrons*. Na Guiana holandesa – depois Suriname – ficaram também conhecidos como *bush negroes*. No Caribe francês o fenômeno era conhecido como *maronage*; enquanto em partes do Caribe espanhol – principalmente Cuba e Porto Rico – se chamava *cimaronaje* (Gomes, 2015, p. 9-10).

O § 5º do artigo 216 da CF é claro ao utilizar a expressão "reminiscências históricas dos antigos quilombos" que, no caso, não serve apenas para a finalidade de tombamento, devendo ser utilizada igualmente para a concessão dos títulos tratados no artigo 68 do ADCT. Nem toda comunidade majoritariamente formada por negros se enquadra nos pressupostos constitucionais. O vínculo histórico é um fator objetivo estabelecido pela Lei Fundamental da República.

A Constituição Federal, em seu artigo 5º, § 2º, dispõe que os direitos nela expressos não excluem outros decorrentes do regime e dos princípios por ela adotados, ou dos tratados internacionais em que o Brasil seja parte. A Convenção 169 da OIT, artigo 1 estipula que:

Artigo 1

1. A presente convenção aplica-se:

a) aos povos tribais em países independentes, *cujas condições sociais, culturais e econômicas os distingam de outros setores da coletividade nacional, e que estejam regidos, total ou parcialmente, por seus próprios costumes ou tradições ou por legislação especial;*

(...)

2. *A consciência de sua identidade indígena ou tribal deverá ser considerada como critério fundamental* para determinar os grupos aos que se aplicam as disposições da presente Convenção.

Do ponto de vista jurídico, a comunidade tradicional (tribal) se caracteriza por duas condições: uma de (1) natureza subjetiva que se expressa no autorreconhecimento como grupo culturalmente diferenciado e outra de (2) natureza objetiva que se expressa nas formas próprias de organização social, "ocupando territórios e utilizando recursos naturais como condição para sua reprodução cultural, social, religiosa, ancestral e econômica e aplicando conhecimentos, inovações e práticas gerados e transmitidos ela tradição".

A Convenção 169 da Organização Internacional do Trabalho, conforme disposto no artigo 1º (1) (a) e (2) é destinada aos povos indígenas e aos *povos tribais em países independentes, cujas condições sociais, culturais e econômicas os distingam de outros setores da coletividade nacional, ou que estejam regidos por seus próprios costumes ou tradições ou por legislação especial.* O direito constitucional brasileiro tutela de forma especial os remanescentes das comunidades de quilombo. Por isso, tais comunidades estão incluídas entre os sujeitos da tutela conferida pela Convenção.

A própria OIT assim define a condição de beneficiário da Convenção 169:

Indigenous and tribal peoples" is a common denominator for more than 370 million people, found in more than 70 countries worldwide. They constitute approximately 5% of the world population but 15% of the world's poor. Indigenous and tribal peoples are found in all regions of the world, from the Arctic to the tropical forests. There is no universal definition of indigenous and tribal peoples, but ILO Convention No. 169 provides a set of subjective and objective criteria, which are jointly applied to identify who these peoples are in a given country.

Given the diversity of the peoples it aims at protecting, the Convention uses the inclusive terminology of "indigenous" and tribal peoples and ascribes the same set of rights to both groups.

In Latin America, for example, the term "tribal" has been applied to certain afro-descendant communities (ILO, 2013, p. 2).

Além da tutela constitucional conferida aos remanescentes de quilombo, há que se registar que tais populações se enquadram no conceito de povo tribal. A Comissão Interamericana de Direitos Humanos define povo tribal como um povo que não é indígena à região que habita, mas que compartilha características similares aos povos indígenas, como possuir tradições sociais, culturais e

CAPÍTULO 2 • TERRAS INDÍGENAS E DAS COMUNIDADES TRADICIONAIS **39**

econômicas diferentes de outros setores da comunidade nacional, identificação com seus territórios ancestrais e ser regido, ainda que parcialmente, por normas próprias, costumes e tradições. A definição de um povo como "tribal" depende de uma combinação de fatores objetivos e subjetivos.

> 33. Al igual que con los pueblos indígenas, la determinación de cuándo un grupo en particular se puede considerar como "tribal" *depende de una combinación de factores objetivos y subjetivos.* Según ha explicado la OIT, los elementos objetivos de los pueblos tribales incluyen (i) una cultura, organización social, condiciones económicas y forma de vida distintos a los de otros segmentos de la población nacional, por ejemplo, en sus formas de sustento, lengua etc.; y (ii) tradiciones y costumbres propias, y/o un reconocimiento jurídico especial. El elemento subjetivo consiste en la identificación propia de estos grupos y de sus miembros como tribales. Así, un elemento fundamental para la determinación de un pueblo tribal es la autoidentificación colectiva e individual en tanto tal. El criterio fundamental de autoidentificación, según el artículo 1.2 del Convenio 169 de la OIT, es igualmente aplicable a los pueblos tribales.

> 34. *Los pueblos tribales y sus miembros son titulares de los mismos derechos que los pueblos indígenas y sus miembros.* Para la CIDH, "el derecho internacional de los derechos humanos le impone al Estado la obligación de adoptar medidas especiales para garantizar el reconocimiento delos derechos de los pueblos tribales, incluso el derecho a la posesión colectiva de la propiedad". La jurisprudencia de la Corte Interamericana en relación con el derecho de propiedad colectiva se aplica no sólo en relación con los pueblos indígenas, sino también en relación con los pueblos tribales, que mantienen sus formas de vida tradicionales basadas en un vínculo especial con sus tierras y territorios. Así, en los casos Aleoboetoe, Comunidad Moiwana, y Saramaka, las víctimas pertenecían a diversas comunidades o pueblos que forman parte de la población *Maroon* de Surinam, descendientes de esclavos autoemancipados que se asentaron en sus territorios desde el período colonial, y que por tanto no se consideran, en sentido estricto, "indígenas". La Corte consideró que los *Maroon* constituyen pueblos y comunidades "tribales" (CIDH, 2010, p. 11-12).

Logo, conforme visto acima, não cabe dúvida de que os remanescentes das comunidades de quilombo são sujeitos da Convenção 169 da Organização Internacional do Trabalho. Cabe, doravante, examinar como são exercidos os direitos outorgados pelo acordo multilateral.

2.2.1 Condições constitucionais e legais para o reconhecimento de comunidades remanescentes de quilombos

A comunidade remanescente de quilombo teve a sua primeira definição normativa no Decreto Federal 3.912/2001 que estabeleceu a competência da Fundação Cultural Palmares para "iniciar, dar seguimento e concluir o processo administrativo de identificação dos remanescentes das comunidades dos quilombos, bem como de reconhecimento, delimitação, demarcação, titulação e registro imobiliário das terras por eles ocupadas". Segundo o texto dos incisos I e II do parágrafo único do artigo 1º somente poderia ser reconhecida a propriedade sobre terras que (1) eram ocupadas por quilombos em 1888; e (2) que estavam ocupadas por remanescentes das comunidades dos quilombos em 5 de outubro de 1988.

O Decreto Federal 3.912/2001 foi revogado pelo Decreto Federal 4.887/2002 que, em seu artigo 2º, *caput*, considera como "remanescentes das comunidades dos quilombos, (...), os grupos étnico-raciais, segundo critérios de autoatribuição, com trajetória histórica própria, dotados de relações territoriais específicas, com presunção de ancestralidade negra relacionada com a resistência à opressão histórica sofrida." O § 1º do artigo 2º dispõe que: "a caracterização dos remanescentes das comunidades dos quilombos será atestada mediante autodefinição da própria comunidade." As terras ocupadas por remanescentes das comunidades dos quilombos são "as utilizadas para a garantia de sua reprodução física, social, econômica e cultural" (art. 2º, § 2º). A norma viola a Convenção 169, pois, muito embora o autorreconhecimento seja uma condição fundamental, não é a única. O elemento objetivo, ou seja, a existência de uma forma própria de organização social, é essencial para a constituição do direito.

A Instrução Normativa 1, de 31 de outubro de 2018, que "estabelece os procedimentos administrativos a serem observados pela Fundação Cultural Palmares nos processos de licenciamento ambiental de obras, atividades ou empreendimentos que impactem comunidades quilombolas", em seu artigo 2º, I, define comunidade quilombola como: os grupos étnico-raciais, segundo critérios de autoatribuição, com trajetória histórica própria, dotados de relações territoriais específicas, com presunção de ancestralidade negra relacionada com a resistência à opressão histórica sofrida, certificadas pela FCP". Veja-se que, acertadamente, a normativa da FCP não se limita a um único critério.

É relevante anotar que a autoatribuição da comunidade como remanescente de quilombos não acarreta automaticamente a identificação e delimitação de um território para a comunidade que se autodefiniu como remanescente de quilombo. A autoatribuição não é uma tomada de decisão arbitrária, pois o texto normativo, condiciona os efeitos jurídicos da autoatribuição à existência de "trajetória histórica própria" e que os grupos étnico-raciais sejam "dotados de relações territoriais específicas, com presunção de ancestralidade negra relacionada com a resistência à opressão histórica sofrida." Há que se observar que o texto normativo é contraditório, pois se a autoatribuição é o elemento que atesta a caracterização de remanescente de quilombo, a presunção só pode ser absoluta. Logo, qualquer comunidade que se autodefinisse como remanescente de quilombo, estaria habilitada para usufruir o direito estabelecido no art. 68 do ADCT, extinguindo o § 5º do artigo 216, no que se refere às "reminiscências históricas dos antigos quilombos".

CAPÍTULO 2 • TERRAS INDÍGENAS E DAS COMUNIDADES TRADICIONAIS **41**

Nesse ponto, cabe alertar para o fato de que a comunidade remanescente de quilombo não necessita, necessariamente, estar ligada a um episódio de fuga da escravidão como requisito para o seu reconhecimento. A fuga do cativeiro foi um fenômeno relativamente raro. "A despeito de nossas construções ideológicas, poucos escravos, em termos relativos, fugiram" (Reis e Silva, 1989, p. 62). Há transferência compulsória de uma comunidade, de um grupo humano, compulsória para um determinado local, ou mesmo uma doação verbal de terras podem caracterizar uma comunidade remanescente de quilombos. Uma ligação histórica comprovada da comunidade com a escravidão é suficiente.[4] É relevante observar que, com fim do regime escravocrata no Brasil, a formação dos quilombos não se resumiu mais aos locais de refúgio de fugitivos do cativeiro, de acordo com as observações de Maria de Lourdes Bandeira, "[a]s terras em que essas comunidades negras rurais assentam sua territorialidade podem ser classificadas, de acordo com sua origem patrimonial, em doações de antigos senhores e seus escravos, doações a santos e terras devolutas"(Bandeira, 1991, p. 8).

A delimitação do território pressupõe a presença de requisitos objetivos: (1) que "estejam ocupando suas terras" (ADCT, art. 68) e que (2) as terras ocupadas por remanescentes das comunidades dos quilombos sejam utilizadas para a garantia de sua reprodução física, social, econômica e cultural. Isto é matéria de prova. No caso a prova se faz pelo Laudo Antropológico que deve responder a duas ordens de questões:

> Em primeiro lugar deverá comprovar a ascendência destas comunidades, uma vez que o direito à terra advém da condição de "remanescente de quilombo". Em segundo lugar, o laudo deverá determinar a área de ocupação dessas comunidades, ou seja, aquelas terras que deverão ser tituladas pela União (Andrade, 1994, p. 90).

É importante consignar que o § 3º do artigo 2º do Decreto é claro ao estabelecer que para a medição e demarcação das terras "serão levados em consideração" os critérios de territorialidade indicados pelos remanescentes

---

4. O nome completo é Associação da Comunidade dos Remanescentes de Quilombo da Ilha da Marambaia – ARQIMAR. Localizada na belíssima e quase inacessível ilha, a comunidade quilombola, onde vivem atualmente cerca de 258 famílias, possui muitas histórias de luta pela titulação e reconhecimento de propriedade.

As terras onde hoje vivem pertenceu ao Comendador Breves o qual, segundo consta, usava a propriedade para manter ali os escravos em época de "engorda" e depois levá-los para trabalhar em suas fazendas de café. Antes de falecer em 1889, o Comendador doou verbalmente suas terras na Marambaia aos escravos que lá se encontravam. Porém, como não deixou um documento por escrito, a família não cumpriu o compromisso após o seu falecimento. Desde então os quilombolas e seus descendentes vêm travando batalhas judiciais com diversas instituições para garantir seu real direito de posse, acordado há um século com Breves. Disponível em: https://www.guiaculturalcostaverde.com.br/?locais=asso-ciacao-quilombo-da-marambaia. Acesso em: 23 out. 2024.

das comunidades dos quilombos, sendo facultado à comunidade interessada apresentar as peças técnicas para a instrução procedimental. Isto é, a comunidade remanescente de quilombo indica um perímetro que será confirmado, ou não, pela autoridade administrativa, de acordo com a prova produzida. Como se vê, a delimitação do território está submetida a critérios objetivos que não podem ser desprezados.[5] No particular, veja-se que a Instrução Normativa 56/2009 que regulamenta o procedimento para identificação, reconhecimento, delimitação, demarcação, desintrusão, titulação e registro das terras ocupadas por remanescentes das comunidades quilombolas de que tratam o Art. 68 da Constituição Federal de 1988 e o Decreto 4.887/2003, em seu artigo 10 define os elementos que deverão constar do RTDI, dentre os quais está o relatório antropológico (laudo antropológico), "de caracterização histórica, econômica, ambiental e sociocultural da área quilombola identificada, devendo conter as seguintes descrições e informações sobre a comunidade pesquisada: (1) informações gerais e dados disponíveis; (2) sua historicidade; (3) sua etnicidade e organização social; (4) sua forma de produção e relação com o meio ambiente e (5) a proposta de território a ser titulado.

Por fim, há que se observar que os estudos antropológicos reconhecem a necessidade de uma subjetividade específica, no caso concreto da identificação de remanescentes das comunidades de quilombos que ultrapassa a mera questão territorial.

Com efeito, o atual debate entre a antropologia e o direito indica que tratar a questão do direito dos "remanescentes das comunidades de quilombos", como um assunto exclusivamente fundiário pode levar a certo reducionismo específicos da cidadania dos negros no Brasil. A Constituição de 1988, em seu art. 68 (sic), definiu uma subjetividade específica, e a antro-

---

5. O Supremo Tribunal Federal concluiu o julgamento da ADI 3239 ajuizada pelo Partido Democratas, julgando-a improcedente. Ou seja, a Corte Suprema, pela maioria dos seus ministros, afirmou a constitucionalidade do Decreto 4.887/20. 2. Com a promulgação da Constituição Federal de 1988, estabeleceu-se, no art. 68 do ADCT, o direito de propriedade aos territórios tradicionais pertencentes às comunidades quilombolas: "Aos remanescentes das comunidades dos quilombos que estejam ocupando suas terras é reconhecida a propriedade definitiva, devendo o Estado emitir-lhes os títulos respectivos". O Decreto 4.887/2003, no seu art. 2º, § 2º, estabelece que "São terras ocupadas por remanescentes das comunidades dos quilombos as utilizadas para a garantia de sua reprodução física, social, econômica e cultural". O art. 11 do mesmo Decreto enfatiza que, mesmo havendo sobreposição do território ocupado com áreas de conservação, segurança nacional, fronteira ou territórios indígenas, cabe ao INCRA, ao IBAMA, à Secretaria-Executiva do Conselho de Defesa Nacional, à FUNAI e ao Fundação Cultural Palmares tomar as medidas cabíveis visando a garantir a sustentabilidade destas comunidades, conciliando o interesse do Estado. Ou seja, é imperioso "garantir a sustentabilidade destas comunidades". Não há, entretanto, previsão de que a demarcação deva abarcar área para exploração comercial de área rural. 3. É nulo o Levantamento Ambiental, Agronômico e de Sustentabilidade que amplia a área efetivamente ocupada pela comunidade quilombola quando da publicação da CRFB/88 para fins de exploração comercial. TRF-4 – APL: 50005597520154047119 RS 5000559-75.2015.4.04.7119, Relatora: Vânia Hack de Almeida, Julgamento: 29.01.2019, 3ª Turma.

CAPÍTULO 2 • TERRAS INDÍGENAS E DAS COMUNIDADES TRADICIONAIS **43**

pologia, em sua interlocução com o direito tem reafirmado a necessidade de compreender a subjetividade diferenciada reconhecida no texto constitucional (...) (Leite, 2012, p. 365).

A caracterização antropológica de populações e a sua incorporação ao universo do direito é um dos "enigmas do direito positivo". Com efeito, conforme lembrado observado por Stéphane Pierré-Caps e Jacque Poumarède.(2004, p. 457):

[a] determinação sociológica de um grupo humano e sua qualificação jurídica são dois processos de natureza diferente. Um procede de sua identificação a partir de um certo número de dados. O outro leva a lhe atribuir, reconhecer, negar ou lhe retirar um certo número de atributos – direitos e deveres – a partir de hipóteses sobre sua natureza, cuja validação determina a viabilidade jurídica.

Cabe, nesta altura, destacar trecho do voto da Ministra Rosa Weber na ADI 3239 (STF) que ressalta a importância dos critérios objetivos para a identificação dos remanescentes das comunidades de quilombo:

Assim, ao mesmo tempo em que não é possível chegar a um significado de quilombo dotado de rigidez absoluta, tampouco se pode afirmar que o conceito vertido no art. 68 do ADCT alcança toda qualquer comunidade rural predominantemente afrodescendente sem qualquer vinculação histórica ao uso linguístico desse vocábulo. Quilombo, afinal, descreve um fenômeno objetivo (...)

A grande dificuldade é, sem dúvida, dar tratamento jurídico à matéria, de forma que as decisões que venham a ser tomadas nos casos concretos não sejam contraditórias com os fundamentos do Estado de Direito Democrático que precisa ser capaz de acomodar todos os interesses.

2.2.1.1   Regime de propriedade das terras quilombolas

A antropóloga Ilka Boaventura Leite (2012) observa que o artigo 68 do ADCT da Constituição Federal atribuiu um novo significado ao vocábulo quilombo. Segundo ela, tais significados objetivam fazer convergir "as dimensões históricas, que o correlacionam à África e à história da escravidão nas Américas, e as dimensões socioantropológicas, como culturas contra-hegemônicas e articuladas à resistência de grupos subalternos" (Leite, 2012, p. 356).

O Brasil é um país com enorme variedade étnica que é reconhecida e tutelada constitucionalmente, conforme o disposto nos artigos 215, § 1º e 216 da Constituição Federal. O advento da Constituição de 1988 reconheceu uma realidade que, desde longa data, estava invisibilizada: a diversidade étnica e cultural do Brasil. O texto constitucional, ao se referir aos "diferentes grupos formadores da sociedade brasileira", abriu espaço para um regime especial de proteção para as minorias étnicas, sobretudo no que se refere aos seus particularismos culturais.

Luiz Fernando Villares afirma que os "grupos étnicos são reconhecidos como tais pelo direito e deverão ter suas culturas protegidas e seus direitos assegurados" (Vilares, 2009, p. 17). Em relação aos remanescentes das comunidades dos quilombos, a Constituição Federal dedica atenção especial ao tema, como se percebe do artigo 68 do Ato das Disposições Constitucionais Transitórias.

A interpretação constitucional tem consagrado o relevante papel desempenhado pelas terras tradicionalmente ocupadas na configuração dos direitos culturais e de sobrevivência física das comunidades tradicionais, inclusive dos remanescentes de comunidades de quilombo.

> Dada a íntima relação entre a posse das terras coletivas e a reprodução física e cultural das comunidades tradicionais, os direitos territoriais resultam abrangidos pelo direito fundamental à cultura (art. 215, CF), em particular no que diz com a proteção dos grupos participantes do processo civilizatório nacional (§ 1º). Suas diferentes formas de expressão e modos de criar, fazer e viver integram o patrimônio cultural brasileiro (art. 216, I e II, CF) e devem ser objeto de tutela legislativa, administrativa e jurisdicional efetiva e adequada. (...) Negar a garantia às terras tradicionalmente ocupadas é negar a própria identidade, o reconhecimento da comunidade tradicional na sua singularidade cultural. É condenar o grupo culturalmente diferenciado, centrado na particular relação com o local que estrutura as suas formas de criar, fazer e viver, ao desaparecimento. É impor-lhe a assimilação à sociedade envolvente e violar a dignidade da pessoa humana em sua expressão comunitária (art. 1º, III, CF), com a anulação cultural e até mesmo física da comunidade (ADI 5.783, rel. min. Rosa Weber, j. 06.09.2023, P, *DJE* de 14.11.2023).

É importante observar que, assim como para as demais populações tradicionais, os quilombolas têm como muito importante a noção de territorialidade, haja vista que a "propriedade" da terra é coletiva (Bandeira, 1991, p. 8).

As terras quilombolas, portanto, não são terras públicas federais. Elas são de propriedade coletiva, conforme estipulado no artigo 17 do Decreto 4887/2003, devendo o seu registro imobiliário obrigatoriamente conter cláusula de inalienabilidade, imprescritibilidade e de impenhorabilidade.

2.3 COMUNIDADES BRASILEIRAS TUTELADAS PELA CONVENÇÃO 169

Nesta altura, cumpre apresentar as comunidades brasileiras enquadradas como povos indígenas e tribais para os fins específicos da aplicação da Convenção 169 e da legislação correlata. Como se sabe, o Brasil é um país de dimensões continentais e, como é expressamente reconhecido pela Constituição Federal, composto por diferentes etnias que, em conjunto, constituem o seu povo. Conforme o disposto no § 1º do artigo 215 da Constituição Federal, cabe ao Estado proteger as manifestações das culturas populares, indígenas e afro-brasileiras e, ainda, de "outros grupos participantes do processo civilizatório nacional", o que

CAPÍTULO 2 • TERRAS INDÍGENAS E DAS COMUNIDADES TRADICIONAIS **45**

explicitamente admite uma pluralidade cultural e étnica na formação cultural de nosso País. A Constituição, igualmente, em seu artigo 216, integrou ao patrimônio cultural brasileiro "os bens de natureza material e imaterial, tomados individualmente ou em conjunto, portadores de referência à identidade, à ação, à memória dos diferentes grupos formadores da sociedade brasileira", nele incluindo (1) as formas de expressão e (2) os modos de criar, fazer e viver, dentre outros bens.

A população quilombola brasileira, segundo dados do Censo de 2022, é de 1,32 milhão de pessoas, ou 0,65% do total de habitantes do país, residindo em 169 municípios.[6] O Brasil reconhece 28 diferentes comunidades tradicionais. Dados de 2017 indicavam que as populações tradicionais formavam um contingente populacional de cerca de 5 milhões de pessoas.

Com exceção dos povos indígenas, as demais comunidades tradicionais estão incluídas no abrangente conceito de povos tribais. Observe-se que, com vistas a dar cumprimento aos ditames constitucionais, o Executivo editou uma série de Decretos sobre o tema, sendo o último deles o Decreto 6.040/2007 que institui a Política Nacional de Desenvolvimento Sustentável dos Povos e Comunidades Tradicionais, conforme o estipulado no Decreto, "[p]ovos e Comunidades Tradicionais" são os grupos culturalmente diferenciados e que se reconhecem como tais, possuindo formas próprias de organização social, que ocupam e usam territórios e recursos naturais como condição para sua reprodução cultural, social, religiosa, ancestral e econômica, utilizando conhecimentos, inovações e práticas que são gerados e transmitidos pela tradição.

É importante observar que a definição jurídica está alicerçada sobre um (1) conceito subjetivo: autorreconhecimento de pertencimento a uma cultura diferente; e (2) outros objetivos, tais como formas próprias de organização social, ocupação tradicional de territórios e utilização de recursos naturais como condição para reprodução cultural, social, religiosa, ancestral (sic) e econômica, utilizando conhecimentos, inovações e práticas gerados e transmitidos pela tradição. Ambos os fundamentos são essenciais para a caracterização cultural de tais populações, sob pena de extensão indevida da tutela conferida, subvertendo os conceitos ao banalizá-los.

Os povos e comunidades tradicionais podem ocupar territórios tradicionais que são, nos termos da norma aplicável, os espaços necessários a reprodução cultural, social e econômica dos povos e comunidades tradicionais, sejam eles utilizados de forma permanente ou temporária, observado, no que diz respeito aos povos indíge-

---

6. Disponível em: https://www.gov.br/pt-br/noticias/assistencia-social/2023/07/populacao-quilombo-la-e-de-1-3-milhao-indica-recorte-inedito-do-censo. Acesso em: 25 out. 2024.

nas e quilombolas, respectivamente, o que dispõem os artigos 231 da Constituição e 68 do Ato das Disposições Constitucionais Transitórias e demais regulamentações.

Para fins de aplicação da política, o desenvolvimento sustentável foi definido como o uso equilibrado dos recursos naturais, voltado para a melhoria da qualidade de vida da presente geração, garantindo as mesmas possibilidades para as gerações futuras.

2.3.1 Comunidades Tradicionais brasileiras reconhecidas

O Estado Brasileiro, por meio do Decreto de 27 de dezembro de 2004 criou a Comissão Nacional de Desenvolvimento Sustentável das Comunidades Tradicionais, com as finalidades de (1) estabelecer a Política Nacional de Desenvolvimento Sustentável das Comunidades Tradicionais; (2) apoiar, propor, avaliar e harmonizar os princípios e diretrizes da política pública relacionada ao desenvolvimento sustentável das comunidades tradicionais no âmbito do Governo Federal; (3) propor as ações de políticas públicas para a implementação da Política Nacional de Desenvolvimento Sustentável das Comunidades Tradicionais, considerando as dimensões sociais e econômicas e assegurando o uso sustentável dos recursos naturais; (4) propor medidas de articulação e harmonização das políticas públicas setoriais, estaduais e municipais, bem como atividades de implementação dos objetivos da Política Nacional de Desenvolvimento Sustentável das Comunidades Tradicionais, estimulando a descentralização da execução das ações; (5) articular e propor ações para a implementação dessas políticas, de forma a atender a situações que exijam providências especiais ou de caráter emergencial; (6) acompanhar a implementação da Política Nacional de Desenvolvimento Sustentável das Comunidades Tradicionais no âmbito do Governo Federal; (7) sugerir critérios para a regulamentação das atividades de agroextrativismo; e (8) propor, apoiar e acompanhar a execução, pelo Governo Federal, de estratégias voltadas ao desenvolvimento do agroextrativismo. O referido Decreto foi parcialmente revogado pelo Decreto de 13 de julho de 2006 que alterou a denominação, composição e competência da Comissão Nacional de Desenvolvimento das Comunidades Tradicionais.

A Comissão Nacional de Desenvolvimento Sustentável das Comunidades Tradicionais, reconhece a existência de diversos povos e comunidades tradicionais, a saber: (1) andirobeiras:[7] mulheres que coletam e beneficiam as sementes da andiroba, uma árvore da Amazônia, para produzir óleo medicinal e cosmético; (2) apanhadores de sempre-vivas: comunidades que vivem na Serra

---

7. Definições simplificadas para efeitos puramente demonstrativos e didáticos. Disponível em: https://habitatbrasil.org.br/povos-e-comunidades-tradicionais/. Acesso em: 25 out. 2024.

do Espinhaço, em Minas Gerais e Bahia, que colhem as flores sempre-vivas, usadas na confecção de artesanato e arranjos florais; (3) catingueiros: povos que habitam a região semiárida do Nordeste e que desenvolvem atividades como agricultura familiar, criação de animais, extrativismo vegetal e artesanato; (4) caiçaras: comunidades litorâneas que vivem no Sudeste e Sul do Brasil, que praticam a pesca artesanal, a agricultura de subsistência e o manejo da mata atlântica; (5) castanheiras: mulheres que coletam e beneficiam as castanhas--do-Pará, uma das principais fontes de renda e alimento das populações da Amazônia; (6) catadores de mangaba: comunidades que vivem nas áreas de ocorrência da mangabeira, uma árvore frutífera típica do Cerrado, da Caatinga e da Mata Atlântica, e que dependem da coleta e do processamento da mangaba para sua sobrevivência; (7) ciganos: povos de origem indiana, europeia e africana que se caracterizam pela mobilidade territorial, pela diversidade cultural e pela resistência à discriminação. (8) cipozeiros: comunidades que vivem na Chapada Diamantina, na Bahia, e que extraem e trançam os cipós, uma fibra vegetal usada na produção de artesanato e utensílios domésticos; (9) extrativistas: povos vivendo em diferentes biomas do Brasil e que exploram os recursos naturais de forma sustentável, como frutos, sementes, óleos, fibras, látex, mel, entre outros; (10) faxinalenses: comunidades que vivem no Paraná e que praticam um sistema agroflorestal coletivo, baseado na criação de animais soltos nos faxinais, áreas de mata comunitária; (11) fundo e fecho de pasto: comunidades que vivem no semiárido baiano e que praticam um sistema de criação de animais em áreas de pastagem comum, respeitando os ciclos naturais e a biodiversidade; (12) geraizeiros: povos que vivem no norte de Minas Gerais, em uma região de transição entre o Cerrado e a Caatinga, chamada gerais, que desenvolvem atividades como agricultura, pecuária, extrativismo e artesanato; (13) ilhéus: comunidades vivendo em ilhas fluviais e costeiras do Brasil e que mantêm uma relação de identidade e pertencimento com esses territórios, onde realizam atividades como pesca, agricultura, extrativismo e turismo; (14) indígenas: povos originários do Brasil, que possuem uma grande diversidade de línguas, culturas, organizações sociais e formas de relação com a natureza; (15) isqueiros: comunidades que vivem no litoral do Piauí e que praticam a pesca artesanal usando iscas vivas, chamadas iscas, capturadas nos manguezais; (16) morroquianos: comunidades que vivem no Morro do Querosene, em São Paulo, e que preservam as tradições culturais e religiosas de matriz africana, como o candomblé, a capoeira, o samba e o jongo; (17) pantaneiros: povos que vivem no Pantanal, um dos maiores ecossistemas do mundo, e que desenvolvem atividades como pecuária, pesca, turismo e artesanato; (18) Pescadores Artesanais: comunidades vivendo em diferentes regiões do Brasil e que praticam a pesca como meio de vida, usando técnicas, saberes e instrumentos tradicionais; (19) piaçaveiros: comunidades que vivem na região da Costa do Dendê, na Bahia, e que extraem e beneficiam as fibras da piaçava, uma palmeira usada na fabricação de vassouras, escovas, chapéus e outros produtos; (20) pomeranos: comunidades de origem alemã que vivem no Espírito Santo e em outros estados do Brasil, que mantêm a língua, a religião, a culinária, a música e o artesanato de seus antepassados; (21) povos de terreiro: comunidades que professam religiões de matriz africana, como o candomblé, a umbanda, o tambor de mina, entre outras, e que têm nos terreiros, espaços sagrados de culto, seus territórios de identidade e resistência; (22) quebradeiras de coco de babaçu: mulheres que vivem na região do babaçual, que abrange os estados do Maranhão, Piauí, Tocantins e Pará, que coletam e quebram os cocos do babaçu, uma palmeira que fornece alimento, óleo, carvão, artesanato e outros produtos; (23) quilombolas: comunidades descendentes de africanos escravizados que se rebelaram ou fugiram do cativeiro e formaram seus próprios territórios, chamados quilombos, onde mantêm suas tradições culturais, religiosas e econômicas; (24) Retireiros: comunidades que vivem no Araguaia, um dos principais rios do Brasil, e que praticam a pesca, a agricultura e a criação de animais, adaptando-se às variações do nível da água ao longo do ano; (25) ribeirinhos: comunidades vivendo às margens dos rios da Amazônia, dependentes da pesca, da agricultura, do extrativismo e do transporte fluvial para sua sobrevivência; (26) seringueiros: comunidades vivendo na Amazônia, que extraem o látex das seringueiras, uma árvore nativa da região, para produzir borracha e outros derivados; (27) vazanteiros: comunidades que vivem no vale do rio São Francisco, em Minas Gerais, e que praticam a agricultura nas vazantes, áreas que ficam expostas após a baixa do nível do rio; (28) veredeiros: comunidades que vivem no sudoeste de Goiás e que praticam um sistema agropecuário baseado na preservação das veredas, áreas úmidas do Cerrado que abrigam nascentes de água e uma rica biodiversidade.

Conforme o disposto no artigo 1º, 1 (a) da Convenção 169 o reconhecimento "por legislação especial" é suficiente para que a população tradicional se inclua entre os possíveis beneficiários de seus termos. A natureza federativa do Brasil permite que, em muitos casos, estados membros da federação reconheçam populações tradicionais que, eventualmente, poderão não ter reconhecimento federal. Entretanto, isso não as exclui dos benefícios da Convenção 169, desde que preencham os requisitos convencionais específicos.

As comunidades tradicionais oficialmente reconhecidas pelo estado brasileiro, certamente, não esgotam o universo específico que pode ser muito mais vasto, pois é crescente o número de pequenas comunidades rurais que reivindicam o reconhecimento de seu *status* de comunidade tradicional. Este é um fenômeno que tem origens diversas e que, certamente, tende a se expandir, haja vista o processo de afirmação social de comunidades que passaram longos períodos marginalizadas e que ao se autorreconhecerem como grupo singular ganham em autoestima e respeito próprio. Todavia, não se pode deixar passar em branco o fato de que tais comunidades são muito diversas entre si e, dificilmente, se pode encontrar um ponto comum entre todas elas. A inclusão dos indígenas, por exemplo, em tal rol é despropositada, pois, os indígenas são titulares de direitos próprios e originários tanto na Convenção 169 da OIT, quanto na Constituição Federal brasileira e, inclusive, dispõe de uma agência protetora própria que é a FUNAI. O mesmo se diga me relação aos quilombolas que, igualmente, foram contemplados por normas próprias na Constituição Federal e com a Fundação Palmares.

É possível, entretanto, constatar um vetor que, tende a incluir no rol de comunidades tradicionais diversas comunidades urbanas e agrárias pobres, independentemente do fato de que elas preencham ou não os requisitos objetivos da Covenção 169 para que sejam reconhecidas como tais. Por outro lado, não se pode deixar de reconhecer que, nos exatos termos da Convenção 169, o reconhecimento legal pelo estado e gerador de tutela, de modo que as discussões sobre a natureza sociológica ou antropológica das referidas comunidades é irrelevante para fins de amparo legal.

Os Povos Ciganos[8] são de origem desconhecida, contudo acredita-se que sejam originários da Índia e, há cerca de 1000 anos, tenham se espalhado pelo mundo todo. Consta que os primeiros ciganos a desembarcar no Brasil foi um casal condenado a 5 (cinco) nos de degredo em terras brasileiras.[9] A Secretaria Nacional de Políticas de Promoção da Igualdade Racial do Governo Federal reconhece a existência de 3 (três) etnias ciganas no Brasil, (i) Calon, (ii) Rom e (iii) Sinti, cada uma possuindo línguas e costumes próprios.

Estima-se que a população cigana esteja presente em cerca de 291 municípios brasileiros, chegando a atingir 21 estados da federação. A maioria da população cigana se agrupa em Minas Gerais, Bahia e Goiás em vários acampamentos. A população cigana brasileira é estimada em cerca de 500.000 pessoas.

---

8. Disponível em: http://portalypade.mma.gov.br/ciganos. Acesso em: 20 jun. 2017.
9. Disponível em: http://www.seppir.gov.br/comunidades-tradicionais/copy_of_povos-de-cultura-cigana. Acesso em: 20 jun. 2017.

3. AS TERRAS DOS POVOS INDÍGENAS E TRIBAIS NA CONVENÇÃO 169 DA OIT

A Convenção 169 adota uma definição ampla de "terras", constante nos artigos 15 e 16 que, conforme o disposto no artigo 13 (1), o termo "terras" deverá "incluir o conceito de territórios, o que abrange a totalidade do habitat das regiões que os povos interessados ocupam ou utilizam de alguma outra forma". Isto significa que em tal conceito estão incluídos até os locais que não são utilizados diretamente para moradia dos povos indígenas e tradicionais, mas que, por outro lado, sirvam para o exercício de atividades constantes e essenciais para a reprodução física e cultural de tais agrupamentos humanos, como por exemplo, os campos de caça ou locais de práticas religiosas e culturais.

A Convenção 169 reconhece aos povos indígenas e tribais o direito de propriedade e de posse (individual ou coletiva) sobre as terras e territórios que sejam por eles tradicionalmente ocupadas, devendo ser adotadas "medidas para salvaguardar o direito dos povos interessados de utilizar terras que não estejam exclusivamente ocupadas por eles, mas às quais, tradicionalmente, tenham tido acesso para suas atividades tradicionais e de subsistência" [artigo 14 (1)]. Ainda, em tal contexto, deverão ser tomadas medidas para a demarcação das terras e garante-lhes a proteção da propriedade e posse, com mecanismos jurídicos adequados.

Quanto aos recursos naturais existentes nas terras e territórios ocupados tradicionalmente por povos indígenas e tribais, determina a Convenção 169, artigo 15 (1), que eles sejam "especialmente protegidos", sendo certo que neles estão incluídos os direitos "desses povos a participarem da utilização, administração e conservação" dos recursos naturais. Em relação aos países que detenham a titularidade dos "minérios ou dos recursos do subsolo, ou de ter direitos sobre outros recursos, existentes nas terras", os Estados deverão definir procedimentos aptos a garantir a consulta dos povos interessados "a fim de se determinar se os interesses desses povos seriam prejudicados, e em que medida, antes de se empreender ou autorizar qualquer programa de prospecção ou exploração dos recursos existentes nas suas terras". O artigo 15 estabelece que os povos interessados "deverão participar sempre que for possível dos benefícios que essas atividades produzam, e receber indenização equitativa por qualquer dano que possam sofrer como resultado dessas atividades".

Nas hipóteses em que não seja possível o retorno dos povos indígenas e tribais trasladados para as suas terras originais, eles deverão receber – conforme determinado por acordo, ou por outro meio apropriado – novas terras cuja qualidade e condição jurídica sejam, "pelo menos iguais aqueles das terras

CAPÍTULO 2 • TERRAS INDÍGENAS E DAS COMUNIDADES TRADICIONAIS — 51

que ocupavam anteriormente, e que lhes permitam cobrir suas necessidades e garantir seu desenvolvimento futuro". Caso as populações deslocadas refiram o recebimento de indenização, "essa indenização deverá ser concedida com as garantias apropriadas".

Quanto aos recursos naturais existentes nas terras indígenas, determina a Convenção 169 que eles sejam "especialmente protegidos", aí incluídos os direitos desses povos a participarem de sua utilização, administração e conservação. Em relação aos países que detenham a titularidade dos "minérios ou dos recursos do subsolo, ou de ter direitos sobre outros recursos, existentes nas terras", os Estados deverão definir procedimentos aptos a garantir a consulta dos povos interessados "a fim de se determinar se os interesses desses povos seriam prejudicados, e em que medida, antes de se empreender ou autorizar qualquer programa de prospecção ou exploração dos recursos existentes nas suas terras". O artigo 15 estabelece também que os povos interessados "deverão participar sempre que for possível dos benefícios que essas atividades produzam, e receber indenização equitativa por qualquer dano que possam sofrer como resultado dessas atividades".

O artigo 16 define uma regra geral de inamovibilidade dos povos indígenas e tribais, que, entretanto, admite algumas exceções e que, não se promova o translado e o reassentamento deles sem que sejam considerados necessários, artigo 16 (2), isto somente poderá ocorrer com o *consentimento* dos interessados, "concedido livremente e com pleno conhecimento de causa". Esse conhecimento deve ser substantivo e não meramente formal. Neste ponto, há que se registrar que conhecimento substantivo é o que os interessados possam adquirir mediante assessoria de técnicos especializados, de sua confiança, de consultas a documentos e projetos relacionados ao empreendimento pretendido. Isto é importante, pois na hipótese (deslocamento da população para fora de suas terras tradicionais) não se cuida de mera consulta, mas sim, de autorização, permissão concedida pelos povos indígenas e tribais para ocorrer o seu deslocamento para outras áreas. A Convenção 169 faz a ressalva no sentido de que, "[q]uando não for possível obter o seu consentimento, o translado e o reassentamento só poderão ser realizados após a conclusão de procedimentos adequados estabelecidos pela legislação nacional, inclusive enquetes públicas, quando for apropriado, nas quais os povos interessados tenham a possibilidade de estar efetivamente representados." Uma vez realizado o traslado e, cessada a sua necessidade, artigo 16 (3), "[s]empre que for possível, esses povos deverão ter o direito de voltar a suas terras tradicionais". Este é um dos temas mais delicados tratados pela Convenção 169, pois a história dos deslocamentos e remoção de povos indígenas de seus territórios tradicionais é plena de situações bastante complexas, com mortes, perda cultural e desagregação social. Neste tópico, parece claro que a norma é ambígua, pois cria conceitos indeterminados que abrem espaço para um elevado grau de discricionariedade. O conceito de "necessidade" adotado pela Convenção 169, nos leva a crer que se trata de uma necessidade reconhecida pelos governos e, portanto, com pouca margem para contestação por parte dos povos indígenas. O conceito de "necessidade" deve ser utilizado com contenção e em casos extremos. A propósito, veja-se a opinião da Corte IDH

> 145. O artigo 21.1 da Convenção dispõe que "[a] lei pode subordinar [esse] uso e gozo [dos bens] ao interesse social." A necessidade das restrições legalmente contempladas dependerá de que estejam orientadas a satisfazer um interesse público imperativo, sendo insuficiente que se demonstre, por exemplo, que a lei cumpre um propósito útil ou oportuno. A proporcionalidade é que a restrição deve ajustar-se estritamente à realização de um objetivo legítimo, interferindo na menor medida possível no efetivo exercício do direito restringido. Finalmente, para que as restrições sejam compatíveis com a Convenção, devem ser justificadas segundo objetivos coletivos os quais, por sua importância, prevaleçam claramente sobre a necessidade do pleno gozo do direito restringido.[10]

A melhor interpretação da norma é a da Corte IDH que limita a discricionariedade administrativa, para assegurar o caráter tutelar da Convenção 169 e evitar a banalização do conceito de "necessidade" como fundamento para o deslocamento de povos indígenas. A interpretação se mostra compatível com o artigo 29 (b) do Pacto de São José[11] e com o artigo 35 da Convenção 169 da OIT.[12]

Quando o retorno ao território não for possível, os povos deslocados deverão receber – conforme determinado por acordo, ou por outro meio apropriado – novas terras cuja qualidade e condição jurídica sejam, pelo menos iguais àquelas que ocupavam anteriormente, e que lhes permitam cobrir suas necessidades e garantir seu desenvolvimento futuro. Caso as populações deslocadas refiram o recebimento de indenização, "essa indenização deverá ser concedida com as garantias apropriadas." As "garantias apropriadas" são conceitos indeterminados, devendo ser entendidas, em princípio, como garantias jurídicas de que o pagamento será honrado em prazo razoável, pelo estabelecimento de penalidades para o caso de inadimplemento e outras semelhantes.

---

10. Caso da Comunidade Indígena Yakye Axa Vs. Paraguai. Mérito, Reparações e Custas. Sentença de 17 de junho de 2005. Série C n. 125 (Corte Interamericana de Direitos Humanos, 2022).
11. Artigo 29. Normas de interpretação. Nenhuma disposição da presente Convenção pode ser interpretada no sentido de: ...b) limitar o gozo e exercício de qualquer direito ou liberdade que possam ser reconhecidos em virtude de leis de qualquer dos Estados partes ou em virtude de Convenções em que seja parte um dos referidos Estados.
12. Artigo 35. A aplicação das disposições da presente Convenção não deverá prejudicar os direitos e as vantagens garantidos aos povos interessados em virtude de outras convenções e recomendações, instrumentos internacionais, tratados, ou leis, laudos, costumes ou acordos nacionais.

Capítulo 3
POVOS INDÍGENAS E TRIBAIS

Este capítulo tem por finalidade fazer uma breve apresentação dos povos indígenas e tribais reconhecidos em seus países de origem e que, em tese, são sujeitos das disposições contidas na Convenção 169 da OIT. Como se poderá ver, é muito grande o número de tais comunidades. Igualmente, é cada vez maior o papel que elas desempenham, *e.g.*, na proteção do meio ambiente. Não se trata de uma exposição exaustiva e não há a pretensão de esgotar o assunto. Conforme se verá, há uma grande diferença entre os Estados, pois se os povos indígenas e tribais são minoritários em alguns deles, em outros formam a ampla maioria da população.

Com o capítulo, espero poder ressaltar a dimensão global da proteção dos povos indígenas e da observância de seus direitos.

1. POVOS INDÍGENAS E TRIBAIS NO MUNDO

1.1 África

No sentido africano, a maioria dos habitantes dos estados africanos são indígenas da África, pois as suas sociedades existem antes da colonização, com características, normas e identidade tal como prevista nas definições internacionais. Por isso, os países africanos têm resistência em utilizar o termo povos indígenas (African Development Bank Group, 2016). A África possui cerca de 3000 tribos e 2000 línguas e dialetos.

1.2 América Latina e Caribe

A América Latina abriga cerca de 826 diferentes povos indígenas, sendo o Brasil o país que possui o maior contingente. O Censo de 2022 informa que a população indígena do Brasil é de 1.693.535 pessoas, o que representa 0,83% do total de habitantes. Conforme o IBGE, pouco mais da metade (51,2%) da população indígena está concentrada na Amazônia Legal,[1] dividindo-se em 266

---

1. Disponível em: https://www.gov.br/funai/pt-br/assuntos/noticias/2023/dados-do-censo-2022-revelam-que-o-brasil-tem-1-7-milhao-de-indigenas. Acesso em: 23 out. 2024.

povos (Ricardo, Klein e Santos, 2023, p. 17). O número de povos (etnias) não leva em consideração as evidências de povos isolados que se supõe sejam por volta de 115. Apenas 3 etnias (Guarani, Ticuna e Kaingang) respondem por praticamente 25% do total da população indígena brasileira.

A Constituição Argentina,[2] seguindo uma tendência de outras Constituições da América do Sul, estabeleceu em seu artigo 75, 17 que compete ao Congresso Nacional "reconhecer a preexistência étnica e cultural dos povos indígenas argentinos", bem como garantir o respeito a sua identidade e o direito a uma educação bilíngue e intercultural e, ainda, reconhecer a personalidade jurídica de suas comunidades. Assegura, também, a posse e propriedade comunitária das terras que tradicionalmente ocupam. Cabe, igualmente, ao Congresso Nacional regular a entrega de outras terras que sejam aptas e suficientes para o desenvolvimento humano dos indígenas. As terras indígenas na Argentina são inalienáveis e não podem sofrer embargos. Por fim, aos indígenas é assegurada a participação na gestão dos recursos naturais de seus territórios. A competência legislativa em matéria indígena é concorrente entre o governo federal e as províncias.

O fato de que a Constituição Argentina tenha feito uma menção expressa aos povos indígenas argentinos é importante, pois, aquela nação tem tido dificuldade em reconhecer o seu passado "criollo y americano" (Taragó, 2014) como formador de suas raízes culturais. Na Argentina são reconhecidos 35 povos indígenas,[3] a grande maioria localizada na Província de Salta, alcançando uma população de cerca de 1 milhão de pessoas. Nove das etnias indígenas argentinas têm os seus territórios em Salta. O estado argentino reconhece oficialmente os seguintes povos indígenas Atacama, Ava Guaraní, Aymara, Comechingón, Chané, Charrúa, Chorote, Chulupí, Diaguita-Calchaquí, Guaraní, Huarpe, Kolla, Lule, Mapuche, Mbyá Guaraní, Mocoví, Omaguaca, Ocloya, Pampa, Pilagá, Rankulche, Quechua, Querandí, Sanavirón, Selknam (Onas), Tapiete, Tehuelche, Tilián, Qom, Tonocoté, Tupí Guaraní, Vilela y Wichí, entre outros.[4] Assim como ocorre em outros países da América do Sul, os povos indígenas argentinos experimentam um processo de etnogênese, dadas as condições constitucionais e legais mais favoráveis. Os Povos Indígenas argentinos têm o seu marco legal na Lei 23.302 de 1985 e, conforme as disposições legais, é reconhecida a personalidade jurídica das comunidades indígenas existentes na Argentina.

A comunidade indígena, para efeitos legais, é formada pelo conjunto das famílias que se reconhecem como indígena por descenderem de populações que

---

2. Disponível em: http://servicios.infoleg.gob.ar/infolegInternet/anexos/0-4999/804/norma.htm. Acesso em: 24 out. 2024
3. Disponível em: http://www.iwgia.org/regiones/latin-america/argentina. Acesso em: 24 out. 2024.
4. Disponível em: http://www.territorioindigena.com.ar/Pueblos-Originarios. Acesso em: 24 out. 2024.

CAPÍTULO 3 • POVOS INDÍGENAS E TRIBAIS | **55**

habitavam o território argentino na época da conquista ou colonização e indígenas ou índios são os membros de tais comunidades. Segundo o INAI, cada um desses povos tem a sua língua própria, costumes e culturas próprios.

A Bolívia, conforme o censo de 2012, possui 2,8 milhões de indígenas que correspondem a 41% da população total do país. O contingente indígena se divide em 36 povos oficialmente reconhecidos. Nos Andes, o Quéchua e o Aymara são majoritários.[5]

Aos 7 de fevereiro de 2009, a Bolívia adotou uma nova Constituição que, em seu artigo 1 estabelece que a Bolívia é um "Estado Unitário Social de Direito Plurinacional Comunitário", o qual é "livre, independente, soberano, democrático, intercultural, descentralizado e com autonomias". É relevante registrar que o artigo 2 da Constituição Boliviana garante aos povos indígenas e camponeses a "sua livre determinação" que consiste em seu "direito à autonomia, ao autogoverno, à sua cultura, ao reconhecimento de suas instituições e a consolidação de suas entidades territoriais", conforme a Constituição e as leis. Registre-se que o artigo 5, I da Constituição Boliviana reconhece os seguintes idiomas oficiais, o Castelhano e todos os idiomas das nações e povos indígenas originários camponeses, a saber: Aymara, Araona, Baure, Bésiro, Canichana, Cavineño, Cayubaba, Chácobo, Chimán, Ese Ejja, Guaraní, Guarasu'we, Guarayu, Itonama, Leco, Machajuyaikallawaya, Machineri, Maropa, Mojeño-Trinitario, Mojeño-Ignaciano, Moré, Mosetén, Movima, Pacawara, Puquina, Quechua, Sirionó, Tacana, Tapiete, Toromona, Uru-Chipaya, Weenhayek, Yaminawa, Yuki, Yuracaré e Zamuco.

A Constituição do Chile, originária do regime de Pinochet, não reconhece direitos específicos dos povos indígenas chilenos, não obstante exista importante população aborígene do país andino. O Estado chileno reconhece como os principais povos indígenas ou etnias que habitam o país: (1) Mapuche; (2) Aimara; (3) Rapa Nui ou Pascuense; (4) Atacameño, (5) Quechua, (6) Colla, (7) Diaguita, (8) Chango do norte do país; (9) Kawashkar ou Alacalufe e (10) Yámana ou Yagán dos canais austrais e (11) Selk'nam.[6] Aproximadamente 2 milhões de chilenos se reconhecem como indígenas, dos quais 1,7 milhão se declaram mapuches, 156 mil se declaram aimarás e 88 mil se reconhecem como diaguitas, os três povos mais numerosos do Chile, segundo dados do último Censo (2017).[7]

---

5. Disponível em: https://www.iwgia.org/es/bolivia.html. Acesso em: 24 out. 2024.
6. Disponível em: https://www.bcn.cl/leychile/navegar?idNorma=30620&idVersion=2023-10-19&idParte=. Acesso em: 24 out. 2024.
7. Disponível em: https://www.marcachile.cl/pt-br/los-10-principales-pueblos-indigenas-de-chile/. Acesso em: 24 out. 2024.

A norma que rege os assuntos indígenas no Chile é a Lei 19.253, de 1993.[8] Em termos legais são indígenas (1) os que sejam filhos de pai ou mãe indígena, qualquer que seja a natureza da filiação, inclusive a adotiva; (2) os descendentes das etnias indígenas que habitam no território nacional, sempre que possuam, pelo menos, um sobrenome indígena; (3) os que mantenham traços culturais indígenas, entendendo-se por tal a prática de formas de vida, costumes ou religião das etnias de forma habitual ou cujo cônjuge seja indígena, casos nos quais será necessário que se autoidentifiquem como indígenas.

A Colômbia ostenta o segundo lugar na região, com um total de 115 povos indígenas que, segundo o censo de 2018, somam 1,9 milhão de pessoas, das quais 64% habitam em terras coletivas legalizadas.[9] O país possui uma forte presença de populações indígenas e afrocolombianas, sendo as últimas mais numerosas que as primeiras. A Constituição colombiana, assim como diversas na América do Sul, possui cláusulas de tutela dos direitos dos povos indígenas, afro-colombianos e outras comunidades tradicionais. A população indígena da Colômbia é estimada em 1.500.000 de pessoas, ou cerca de 3,4% da população total do país. A população afrodescendente é de aproximadamente 4.377.996 pessoas, compondo aproximadamente 10,5% da população nacional. Ciganos e Roms formam cerca de 0,01% da população nacional. Aproximadamente 80% da população indígena está concentrada nos Andes e em la Guajira (Iwgia, 2016, p. 120). Na Colômbia são faladas 65 línguas indígenas, 24 das quais sofrendo com graves ameaças de extinção. A Colômbia ostenta uma vasta legislação destinada à proteção de minorias étnicas, não se restringindo a uma tutela específica para povos indígenas.

As diferentes etnias reconhecidas na Colômbia são as seguintes:[10] Achagua, Amorúa, Andoke, Arhuaco, Awa, Bara, Barasana, Barí, Betoye, Bora, Cañamomo, Carapana, Chimila; Chiricoa, Cocama, Coconuco, Coreguaje, Coyaima, Desano, Dujos, Embera, Embera Chamí, Embera Katio, Eperara Siapidara, Guambiano, Guanaca, Guanes, Guayabero, Hitnu, Inga, Kankuamo, Karijona, Kawiyarí, Kofán, Kogui, Kubeo, Kuiba, Kurripako, Letuama, Makaguaje, Makuna, Matapí, Masiguare, Miraña, Mokana Muisca, Nasa, Nonuya, Nukak, Piratapuyo, Ocaina, Pasto, Piapoco, Piaroa, Piratapuyo, Pisamira, Puinave, Sáliba, Senú, Sicuani, Sikuane, Sikuani, Siona, Siriano, Taiwano, Tanimuka, Tariano, Tatuyo, Tikuna, Totoró, Tsiripu, Tucano, Tule, Tuyuka, U´wa, Uitoto, Wanano, Waunan, Wayuu,

---

8. Disponível em: http://www.leychile.cl/Navegar?idNorma=30620. Acesso em: 24 out. 2024.
9. Disponível em: https://www.iwgia.org/es/colombia/5481-mi-2024-colombia.html. Acesso em: 23 out. 2024.
10. Disponível em: http://www.todacolombia.com/etnias-de-colombia/grupos-indigenas/distribucion. html. Acesso em: 21 out. 2017.

Wiwa, Yagua, Yanacona, Kamëntsa, Yaruros, Yauna, Yukuna, Yeral, Yuko, Yuri e Yurutí.

O Equador é dentre os países sul-americanos um dos que mais avançou em relação à incorporação de elementos das culturas autóctones e afrodescendentes (afroequatorianas) em sua Constituição. Um dos aspectos mais interessantes é a adoção do conceito de "Buen Vivir" [Sumak Kawsay] na Lei Fundamental, com mais de 20 menções no texto constitucional equatoriano, inclusive com um título próprio. Igualmente, não se pode deixar de reconhecer a declaração dos direitos próprios da natureza (artigo 71).

A população indígena do Equador é de aproximadamente 1,1 milhão de habitantes., em uma população total de aproximadamente 17 milhões de habitantes.

O estado equatoriano reconhece 15 nacionalidades indígenas[11] – divididas em 19 povos indígenas[12] – que se encontram presentes nas três regiões geopolíticas do país, cada uma delas mantendo língua, cultura e costumes próprios. Além disso, existem povos isolados como, por exemplo, os Tagaeri, os Taromenane e os Oñamenane, na região amazônica.

O Equador, nos últimos 30 anos, passou por dois processos constituintes que se materializaram nas Constituições de 1998 e 2008, ambas com amplo reconhecimento de direitos para as comunidades tracionais.

As diferentes etnias equatorianas estão distribuídas entre as várias regiões equatorianas.[13] Na região Amazônica estão localizadas as *nacionalidades* Achuar, Andoa, Cofán, Secoya, Sinoa, Shiwiar, Shuar, Waorani e Zápra e os povos Kichwa amazônicos e povos não contatados. Na região da Costa estão as nacionalidades Awá, Chachi, Épera e Tsáchila, assim como os povos Manta-Huankavilka-Puná, Montubio e Wankabilka; na Região Serra localiza-se a nacionalidade Kichwa e os povos Chibuleo, Kañari, Karanki, Kayambi, Kisapincha, Kitu Kara, Natabuela, Otavalo, Palta, Panzaleo, Pasto, Puruwá, Salasaka, Saraguro, Tomabela e Waranka. Região Equador, povos afro-equatorianos.

---

11. Nacionalidade indígena: É um conjunto de povos milenários anteriores e constitutivos do Estado equatoriano, que se autodefine como tais, que tem uma identidade histórica, idioma, e cultura comuns, que vivem em um território determinado mediante suas instituições e formas tradicionais de organização social, ecológica, econômica, jurídica, política e exercício de autoridade. Disponível em: https://www.care.org.ec/wp-content/uploads/2016/02/Modulo-2.pdf. Acesso em: 24 out. 2024.

12. Povos indígenas: Eles são definidos como as coletividades originárias, constituídas por comunidades ou centros com identidades culturais que os distinguem de outros setores da sociedade equatoriana, governados por seus próprios sistemas próprios de organização sociai, econômica, política e jurídica. Disponível em: https://www.care.org.ec/wp-content/uploads/2016/02/Modulo-2.pdf. Acesso em: 24 out. 2024.

13. Disponível em: http://14nacionalidadesy18gruposetnicos.blogspot.com.br/2013/04/nacionalidades--y-pueblos-de-la-region.html. Acesso em: 24 out. 2024.

A Guiana é um dos países mais jovens da América do Sul, tendo obtido a sua independência do Reino Unido em maio de 1966. O país possui uma pequena população multiétnica formada por 746. 955 pessoas (censo de 2012), assim constituída: (1) Indianos 40%; (2) Afro-guianenses 29%, (3) autorreconhecidos como mestiços 20% e (4) ameríndios 10, 5%.[14] Existem minorias chinesas, brancas e portuguesas. O termo povo indígena não é utilizado na Guiana que prefere a denominação ameríndios para os povos originários.[15]

Na Guiana existem 9 povos ameríndios a saber: (1) Wai Wai, (2) Macushis, (3) Patomonas, (4) Arawaks, (5) Caribs, (6) Wapishana, (7) Arecunas, (8) Akawaios e (9) Warraus que são regidos pelo Amerindian Act de 2006[16] que dispõe amplamente sobre todos os aspectos, sendo a sua aplicação de responsabilidade do Ministério dos Assuntos Indígenas. Todavia, há fortes críticas contra decisão proferida pela Alta Corte da Guiana em 2013 que reconheceu a validade da concessão de direitos minerários sobre terras indígenas devidamente tituladas. Entendeu o Tribunal que os direitos concedidos antes da edição da Lei Ameríndia de 2006 não estão submetidos às determinações contidas na nova lei.

A Guatemala possui uma grande população indígena (IACHR, 2015), pois entre 40% e 60% do total de seus habitantes se identificam como indígenas. No país são falados 25 idiomas, sendo 24 indígenas.

O México possui cerca de 68 povos indígenas que falam 68 idiomas com variantes dialetais, se espalham por todos os estados da federação mexicana.[17] As comunidades afro-mexicanas formam cerca de 1,6% da população total do país.[18]

A Constituição do Paraguai de 1992, alinhando-se com as modernas Constituições sul-americanas, dispõe de um capítulo inteiramente dedicado aos povos indígenas, reconhecendo as suas tradições, peculiaridades étnicas e culturais, inclusive no que se refere aos seus direitos de propriedade comunitária. O IV censo indígena do Paraguai, realizado em 2022, identificou uma população indígena de 140.039 pessoas.[19] Esta população se divide em 19 povos que integram 5 grupos linguísticos distintos.

---

14. Disponível em: https://www.iwgia.org/en/guyana.html. Acesso em: 24 out. 2024.
15. Disponível em http://www.hartford-hwp.com/archives/41/318.html. Acesso em: 24 out. 2024.
16. Http://www.moipa.gov.gy/wp-content/uploads/2015/02/AMERINDIAN-ACT-2006.pdf. Acesso em: 12 out. 2017.
17. Disponível em: http://atlas.inpi.gob.mx/pueblos-indigenas/. Acesso em: 13 out. 2024.
18. Disponível em: https://www.gob.mx/cultura/articulos/los-pueblos-afromexicanos-y-el-reconocimiento-de-su-diversidad. Acesso em: 13 out. 2024.
19. Disponível em: https://www.ine.gov.py/noticias/1953/poblacion-indigena-en-el-paraguay-se-encuentra-en-torno-a-los-140000-habitantes. Acesso em: 24 out. 2024.

Os indígenas são regidos pela Lei 904/81 (Estatuto das Comunidades Indígenas),[20] destacando-se que "[o] assentamento das comunidades indígenas atenderá no possível à posse atual ou tradicional das terras. O consentimento livre e expresso da comunidade indígena será essencial para o seu assentamento em sítios distintos dos de seus territórios habituais, salvo razões de segurança nacional", conforme previsto no artigo 64 da Constituição Paraguaia. Merece destaque o fato de que aproximadamente 90% da população paraguaia fala o idioma Guarani – quase 40% com exclusividade –,[21] todavia não se reconhecendo como indígena. Os povos indígenas paraguaios se dividem em cinco grupos linguísticos (1) Guarani, (2) Maskoy, (3) Mataco-Mataguayo, (4) Zamuco e (5) Guaiacurúe.

No Peru são reconhecidas 47 línguas indígenas que são faladas por 55 diferentes povos. O censo de 2017 indicou que 5.972.603 de pessoas se identificam como pertencentes aos povos indígenas ou originários, o que equivale à cerca de 25% da população total do país. Destes, 5.176.809 são Quechua e 548.292 Aymará.[22]

O Suriname é o mais jovem dos países da América do Sul, tendo obtido a sua independência dos Países Baixos em 25 de novembro de 1975. A população do país é de aproximadamente 541.638 pessoas, com uma população indígena de cerca de 3,8% do total. Existem diversas etnias indígenas no Suriname,[23] sendo as maiores os (1) Kali'ña (Caribs), (2) os Lokono(Arawaks), (3) os Trio (Tirio, Tareno) e os (4) Wayana. Outras etnias numericamente menores são (1) Akurio, (2) Apalai, (3) Wai-Wai, (4) Katuena/Tunayana, (5) Mawayana, (6) Pireuyana, (7) Sikiiyana, (8) Okomoyana, (9) Alamayana, (10) Maraso, (11) Sirewu e (12) Sakëta. Além dos povos indígenas, o Suriname ostenta a presença de 6 povos tribais (Marrons): (1) Saramaka, (2) N'djuka, (3) Matawai, (4) Kwinti, (5) Aluku, e (6) Paramaka. A população dos povos tribais é de cerca de 117.500 pessoas, ou cerca de 21% da população do país. O principal caso envolvendo direitos dos povos indígenas e tribais que foi examinado pela Corte IDH é originário do Suriname (Caso Saramaka), envolvendo a comunidade Maroon.

Em termos históricos, os marrons estão para o Suriname, assim como os quilombolas estão para o Brasil, pois assim como os últimos são, em sua maioria, descendentes de escravos africanos que se rebelaram contra a escravidão, tendo

---

20. Disponível em: http://www.cultura.gov.py/marcolegal/ley-90481-estatuto-de-las-comunidades-indigenas. Acesso em: 27 jun. 2017.

21. Disponível em: https://www.giz.de/fachexpertise/downloads/giz2010-es-laenderpapier-paraguay.pdf. Acesso em: 24 out. 2024.

22. Disponível em: https://www.iwgia.org/es/peru/5489-mi-2024-per%C3%BA.html. Acesso em: 23 out. 2024.

23. Disponível em: https://www.iwgia.org/images/documents/indigenous-world/indigenous-world-2017.pdf. Acesso em: 12 out. 2017.

estabelecido comunidades nas florestas do país nos séculos XVII e XVIII.[24] Todavia, o Suriname não é signatário de Convenção 169 e, igualmente, não possui qualquer legislação protetora dos direitos dos povos indígenas. A posição oficial adotada pelo país é que o reconhecimento de direitos próprios dos povos indígenas e tribais corresponderia à negativa de direitos iguais para outras parcelas da população. Em conclusão, os direitos dos povos indígenas e tribais não estão adequadamente tutelados no país, conforme se conclui da extensa pesquisa feita por Ellen-Rose Kambel e Fergus Mackay (Kambel e Mackay, 1999).

O Uruguai talvez seja o país da América do Sul no qual a situação dos povos indígenas seja a mais paradoxal. O estado uruguaio sempre teve muita dificuldade em reconhecer a existência de indígenas em seu território, tanto é assim que o censo demográfico realizado em 1996 somente identificou 12.600 pessoas como "descendentes de indígenas",[25] já em 2006, os que se autodeclararam como descendentes de indígenas alcançaram a soma de 115.118 pessoas, ou 4% da população do país. Merece ser ressaltado que o Uruguai, juntamente com o Suriname, não é parte da Convenção 169.[26]

A Constituição Uruguaia não possui qualquer norma de proteção aos povos indígenas, haja vista que eles são considerados como não existentes no País. Todavia, ainda que atrasados temporalmente em relação aos demais países da América do Sul, parece evidente que, também, no Uruguai o "ressurgimento" dos povos indígenas é uma questão de tempo. Considera-se – ainda que mitologicamente – que os indígenas uruguaios (Charruas) foram exterminados e "extintos" no chamado massacre de Salsipuedes que ocorreu onde hoje é a fronteira entre os departamentos de Paisandú e Tacuarembó. O massacre foi uma matança de famílias dos índios Charruas que habitavam na região. É um fato que merece grande reprovação por parte da população uruguaia. A consequência do massacre foi a extinção dos Charruas, restando apenas uma parcela mínima de descendentes de Charruas na moderna população uruguaia.[27]

O massacre dos Charrua ocorreu aos 11 de abril de 1831, executado por tropas a mando de Fructuoso Rivera; na verdade, o número de Charruas mortos foi de 40 pessoas, com 300 deles caindo prisioneiros. A concepção de que os Charrua foram eliminados, evidentemente, exerceu o papel de europeizar a

---

24. Disponível em: https://www.forestpeoples.org/sites/fpp/files/publication/2015/07/suriname-sha-dow-2015-final.pdf. Acesso em: 12 out. 2017.
25. Disponível em: http://www.lr21.com.uy/comunidad/462619-en-uruguay-hay-115118-descendien-tes-de-indigenas. Acesso em: 09 jul. 2017.
26. Disponível em: http://www.ilo.org/dyn/normlex/en/f?p=NORMLEXPUB:11300:0::NO::P11300_INS-TRUMENT_ID:312314. Acesso em: 09 jul. 2017.
27. Disponível em: http://www.todouruguay.net/el-fin-de-los-charruas-la-matanza-de-salsipuedes/. Acesso em: 24 out. 2024.

population uruguaia, retirando-lhe o elemento indígena. Relevante considerar que, na mitologia da fundação do Uruguai como nação, Artigas – fundador da nação uruguaia – é considerado como um amigo dos Charruas.

No que diz respeito às populações de origem africana, em 2013 foi aprovada a Lei 19.122 destinada a promover as chamadas ações afirmativas em favor de tais populações, em especial no campo das relações de emprego. No âmbito cultural, existe a Lei 18.059 que reconhece o Camdombe e a cultura afro-uruguaia como patrimônio da nação oriental. O censo populacional realizado em 2011 indica a existência de cerca de 256.000 cidadãos uruguaios de origem africana, ou seja, aproximadamente 8,1% da população nacional.[28] Dentre todos os países sul-americanos, o Uruguai, juntamente com o Chile, ostenta a pior legislação destinada à proteção de minorias étnicas.

A Venezuela, assim como a maioria dos países da América do Sul, se reconhece como país multiétnico e multicultural, condição que está expressamente prevista em sua Constituição. A população venezuelana é de cerca de 27 milhões de habitantes, dos quais 2,8% são indígenas. Conforme o censo de 2011, os negros correspondem a cerca de 21,75% da comunidade nacional. Os povos indígenas reconhecidos na Venezuela são: Akawayo, Amorúa, Añú, Arawak, Arutani, Ayamán, Baniva, Baré, Barí, Caquetío, Cumanagoto, Chaima, E´ñepá, Gayón, Guanano, Hoti, Inga, Japreria, Jirajara, Jivi, Kari´ña, Kubeo, Kuiva, Kurripako, Mako, Makushi, Nengatú, Pemón, Piapoko, Píritu, Puinave, Pumé, Sáliva, Sánema, Sapé, Timoto-cuica, Waikerí, Wanai, Wapishana, Warao, Warekena, Wayuu, Wotjuja, Yanomami, Yavarana, Ye'kuana Yukpa.

A Venezuela é dotada de uma ampla legislação voltada a proteção dos povos indígenas, com destaque para as seguintes normas: (1) Lei Orgânica de demarcação e garantia do habitat e terras dos povos indígenas, (2) Convenção 169 da Organização Internacional do Trabalho, (3) Lei Orgânica dos Povos e Comunidades Indígenas, (4) Declaração das Nações Unidas sobre Direitos dos Povos Indígenas, (5) Lei de Idiomas Indígenas, (6) Lei de Patrimônio Cultural dos Povos Indígenas, (7) Lei do Artesão e Artesanato Indígena.

1.3   América do Norte

No Canadá, o termo povos indígenas ou povos aborígenes se refere às Primeiras Nações, aos Métis (mestiços) e Inuits. O censo populacional canadense de 2021 revelou uma população indígena de 1,8 milhão de indivíduos (5% da

---

28. Disponível em: http://www.elpais.com.uy/opinion/editorial/afrodescendientes-casos-discriminacion-racial-editorial.html. Acesso em: 24 out. 2024.

população total do país).[29] Os Inuit se localizam na região norte do Canadá (Ártico); os Métis estão majoritariamente nas pradarias e Ontário. As Primeiras Nações estão localizadas ao sul da região ártica.

Existem mais de 600 comunidades indígenas (Primeiras Nações) no Canadá que representam cerca de 50 nações indígenas e 50 diferentes línguas.[30]

Os Estados Unidos reconhecem 574 tribos de indígenas americanos e entidades de nativos do Alasca,[31] que compõem uma população de 5,2 milhões de indivíduos, representando aproximadamente 2% da população do país.

A renda familiar média dos índios americanos e nativos do Alasca é de US$ 35.310, em comparação com US$ 51.371 nos Estados Unidos como um todo. A taxa de pobreza para índios americanos vivendo em reservas é de 29,4 por cento, comparada com a média nacional dos EUA de 15,3 por cento.[32]

1.4 Ásia

Os indígenas constituem cerca de 6,2% da população mundial, ocupando aproximadamente 20% das terras mundiais, situando-se em todos os continentes,[33] e respondendo pela proteção de aproximadamente 80% da biodiversidade global.[34] São reconhecidos mais de 5 mil grupos indígenas distintos que falam a maioria das 7.000 línguas existentes no planeta.[35] Como se vê, os povos indígenas prestam um relevante serviço para toda a Humanidade, tendo em vista o fundamental papel que desempenham na proteção ambiental.

Os povos indígenas da Ásia são difíceis de serem catalogados devido às dificuldades linguísticas de tradução. No sudeste da Ásia muitos governos denominam os povos indígenas como minorias étnicas, tribos da montanha, povos nativos e são utilizados também nomes que os estrangeiros atribuem aos povos autóctones que, em geral, traduzem uma designação de inferioridade, atraso cultural. Estima-se que 2/3 da população indígena mundial viva na Ásia.

---

29. Disponível em: https://www.thecanadianencyclopedia.ca/en/article/aboriginal-people. Acesso em: 24 out. 2024.
30. Disponível em: https://www.rcaanc-cirnac.gc.ca/eng/1100100013791/1535470872302. Acesso em: 24 out. 2024.
31. Disponível em: https://www.usa.gov/indian-tribes-alaska-native. Acesso em: 24 out. 2024.
32. Disponível em: https://www.acf.hhs.gov/ana/fact-sheet/american-indians-and-alaska-natives-numbers. Acesso em: 24 out. 2024.
33. Disponível em: https://www.ohchr.org/en/indigenous-peoples/about-indigenous-peoples-and-human-rights. Acesso em: 22 maio 2024.
34. Disponível em: https://www.statista.com/chart/27805/indigenous-communities-protect-biodiversity/. Acesso em: 22 maio 2024.
35. Disponível em: https://www.un.org/en/fight-racism/vulnerable-groups/indigenous-peoples. Acesso em: 22 maio 2024.

Myanmar[36] possui mais de 100 diferentes etnias que somam cerca de 68% da população total de aproximadamente 50 milhões de habitantes do país. Entre as diferentes etnias estão incluídos os Shan, Karen, Rakhine, Karenni, Chin, Kachin, Mon e os muçulmanos Rohingya.

A China reconhece 55 etnias e minorias que somam 114 milhões de pessoas, ou cerca de 8,5% da população total do país. Legalmente, as minorias étnicas têm os mesmos direitos da maioria Han; entretanto, os tibetanos e uigures reclamam de tratamento discriminatório e violador de direitos humanos.

Na Índia, 461 grupos étnicos são reconhecidos oficialmente como indígenas, formando uma população estimada em 84,3 milhões de indivíduos, representando 8,2% da população total do país. Existem, no entanto, muitos outros grupos étnicos que não são oficialmente reconhecidos. As estimativas do número total de grupos tribais chegam a 635. As maiores concentrações de povos indígenas estão nos sete estados do nordeste da Índia e no chamado "cinturão tribal central" que se estende do Rajastão até Bengala Ocidental.

A Indonésia, com uma população de 250 milhões de habitantes, possui cerca de 50-70 milhões de indígenas que se dividem em 1.128 grupos étnicos oficialmente reconhecidos. O Japão tem dois povos indígenas principais, os Ainu e os Okinawanos. Os Ainu vivem principalmente na ilha de Hokkaido, no norte do Japão, embora um grande número tenha migrado para os centros urbanos do Japão para trabalhar e para escapar à discriminação mais prevalente em Hokkaido. Em 2006, a população Ainu era de 23.782 em Hokkaido e cerca de 5.000 na região da grande Kanto. Os okinawanos vivem nas ilhas de Okinawa, no sul do Japão. Do ponto de vista socioeconômico, Okinawa continua a ser a província mais pobre do Japão, com níveis de rendimento de cerca de 70% da média nacional e um desemprego que corresponde ao dobro da média nacional.

Os povos indígenas representam 36% da população do Nepal. Na Malásia os poos indígenas são 12% da população do país. Nas Filipinas, os indígenas somam entre 10% e 20% da população total do país. O Vietnan reconhece 53 minorias étnicas que representam cerca de 14% da população nacional.

1.5 Europa

Na Europa existem os povos do ártico: (1) o povo Sami, que vive entre a Noruega, Suécia e Finlândia, formando uma comunidade entre 50.000 e 100.000 pessoas; (2) os Inuits, na Groenlândia, que são cerca de 89,6% da população do

---

36. Dados recolhidos em: https://asiancenturyinstitute.com/society/804-asia-s-indigenous-peoples. Acesso em: 23 maio 2024.

território autônomo dinamarquês e (3) os povos indígenas da Rússia, que são mais de 160, com o reconhecimento da condição de indígena para apenas 40. Os povos indígenas na Rússia são cerca de 0,2% da população (aproximadamente 260. 000 indivíduos), que ocupam cerca de 2/3 do território do país.

1.6   Oceania

Há diferentes povos indígenas na Oceania, dentre os quais se incluem os (1) aborígenes da Austrália; (2) os papua; (3) os austronesios; (4) os melanésios e (5) os micronésios.

Capítulo 4
POVOS INDÍGENAS, MEIO AMBIENTE E DIREITOS HUMANOS

Este capítulo objetiva apresentar os principais documentos internacionais que resguardam os direitos dos povos indígenas e tribais (com exceção da Convenção 169) e do sistema interamericano de proteção dos direitos humanos que tem sido amplamente utilizado pelos indígenas e comunidades tradicionais em defesa de seus direitos e interesses.

1. A CARTA DA ONU, DECLARAÇÃO UNIVERSAL DE DIREITOS HUMANOS E OS DIREITOS DOS POVOS INDÍGENAS

A ONU foi criada em São Francisco em 1945 com a finalidade de assegurar a paz e a segurança internacionais, a promoção dos direitos humanos e a cooperação para o desenvolvimento econômico e social., conforme consta do artigo 1º de sua carta de fundação.

A Carta da ONU é a principal base legal para o moderno conceito de direitos humanos, buscando garantir as quatro liberdades: a (1) liberdade de palavra e expressão; a (2) liberdade de crença; a (3) liberdade das necessidades e a (4) liberdade do medo (Buergenthal, Shelton e Stewart, 2009). Ela refletiu as contradições entre as potências fundadoras, cada qual com os seus problemas próprios de direitos humanos. Contudo, a Carta possui dispositivos capazes de sustentar as políticas de DH, em especial os artigos 1(3), 55 e 56.

A Carta da ONU, no artigo 55 (a), estabelece que um dos princípios que deve reger a cooperação entre os Estados é o favorecimento que se atinja, "níveis mais altos de vida, trabalho efetivo e condições de progresso e desenvolvimento econômico e social", e igualmente deve favorecer, "o respeito universal e efetivo dos direitos humanos e das liberdades fundamentais para todos, sem distinção de raça, sexo, língua ou religião".

A Declaração Universal de Direitos Humanos, em seu preâmbulo, faz uma série de proclamações solenes que, certamente, incluem como seus destinatários os indígenas como indivíduos, em especial ao afirmar que "o reconhecimento da dignidade inerente a todos os membros da família humana e dos seus direitos iguais e inalienáveis constitui o fundamento da liberdade, da justiça e da paz no mundo";[1] tais afirmações foram reforçadas pelo próprio texto da DUDH que, em seu artigo 1º afirma que "[t]odos os seres humanos nascem livres e iguais em dignidade e em direitos", podendo invocá-los "sem distinção alguma" (Artigo 2º), destacando-se os direitos "à vida, à liberdade e à segurança pessoal" (Artigo 3º), bem como a igualdade "perante a lei e, sem distinção, têm direito a igual proteção da lei". Em relação às terras tradicional ancestralmente ocupadas pelos indígenas, a garantia ao direito de propriedade contemplada no artigo 17º (1) e (2) é instrumento que permite aos povos indígenas e as populações tradicionais reivindicar o reconhecimento legítimo de seus territórios.

O apelo ao reconhecimento universal do valor da pessoa humana, possibilitou aos indígenas que, ao se verem reconhecidos na proteção universal dos direitos humanos, tivessem uma base legal segura para reivindicar o reconhecimento de suas particularidades culturais, sociais e étnicas, sem as quais não poderiam desfrutar integralmente dos direitos humanos.

2. AS GRANDES CONFERÊNCIAS AMBIENTAIS DA ONU E OS DIREITOS DOS POVOS INDÍGENAS E COMUNIDADES LOCAIS

Os povos indígenas, cada vez mais, ocupam lugar de destaque no direito e cenário internacional e, especialmente, no direito internacional do meio ambiente e dos direitos humanos. Esta posição veio sendo conquistada paulatinamente. A Conferência de Estocolmo não mencionou os povos indígenas em sua Declaração final. Entretanto, a UNCED realizada em 1992, no princípio 22, reconheceu o papel vital desempenhado pelos povos indígenas para a proteção ambiental.

> Os povos indígenas e suas comunidades, bem como outras comunidades locais, têm um papel vital no gerenciamento ambiental e no desenvolvimento, em virtude de seus conhecimentos e de suas práticas tradicionais. Os Estados devem reconhecer e apoiar adequadamente sua identidade, cultura e interesses, e oferecer condições para sua efetiva participação no atingimento do desenvolvimento sustentável.

O papel vital dos povos indígenas, e das comunidades locais para a proteção do meio ambiental é ressaltado no conjunto de AAM firmados na Rio 92, o que demonstra uma mudança muito grande de perspectiva em relativamente pouco tempo. Isto, sem dúvida, se deveu à crescente presença dos povos indígenas e as comunidades tradicionais no cenário internacional apresentando suas reivindicações e expondo os seus pontos de vista sobre os problemas que as afetam.

---

1. Disponível em: https://www.oas.org/dil/port/1948%20Declara%C3%A7%C3%A3o%20Universal%20 dos%20Direitos%20Humanos.pdf. Acesso em: 24 ago. 2024.

CAPÍTULO 4 • POVOS INDÍGENAS, MEIO AMBIENTE E DIREITOS HUMANOS | **67**

A CDB, em seu Preâmbulo reconhece que:

a estreita e tradicional dependência de recursos biológicos de muitas comunidades locais e populações indígenas com estilos de vida tradicionais, e que é desejável repartir equitativamente os benefícios derivados da utilização do conhecimento tradicional, de inovações e de práticas relevantes à conservação da diversidade biológica e à utilização sustentável de seus componentes.

O artigo 8º (j), voltado para a conservação *in situ* da diversidade biológica, determina que os Estados, em conformidade com sua legislação nacional, devem respeitar, preservar e manter o conhecimento, inovações e práticas das comunidades locais e populações indígenas com estilo de vida tradicionais relevantes à conservação e à utilização sustentável da diversidade biológica e incentivar sua mais ampla aplicação com a aprovação e a participação dos detentores desse conhecimento, inovações e práticas; e encorajar a repartição e equitativa dos benefícios oriundos da utilização desse conhecimento, inovações e práticas. Em relação ao importante tema do acesso aos recursos genéticos, o artigo 15 (5) determina que este deva ser concedido mediante "consentimento prévio fundamentado". A matéria foi posteriormente regulada pelo Protocolo de Nagoya que foi incorporado ao direito brasileiro em 2024 e pela Lei 13.123/2015.

A Declaração oficial de princípios, sem força jurídica obrigatória, para um consenso global quanto à gestão, a conservação e o desenvolvimento sustentável de florestas de todos os tipos, em seus princípios 2, (d); 5 (a) e 12 (d)[2] reconhece o vital papel desempenhado pelos indígenas na proteção das florestas e a necessidade de repartição justa e equitativa dos benefícios oriundos da utilização dos conhecimentos tradicionais dos povos indígenas e das comunidades locais.

---

2. 2 (d) Os governos deverão promover e providenciar oportunidades para a participação das Partes interessadas, incluindo comunidades locais e populações indígenas, indústrias, emprego, organizações não-governamentais e individuais, habitantes da floresta e mulheres, no desenvolvimento e planeamento das políticas florestais nacionais.

   5 (a) As políticas florestais nacionais deverão reconhecer e apoiar devidamente a identidade, cultura e direitos das populações indígenas, as suas comunidades, outras comunidades e os habitantes das florestas. Condições apropriadas deverão ser promovidas para estes grupos no sentido de os habilitar a terem uma participação econômica no uso da floresta, executarem atividades econômicas e alcançarem e preservarem a identidade cultural e organização social, assim como níveis adequados de subsistência e de bem-estar, através de, *inter alia*, acordos de ocupação que constituam incentivos para a gestão sustentável das florestas.

   12 (d) A capacidade indígena apropriada e o conhecimento local referentes à conservação e desenvolvimento sustentável das florestas deverão ser reconhecidos, respeitados, registados, desenvolvidos e, conforme for apropriado, introduzidos para a implementação de programas, através de apoios financeiros e em colaboração com as pessoas das comunidades locais implicadas. Os benefícios resultantes da utilização do conhecimento indígena deverão ser equitativamente partilhados com esses povos.

   Disponível em: http://www.educadores.diaadia.pr.gov.br/arquivos/File/pdf/a21_florestas.pdf. Acesso em: 23 ago. 2024.

A Cúpula Mundial sobre Desenvolvimento Sustentável (Rio + 10), realizada em Johanesburgo em 2002, mais voltada para o desenvolvimento econômico sustentável do que as conferências que a precederam, no seu documento final, Declaração de Johanesburgo sobre Desenvolvimento Sustentável,[3] no ponto 25, reafirma o "papel vital dos povos indígenas no desenvolvimento sustentável". Em 2012, a Conferência das Nações Unidas sobre Desenvolvimento Sustentável (Rio + 20),[4] realizada no Rio de Janeiro, emitiu o documento final, o futuro que queremos, no qual são reafirmadas as necessidades de maior apoio aos povos indígenas e o papel que eles desempenham na proteção do meio ambiente e para o desenvolvimento sustentável.[5]

A Agenda 21 dedicou todo capítulo 26 ao "reconhecimento e fortalecimento do papel das populações indígenas e suas comunidades". Contudo, as questões indígenas não se limitam ao capítulo 26, aparecendo em outros capítulos, *e. g.*, no capítulo 3 dedicado ao combate à pobreza consta:

> Uma política de meio ambiente voltada sobretudo para a conservação e a proteção dos recursos; deve considerar devidamente aqueles que dependem dos recursos para sua sobrevivência, ademais· de gerenciar os recursos de forma sustentável. Não sendo .assim, tal política poderia ter um impacto adverso tanto sobre o combate à pobreza como sobre as possibilidades de êxito a longo prazo da conservação dos recursos e do meio ambiente, Do mesmo modo, qualquer política de desenvolvimento voltada principalmente para o aumento da produção de bens, caso deixe de levar em conta a sustentabilidade dos recursos sobre os quais se baseia a produção, mais cedo .ou mais tarde haverá de defrontar-se comum declínio da produtividade' – e isso também poderia ter um impacto adverso sobre a pobreza. Uma estratégia voltada especificamente para o combate à pobreza, portanto, é requisito básico para a existência de desenvolvimento sustentável. A fim de que uma estratégia possa fazer frente simultaneamente aos problemas da pobreza, do desenvolvimento e do meio ambiente, é necessário que se comece por considerar os recursos, a produção e as pessoas, bem como, simultaneamente, questões demográficas; o aperfeiçoamento dos cuidados com a saúde e a educação, os direitos da mulher, o papel dos jovens, dos indígenas e das comunidades locais, e, ao mesmo tempo, um processo democrático de participação; associado a um aperfeiçoamento de sua gestão (Conferência das Nações Unidas sobre Meio Ambiente e Desenvolvimento, 1995, p. 27).

O capítulo 26 estabelece vários programas a serem implementados em relação aos povos indígenas, assegurada a sua ampla participação, partindo da constatação que:

---

3. Disponível em: https://cetesb.sp.gov.br/proclima/wp-content/uploads/sites/36/2013/12/decpol.pdf. Acesso em: 23 ago. 2024.
4. Disponível em: http://.www.rio20.gov.br/documentos/documentos-da-conferencia/o-futuro-que-queremos/index.html. Acesso em: 26 jul. 2023.
5. Itens 43, 49, 58 (j), 71, 109, 131, 175, 197, 211, 229 e 238.

CAPÍTULO 4 • POVOS INDÍGENAS, MEIO AMBIENTE E DIREITOS HUMANOS | **69**

As populações indígenas e suas comunidades representam uma porcentagem significativa da população mundial. Durante muitas gerações, eles desenvolveram um conhecimento científico tradicional holístico de suas terras, recursos naturais e meio ambiente. As populações indígenas e suas comunidades devem desfrutar a plenitude dos direitos humanos e das liberdades fundamentais, sem impedimentos ou discriminações. Sua capacidade de participar plenamente das práticas de desenvolvimento sustentável em suas terras tendeu a ser limitada, em consequência de fatores de natureza econômica, social e histórica. Tendo em vista a interrelação entre o meio natural e seu desenvolvimento sustentável e o bem--estar cultural, social, econômico e físico das populações indígenas, os esforços nacionais e internacionais de implementação de um desenvolvimento ambientalmente saudável e sustentável devem reconhecer, acomodar, promover e fortalecer o papel das populações indígenas e suas, comunidades (Conferência das Nações Unidas sobre Meio Ambiente e Desenvolvimento, 1995, p. 373).

O conjunto de documentos acima mencionado é, efetivamente, importante no cenário internacional e não deve ser desconsiderado, tendo em vista o peso político e jurídico que lhe é inerente. Há, certamente, um consenso internacional sobre a importância do papel desempenhado pelos indígenas em diferentes aspectos da vida internacional no que se refere à proteção do meio ambiente. Entretanto, não é lícito desconhecer que, do ponto de vista da realidade concreta, os povos indígenas e tribais enfrentam crescentes dificuldades e uma pressão enorme sobre suas terras, o que redunda em assassinatos, doenças, deslocamentos forçados, perda de propriedade, discriminação e preconceitos.[6]

O relator especial para os direitos indígenas da ONU, *José Francisco Calí Tzay, em seu relatório apresentado à Assembleia Geral, menciona a incapacidade de assegurar a proteção das terras indígenas e impedir a violação dos direitos dos povos indígenas.*[7] *Este é um problema gravíssimo que demonstra as profundas relações entre a proteção dos direitos humanos, a defesa do meio ambiente e dos povos indígenas.*

3. DECLARAÇÕES DE DIREITOS DOS POVOS INDÍGENAS

Os indígenas, após árduas lutas e discussões nos diversos *fora* interacionais, tiveram os seus direitos afirmados em importantes declarações que, como se sabe, podem ter diferentes significados jurídicos.[8] A Declaração expressa o entendimento sobre uma determinada matéria, como por exemplo, a interpretação de

---

6. A associação Cultural Survival registra 77 assassinatos de líderes indígenas na América Latina no ano de 2023. Disponível em: https://www.culturalsurvival.org/news/memoriam-remembering-77-indigenous-defenders-who-were-murdered-2023-latin-america. Acesso em: 23 ago. 2024.
7. Disponível em: https://press.un.org/en/2022/gashc4350.doc.htm. Acesso em: 26 jul. 2023.
8. Disponível em: https://treaties.un.org/pages/overview.aspx?path=overview/glossary/page1_en.xml#declarations. Acesso em: 23 ago. 2024.

uma norma. Elas não têm o poder de extinguir, criar ou modificar uma determinada norma legal; contudo e têm uma ampla utilização no direito internacional e, especialmente, no DIMA. Em princípio, elas não possuem força obrigatória. Entretanto, os compromissos políticos expressos nas Declarações necessitam ter materialização e concretização, do contrário cairiam no vazio. Logo, a força legal de uma Declaração deve ser examinada de forma casuística, levando-se em consideração o contexto no qual foi proferida pelos Estados e o contexto presente no tempo de sua aplicação. Em não raras oportunidades, a evolução interpretativa do direito, faz com que elas sejam reconhecidas como direito costumeiro e, portanto, dotadas de força obrigatória. É o caso da Declaração Universal de Direitos Humanos de 1948:

> Já se reconhece aliás, de há muito, que a par dos tratados ou convenções, o direito internacional é também constituído pelos costumes e os princípios gerais de direito, como declara o Estatuto da Corte internacional de Justiça (art. 38). Ora, os direitos definidos na Declaração de 1948 correspondem, integralmente, ao que o costume e os princípios jurídicos internacionais reconhecem, hoje, como exigências básicas de respeito à dignidade humana. A própria Corte Internacional de Justiça assim tem entendido. Ao julgar, em 24 de maio de 1980, o caso de retenção, como reféns, dos funcionários que trabalhavam na embaixada norte-americana em Teerã, a Corte declarou que "privar indevidamente seres humanos de sua liberdade, e sujeitá-los a sofrer constrangimentos físicos é, em si mesmo, incompatível com os princípios da Carta das Nações Unidas e com os princípios fundamentais enunciados na Declaração Universal dos Direitos Humanos".[9]

Os povos indígenas têm obtido importantes vitórias quanto ao reconhecimento de seus direitos que se materializaram, especialmente, nas duas grandes declarações de direitos e na convenção 169 da OIT. Desde a década de 90 do século XX, alguns mecanismos internacionais vêm sendo criados com vistas a garantir os direitos dos povos indígenas.[10] Neste particular, há que se registrar que os povos indígenas têm sabido manejar os diplomas jurídicos com habilidade e inteligência, obtendo importantes vitórias nas cortes internacionais e domésticas.

3.1 Declaração das Nações Unidas sobre os Direitos dos Povos Indígenas

A ONU adotou, aos 13 de setembro de 2007, a Declaração das Nações Unidas sobre os Direitos dos Povos Indígenas. A UNDRIP foi apoiada por uma imensa maioria de países durante a Assembleia Geral, tendo sido computados 144 votos

---

9. Disponível em: https://www.dhnet.org.br/direitos/deconu/textos/deconu_comparato.htm. Acesso em: 23 out. 2024.
10. Disponível em: https://www.worldbank.org/en/topic/indigenouspeoples. Acesso em: 25 jul. 2023.

CAPÍTULO 4 • POVOS INDÍGENAS, MEIO AMBIENTE E DIREITOS HUMANOS

a favor, 4 contrários e 11 abstenções.[11] O texto final sido aprovado após longos 25 anos de negociações.

O preâmbulo da declaração afirma a igualdade entre os povos indígenas e todos os demais povos, reconhecendo ao mesmo tempo o direito de todos os povos a serem diferentes, a se considerarem diferentes e a serem respeitados como tais. O preâmbulo indica que o controle, pelos povos indígenas, dos acontecimentos que os afetam e de suas terras, territórios e recursos lhes permitirá manter e reforçar suas instituições, culturas e tradições e promover seu desenvolvimento de acordo com suas aspirações e necessidades, da mesma forma que reconhece que o respeito aos conhecimentos, às culturas e às práticas tradicionais indígenas contribui para o desenvolvimento sustentável e equitativo e para a gestão adequada do meio ambiente.

A UNDRIP é centrada na autodeterminação dos povos indígenas (artigo 3º), de forma que eles determinam livremente a sua condição política e buscam livremente o seu desenvolvimento econômico, social e cultural. O direito à autodeterminação, implica no direito à autonomia em relação aos assuntos de natureza interna ou local, bem como no direito de possuir os meios para financiá-la (artigo 4º).

O consentimento prévio, livre e informado consta do artigo 10 que determina que os povos indígenas não poderão ser removidos forçadamente de seus territórios e que "[n]enhum traslado se realizará sem o consentimento livre, prévio e informado dos povos indígenas interessados e sem um acordo prévio sobre uma indenização justa e equitativa e, sempre que possível, com a opção do regresso." Encontra-se também no artigo 11 (2) que define a obrigação dos Estados de promoverem a reparação "por meio de mecanismos eficazes, que poderão incluir a restituição, estabelecidos conjuntamente com os povos indígenas, em relação aos bens culturais, intelectuais, religiosos e espirituais de que tenham sido privados sem o seu consentimento livre, prévio e informado, ou em violação às suas leis, tradições e costumes". Quando se tratar de medidas legislativas ou administrativas que possam afetá-los, o artigo 19 estipula que "[o]s Estados consultarão e cooperarão de boa-fé com os povos indígenas interessados, por meio de suas instituições representativas, a fim de obter seu consentimento livre, prévio e informado antes de adotar e aplicar medidas legislativas e administrativas que os afetem".

---

11. Australia, Canadá, Estados Unidos e Nova Zelândia que haviam votado contra a declaração, reverteram suas posições e, atualmente, apoiam o texto.

Disponível em: https://social.desa.un.org/issues/indigenous-peoples/united-nations-declaration-on-the-rights-of-indigenous-peoples. Acesso em: 24 ago. 2024.

Já o artigo 28 (1) assegura o direito dos povos indígenas à reparação, por meios que podem incluir a restituição, ou não sendo esta possível, a indenização justa, imparcial e equitativa, pelas terras, territórios e recursos que possuíam tradicionalmente, ou de outra forma ocupavam ou utilizavam, "e que tenham sido confiscados, tomados, ocupados, utilizados ou danificados sem seu consentimento livre, prévio e informado". Finalmente, o artigo 29 (2), ao cuidar de rejeitos perigosos estabelece que "[o]s Estados adotarão medidas eficazes para garantir que não se armazenem, nem se eliminem materiais perigosos nas terras ou territórios dos povos indígenas, sem seu consentimento livre, prévio e informado".

3.2   Declaração Americana dos Direitos dos Povos Indígenas

A Assembleia Geral da OEA aprovou a Declaração Americana sobre os Direitos dos Povos Indígenas, aos 14 de junho de 2006, após debates que se prolongaram por anos. O documento hemisférico tem o mesmo padrão da Convenção 169 da OIT e da Declaração das Nações Unidas sobre o Direito dos Povos Indígenas.

O Artigo XIII (2) estabelece que os Estados proporcionarão reparação, por meio de mecanismos eficazes, até mesmo pela restituição, estabelecidos em conjunto com os povos indígenas, a respeito dos bens culturais, intelectuais e espirituais dos quais tenham sido privados sem o seu consentimento livre, prévio e informado, ou em violação de suas leis, tradições e costumes. Quant à participação dos povos indígenas em matéria de seu interesse, a Declaração, no artigo XXIII (2) estabelece que os Estados devem proceder a consultas e cooperar em boa-fé com os povos indígenas por meio de suas instituições representativas *antes* de adotarem e aplicarem medidas legislativas ou administrativas que os afetem, com vistas a obter o seu consentimento livre, prévio e informado.

Finalmente, em matéria de proteção ao patrimônio cultural e da propriedade intelectual, o artigo XXVIII (3) estabelece que os Estados, com a participação plena e efetiva dos povos indígenas, adotarão as medidas necessárias para que os acordos e regimes nacionais ou internacionais prevejam o reconhecimento e a proteção do patrimônio cultural e da propriedade intelectual associada ao patrimônio dos povos indígenas.

4.   O SISTEMA INTERAMERICANO DE PROTEÇÃO DOS DIREITOS HUMANOS

O Sistema interamericano de proteção aos direitos humanos é formado por uma estrutura jurídica administrativa e judicial vinculada à OEA. As origens da Organização dos Estados Americanos estão na Primeira Conferência Internacio-

CAPÍTULO 4 • POVOS INDÍGENAS, MEIO AMBIENTE E DIREITOS HUMANOS 73

nal Americana[12] realizada em Washington no período de outubro de 1889 a abril de 1890. Ela foi criada em 1948, em Bogotá, Colômbia. Vários são os documentos jurídicos, no âmbito da OEA, que dão consistência à defesa dos direitos humanos em nível hemisférico, conforme foi visto anteriormente.

Países integrantes Sistema Interamericano de Direitos Humanos[13]

Estados Membros da OEA	Ratificaram a CADH	Reconheceram a competência da Corte IDH
Antígua e Barbuda, Argentina, Bahamas, Barbados, Belize, Bolívia, Brasil, Canadá, Colômbia, Costa Rica, Chile, Dominica, Equador, El Salvador, Estados Unidos, Granada, Guatemala, Guiana, Haiti, Honduras, Jamaica, México, Nicarágua, Panamá, Paraguai, Peru, República Dominicana, Saint Kitts e Nevis, Santa Lucia, São Vicente e Granadinas, Suriname, Trinidad e Tobago, Uruguai e Venezuela.	Argentina, Barbados, Bolívia, Brasil, Chile, Colômbia, Costa Rica, Dominica, Equador, El Salvador, Granada, Guatemala, Haiti, Honduras, Jamaica, México, Nicarágua, Panamá, Paraguai, Peru, República Dominicana, Suriname, Trinidad e Tobago, Uruguai e Venezuela.	Argentina, Barbados, Bolívia, Brasil, Chile, Colômbia, Costa Rica, Equador, El Salvador, Guatemala, Haiti, Honduras, México, Nicarágua, Panamá, Paraguai, Peru, República Dominicana, Suriname, Uruguai e Venezuela.

As convenções, os tratados e as declarações que têm sido mencionados e abordados neste trabalho, para existirem no mundo real, necessitam de uma estrutura de *enforcement* capaz de dar-lhes eficácia. No continente americano, a implementação em nível internacional de tais documentos encontra-se a cargo do SIPDH que é liderado pela Corte Interamericana de Direitos Humanos. O enorme crescimento, em todos os países da América do Sul, das demandas judiciais e administrativas propostas pelos povos indígenas e tribais que se verificou a partir dos fins do século XX, foi potencializado pela instituição do Sistema Interamericano de Proteção dos Direitos Humanos, cujo marco fundamental é o Pacto de San José da Costa Rica. O Sistema tem como seus principais alicerces (1) uma estrutura legal e (2) uma estrutura administrativa e judicial.

A estrutura legal é formada, segundo Fergus Mackay(2002, p. 24), por dois quadros legais inter-relacionados, o primeiro constituído pela (1) Carta da Organização dos Estados Americanos de 1948 e pela (2) Declaração Americana dos Direitos e Deveres do Homem, aplicáveis a todos os membros da OEA e o segundo é composto pela (1) Convenção Americana dos Direitos Humanos (Pacto de San José da Costa Rica) e pelo (2) Protocolo Adicional à Convenção sobre Direitos Humanos em matéria de Direitos Econômicos, Sociais e Culturais (Protocolo de San Salvador). À relação de Mackay podem ser acrescentados a (1) Declaração

---

12. Disponível em: http://www.oas.org/es/acerca/quienes_somos.asp. Acesso em: 24 out. 2024.
13. Disponível em: http://www.corteidh.or.cr/index.php/es/acerca-de/como-acceder-al-sistema-interamericano/denuncias-consultas. Acesso em: 23 out. 2017.

das Nações Unidas Declaração das Nações Unidas sobre os Direitos dos Povos Indígenas e (2) a Declaração Americana sobre o Direito dos Povos Indígenas.

A estrutura encarregada da implementação da proteção aos direitos humanos é formada pela (1) Comissão Interamericana de Direitos Humanos e (2) pela Corte Interamericana de Direitos Humanos. Cada uma delas desempenha funções próprias e que não se confundem.

4.1   Comissão interamericana de direitos humanos

A CIDH é um órgão da OEA, conforme estabelecido no artigo 53 (e) de sua Carta de sua criação, com a atribuições administrativas com vistas a "promover o respeito e a defesa dos direitos humanos e servir como órgão consultivo da Organização em tal matéria" (artigo 106). Conforme disposto no Pacto de San José da Costa Rica, cabe à CIDH, entre outras competências, "f) atuar com respeito às petições e outras comunicações, no exercício de sua autoridade, de conformidade com o disposto nos artigos 44 a 51 desta Convenção" (art. 41 f)." O acesso à Comissão, para a apresentação de denúncias, é simplificado, sendo amplamente facilitado para indivíduos, grupo de indivíduos ou organizações não governamentais regularmente constituídas de acordo com as leis de seus países de origem.

O trabalho da CIDH se estrutura sobre três pontos: (1) Sistema de Petição Individual, (2) monitoramento da situação dos direitos humanos nos Estados Membros, e (3) atenção às linhas temáticas prioritária.

As atividades desenvolvidas pela Comissão são basicamente as seguintes: (1) receber, analisar e investigar petições individuais em face dos Estados Membros da OEA relativas a violações dos direitos humanos, (2) monitorar a observância dos direitos humanos por parte dos Estados membros e, se julgar necessário, publicar informações relativas a um determinado Estado, (3) realizar visitas *in loco* aos países para constatar a realidade local em relação à matéria de sua atribuição, publicando um relatório a ser encaminhado aos órgãos da OEA, (4) promove a conscientização em relação aos direitos humanos, (5) recomendar aos Estados membros da OEA a adoção de medidas que contribuam para a proteção dos direitos humanos nos países do Continente, (6) solicitar aos Estados membros a adoção de medidas cautelares, com vistas à prevenção de danos irreparáveis às pessoas ou ao objeto de uma petição que lhe tenha sido enviada em casos graves e urgentes. Tal medida também pode ser requerida à Corte IDH, (7) leva casos à Corte IDH, (8) realizar consultas à Corte conforme disposto no artigo 64 da Convenção Americana e (9) receber e examinar comunicados nos quais um Estado parte alegue que outro Estado parte cometeu violações dos direitos humanos reconhecidos na Convenção Americana.

4.1.1 A CIDH e a consulta prévia

O direito dos povos indígenas e tribais a (1) consulta e ao (2) consentimento prévio em relação às medidas que possam afete-los é, na opinião da CIDH, é um elemento central na relação entre tais povos e os Estados nacionais. A importância é evidente diante das inúmeras queixas feitas por eles perante a CIDH (CIDH, 2021).

No entendimento da CIDH, o direito à consulta e consentimento tem como premissa central a livre determinação dos povos indígenas e tribais, sendo uma obrigação dos Estados assegurar aos mencionados povos o exercício de tal direito através de procedimento de consulta e consentimento prévio, livre, informado e de boa-fé. Sempre que se tenha em vista medidas que possam afetar as mencionadas comunidades, tal como previsto na Convenção 169 da OIT e outros acordos internacionais. "Nas palavras da ex Relatora Especial da ONU, Tauli-Corpuz, tanto a consulta como e consentimento livre, prévio e informado são una ampliação do direito à livre determinação dos povos indígenas" (CIDH, 2021, p. 82).

Entretanto, não há uma forma determinada para o exercício de tal direito, devendo os próprios povos a serem consultados definir a forma pela qual a consulta deve ser realizada. Assim, a forma da consulta expressa a autodeterminação dos povos indígenas, tribais e das comunidades tradicionais. A CIDH reconhece que várias formas têm sido utilizadas, sempre em conformidade com a cultura e organização do grupo a ser consultado. Dentre as formas mais corriqueiras destacam-se: (1) planos de vida, (2) mandatos, (3) protocolos de autoconsulta, (4) sistemas próprios de conhecimento, (5) protocolos comunitários autônomos de consulta e consentimento e muitos outros.

Normalmente, os povos interessados produzem um documento que especificam normas e procedimentos que deverão ser observados para a implementação da consulta prévia.

A CIDH entende que os Estados devem evitar o uso de conceitos tais como: (1) utilidade pública, (2) interesse social ou outros similares "para favorecer o setor privado em relação ao bem comum e aos direitos das comunidades, povos indígenas e tribais" (CIDH, 2021, p. 83). A Comissão demonstra preocupação com os casos nos quais a entidade pública encarregada de realizar a consulta e a mesma que promove os projetos extrativistas ou energéticos, o que as torna parciais. A CIDH também demonstra preocupação com a transferência, para empresas interessadas nos projetos, das obrigações relativas à realização do processo de consulta.

Por fim, a CIDH considera que a afirmação de que a "consulta não implica em direito de veto" reflete uma visão reducionista e simplifica o assunto e desqualifica a livre determinação dos povos indígenas e tribais. "O termo "veto" gera a impressão de que se trata de uma decisão arbitrária que não leva em consideração outros pontos de vista, não sendo compatível com os valores do diálogo mútuo que inspiram um processo de consulta" (CIDH, 2021, p. 87).

4.2   Corte Interamericana de Direitos Humanos

A Corte Interamericana de Direitos Humanos é um dos três tribunais regionais dedicados à proteção dos direitos humanos, sendo os outros dois a (a) Corte Europeia de Direitos Humanos e (2) a Corte Africana de Direitos Humanos e dos Povos. Os antecedentes da Corte Interamericana de Direitos Humanos estão na 9ª Conferência Internacional Americana realizada em Bogotá, Colômbia, no ano de 1948 quando foi aprovada uma Resolução sobre a Corte Interamericana para Proteger os Direitos do Homem. A Corte Interamericana foi criada pela Convenção Americana sobre os Direitos Humanos, adotada em São José da Costa Rica aos 22 de novembro de 1969, tendo iniciado os seus trabalhos em 1979, um ano após a entrada em vigor da Convenção. É composta por 7 (sete) juízes nacionais dos Estados membros da OEA, eleitos a título pessoal pela Assembleia Geral do organismo internacional.

A Corte IDH tem duas funções básicas: uma (1) contenciosa e outra (2) consultiva. A função contenciosa é aquela mediante a qual a Corte determina a responsabilidade internacional de um Estado parte da Convenção Interamericana de Direitos Humanos por violação de dispositivos convencionais. Já a função consultiva tem por escopo fornecer aos Estados membros uma interpretação do Pacto de São José da Costa Rica e de outros tratados internacionais sobre direitos humanos que sejam reconhecidos pelo SIDH.

A Corte IDH, estabelecida pelo Pacto de San José da Costa Rica, é um dos órgãos competentes para conhecer dos temas relacionados com o cumprimento dos compromissos assumidos pelos Estados Partes relativos ao Pacto de San José. O acesso à Corte só é permitido aos Estados Partes ou à Comissão. Após esgotados os procedimentos estipulados pelos artigos 48/50, ou seja, as instâncias judiciais nacionais. Uma vez que ela considere violados os direitos ou as liberdades protegidas pelo Pacto de San José, cabe-lhe determinar que o Estado adote as medidas necessárias para o restabelecimento do direito violado, ou quando for o caso, que sejam adotadas medidas reparatórias adequadas, inclusive mediante o pagamento de indenização justa. As decisões da Corte são proferidas em caráter definitivo e delas não cabe recurso, todavia, no prazo de noventa dias, contados da notificação às partes, é possível requerer ao Tribunal esclarecimentos sobre o julgado. As decisões da Corte IDH são obrigatórias para os Estados que reconhecem a

CAPÍTULO 4 • POVOS INDÍGENAS, MEIO AMBIENTE E DIREITOS HUMANOS 77

sua jurisdição, podendo a execução financeira ser efetivada no país no qual se originou a demanda, sob as suas leis próprias para execução judicial do Estado.

O SIPH tem dado resposta às questões apresentadas pelos povos indígenas e comunidades tradicionais relativas à proteção dos direitos humanos, enfatizando o conteúdo do consentimento livre prévio e informado de forma bastante clara e indiscutível. É importante registrar que tanto a Comissão como a Corte têm convergido no sentido de definições relativas ao tema e mais: os diferentes tribunais nacionais dos países do hemisfério, da mesma forma, têm enfrentado às questões, resultando evidente que o Consentimento Prévio Livre e Informado é uma realidade jurídico-processual cogente e essencial para a utilização legal dos recursos naturais existentes em territórios indígenas e de comunidades tradicionais. As decisões da Corte em relação aos povos indígenas e populações tradicionais têm servido de padrão para as decisões adotadas por diversos tribunais nacionais, definindo conteúdos mínimos a serem observados pelas jurisdições nacionais.

4.2.1 Obrigações dos Estados conforme o entendimento da Corte Interamericana de Direitos Humanos

O conteúdo concreto das obrigações dos Estados *vis-à-vis* às Declarações de Direitos Humanos e dos povos indígenas e à Convenção 169 no que concerne à efetividade dos direitos dos povos indígenas e tribais deve ser apurado no conjunto de decisões judiciais e administrativas emanado dos órgãos encarregados de implementar as normas tutelares vigentes no cenário internacional e, em especial, no hemisfério americano e em seu sistema de proteção dos direitos humanos. Da grande massa de decisões e casos é possível extrair uma síntese das posições essenciais para que se perceba a evolução jurídica da matéria. Assim, podemos identificar os seguintes *standards* de obrigações legais às quais estão submetidos os Estados que o SIDH em relação ao da CLPI:

a) A obrigação de consultar aos povos indígenas e tribais e de garantir a sua participação nas decisões e quaisquer medidas que afetem os seus territórios deve levar em consideração a "relação especial entre os povos indígenas e tribais e as terras e os recursos naturais", todavia não se resumem às discussões sobre direitos de propriedade.

b) O direito à consulta e o dever estatal de realizá-la se vinculam com múltiplos direitos humanos e, em particular, com o artigo 23 da Convenção Americana, tal como interpretado pela jurisprudência da Corte IDH em diversos casos. No caso dos povos indígenas, o direito à participação na tomada de decisão sobre assuntos de seu interesse, deve ser exercido conforme as suas instituições, valores, usos, costumes e formas de organização.

c) Além do direito à participação previsto no artigo 23, o direito dos povos indígenas e populações tribais a serem consultados é fundamental para a efetivação dos seus direitos à propriedade comunal.

d) O direito dos povos indígenas e tribais a serem consultados sobre as decisões que possam afetá-los se relaciona diretamente ao direito de identidade cultural, na medida em que a sua cultura possa ser afetada.

e) Qualquer decisão administrativa que possa afetar juridicamente os direitos e interesses dos povos indígenas e tribais sobre os seus territórios deve se basear em um processo de participação plena

f) Sem prejuízo de que todo processo de consulta deve buscar o consentimento, jurisprudência da Corte, em casos específicos, e os padrões internacionais exigem que os Estados obtenham o consentimento livre e informado dos povos indígenas, *previamente a execução* de planos e projetos que possam afetar os seus direitos de propriedade sobre as terras, territórios e recursos naturais.

g) A Corte ressalta que a diferença entre "consulta" e "consentimento" implica em que, quando se tratar de planos de desenvolvimento e de investimento em grande escala que tenham impacto significativo nos territórios indígenas e tribais, o Estado tem não apenas a obrigação de realizar a consulta mas, igualmente, de obter o consentimento livre, prévio e informado de tais povos segundo as suas tradições.

h) A exigência de consentimento deve ser interpretada como uma "salvaguarda reforçada" dos direitos dos povos indígenas e tribais, dada a sua conexão direta com os direitos à vida, à identidade cultural e a outros direitos humanos essenciais sempre que planos de desenvolvimento e de investimentos afetem os conteúdos básicos de tais direitos. "O dever de obtenção do consentimento corresponde, portanto, à uma lógica de proporcionalidade entre o direito de propriedade indígena e outros direitos conexos".[14]

Da relação acima conclui-se que os Estados têm a obrigação de consultar os povos indígenas e tribais e garantir que eles participem dos processos decisórios sempre que se pretenda tomar medidas que possam afetar seus territórios. A forma a ser utilizada para a realização da consulta deve ser conforme os usos, costumes, tradições e cultura das populações afetadas pelas medidas. O consentimento é exigido para as tomadas de decisões relativas a grandes projetos de desenvolvimento e investimentos que possam afetar os territórios indígenas e tribais. Entretanto, deve ser realçado que a jurisprudência interamericana admite que, em circunstâncias excepcionais, o consentimento possa ser exigido como medida de "proporcionalidade" entre as forças em embate em relação a um empreendimento concreto.

4.2.2 A jurisprudência da Corte Interamericana de Direitos Humanos

A Corte é extremamente ativa na garantia da aplicação das normas relativas à consulta e ao consentimento prévios, tal como estabelecidas na Convenção 169

---

14. Corte IDH. *Derechos de los pueblos indígenas y tribales sobre sus tierras ancestrales y recursos naturales. Normas y jurisprudencia del Sistema Interamericano de Derechos Humanos.* Diciembre 2009, OEA/Ser.L/V/II. Doc. 56/09, párr. 333.

CAPÍTULO 4 • POVOS INDÍGENAS, MEIO AMBIENTE E DIREITOS HUMANOS

ou em outros documentos internacionais, buscando sempre as harmonizar em um sistema único de proteção aos direitos humanos, no caso concreto dos povos indígenas e tribais.

A jurisprudência interamericana busca resolver alguns aspectos ambíguos da Convenção 169, pois, embora a convenção mencione uma obrigação de consulta, da leitura do conjunto dos artigos 4º, 6º e 7º é ambígua, pois a "consulta" tem por objetivo chegar a um acordo que exprima o consentimento dos povos indígenas e tribais quanto à intervenção pretendida. Por outro lado, é assegurado a tais povos o direito de aceitar ou não com medidas de proteção ao meio ambiente e outras em suas terras, bem como definir suas próprias prioridades.

A Convenção 169 busca alcançar uma acomodação entre os interesses em jogo. Aliás, não se pode perder de vista o contido no artigo 34 que determina que "[a] natureza e alcance das medidas a serem adotadas para dar cumprimento à presente Convenção deverão ser definidos com *flexibilidade,* levando em consideração as condições características de cada país." Com isto, há uma grande margem de discricionariedade sempre que existam impasses aparentemente intransponíveis. Parece, portanto, que a Convenção "dá com uma mão e tira com a outra", deixando algumas incertezas. Todavia, como será visto mais adiante neste trabalho, é possível identificar-se uma crescente tendência internacional de que se busque "chegar a um acordo e conseguir consentimento." Entretanto, a questão crítica que se coloca é quando o acordo não parece ser possível, ou as suas negociações se prolonguem demasiadamente. Não se deve menosprezar as hipóteses nas quais os órgãos estatais encarregados de realizar as consultas, simplesmente não o façam.

4.2.2.1 Requisitos para a realização da consulta livre, prévia e informada

Os Estados para a realização válida da CLPI devem levar em consideração que ela deve se iniciar na fase preliminar ou de planejamento da atividade pretendida, com antecedência razoável, de forma que o grupo afetado possa compreender a natureza da intervenção proposta.

Compreender a natureza da intervenção é um processo complexo que pode ser dividido em, pelo menos, três pontos relevantes, tais como: (1) a língua de apresentação do projeto aos povos indígenas e tribais interessados, (2) a demonstração dos aspectos técnicos do empreendimento de forma simples, sem, contudo esvaziar o seu conteúdo (3) as consequências positivas e negativas, em relação aos aspectos sociais, econômicos, culturais e ambientais, que poderão advir de sua implantação.

A CLPI deve propiciar à comunidade os elementos necessários para exprimir o seu acordo ou desacordo de forma voluntária e informada, o que é consistente com o artigo 13 da Convenção Americana de Direitos Humanos, com o artigo 19 (2) da Declaração das Nações Unidas sobre os Direitos dos Povos Indígenas e com a Declaração Americana sobre os Direitos dos Povos Indígenas.

A Consulta tem caráter substancial e não se confunde com mera formalidade burocrática ou administrativa. Daí, segue-se que a CLPI deve ser realizada de boa fé e deve buscar alcançar um acordo entre as partes. Muito embora não haja uma definição formal do conceito de boa-fé, trata-se de um conceito objetivo que pode ser identificado em bases casuísticas e que excluí a prática de coação sobre as comunidades indígenas, exige a confiança e lealdade na apresentação das questões, ausência de práticas de cooptação e corrupção de lideranças locais e todas as outras que possam minar a coesão social da comunidade indígena ou tribal envolvidas no processo de consulta. Como consequência natural de tais determinações, os Estados devem providenciar a criação de instrumentos e mecanismos jurídicos, políticos e administrativos capazes de garantir que o processo decisório conte com um nível qualificado de informação dos povos indígenas e tribais. Em todos os casos, a consulta deve ser realizada segundo os modelos tradicionais de deliberação da comunidade envolvida (adequação cultural). Tal interpretação é consistente com o artigo 15 da Convenção 169 e com o artigo 32 (2) da Declaração das Nações Unidas sobre o Direito dos Povos Indígenas, art. XIII (2). Por fim, deve ser consignado que a apuração referente à legitimidade da representação dos povos indígenas e tribais, há que ser feita conforme os costumes e tradições dos povos indígenas e tribais interessados.

4.2.2.2 *Consulta, acordo e consentimento*

Este talvez seja o ponto mais sensível sobre a participação dos povos indígenas e tribais nos assuntos relacionados aos diferentes tipos de projetos e empreendimentos que possam afetar os seus modos de vida, tradições, cultura e impactar os seus territórios. O artigo 6º da Convenção 169 estabelece que, na aplicação de suas disposições, os governos deverão consultar os povos interessados. Por sua vez, o artigo 6 (2) determina que "[a]s consultas realizadas em conformidade com o previsto na presente Convenção deverão ser conduzidas de boa-fé e de uma maneira adequada às circunstâncias, no sentido de que um *acordo* ou *consentimento* em torno das medidas propostas possa ser alcançado". Logo, parece claro que a CPLI não é um fim em si mesmo, mas um mecanismo para que se obtenha a opinião da comunidade envolvida sobre o projeto ou atividade pretendida por terceiros em seus territórios.

Acordo é a manifestação de vontade comum entre duas ou mais partes sobre uma determinada questão. A Convenção de Viena sobre o Direito dos Tratados em seu artigo 26 estabelece que "[t]odo tratado em vigor obriga as partes e deve ser cumprido por elas de boa-fé." Parece, portanto, razoável supor que o acordo tratado no artigo 6 (2) da Convenção 169 somente possa ser interpretado como consentimento, pois é difícil imaginar-se a hipótese na qual uma consulta realizada segundo os padrões estabelecidos pelas convenções ou tratados internacionais pertinentes e implementado pelos padrões definidos pela Corte IDH possa redundar em um acordo que não exprima a concordância (rectius: o consentimento) dos povos indígenas e tribais interessados com uma medida em planejamento ou em implantação.

Todavia, no caso Saramaka, a Corte IDH considerou a possibilidade da existência de diferenças entre consulta e consentimento, pois entendeu que tais hipóteses "requer[em] maior análise". Note-se que a Corte esposa o entendimento de que o nível de consulta exigida para cada caso deverá variar com o grau de intervenção contemplada pelo projeto, sendo, portanto, flexível.

> [A]lém disso, considera que além da consulta requerida, sempre que se apresente um projeto de desenvolvimento ou de investimento dentro do território tradicional Saramaka, a garantia de participação efetiva requerida quando se trate de grandes projetos de desenvolvimento ou investimento que possam ter um impacto profundo nos direitos de propriedade dos membros do povo Saramaka em grande parte de seu território, deve entender-se como requisito adicional à obrigação de obter o consentimento livre, prévio e informado do povo Saramaka, segundo seus costumes e tradições.[15]

Cabe a pergunta: no caso de impactos menos significativos, a intervenção é admitida mesmo que não se chegue a um acordo? Daí decorre o problema – sempre presente – das relações entre minorias étnicas e a comunidade nacional. Em que medida uma minoria étnica pode impedir a realização de projetos que, comprovadamente, possam implicar em benefícios para uma comunidade maior e, por outro lado, se assiste direito às comunidades mais amplas em, em nome de seus benefícios, criar cargas desproporcionais para comunidade minoritária. Tem-se, a título de argumentação, que a linha de corte está em ameaças concretas

---

15. "Assim mesmo, em Comunidades Indígenas Maya no Distrito de Toledo Vs. Belize, a Comissão Interamericana observou que os Estados devem levar a cabo consultas efetivas e plenamente informadas com comunidades indígenas com relação a fatos ou decisões que pudessem afetar seus territórios tradicionais. Neste caso, a Comissão determinou que um procedimento de "consentimento pleno e informado" requer, "como mínimo, que todos os integrantes da comunidade estejam plenamente informados da natureza e das consequências do processo, e que sejam dotados de uma oportunidade efetiva para participar de maneira individual ou coletiva". Cf. Comissão Interamericana de Direitos Humanos, Relatório 40/04, Mérito. Caso 12.052. Comunidades Indígenas Maya no Distrito de Toledo, nota 84 supra, par. 142. Cf. também Os Princípio do Equador, Princípio 5".

para a sobrevivência física, étnica e cultural da comunidade em questão, levando-se em consideração o impacto concreto ou potencial a ser produzido pela atividade proposta.

É importante considerar que o artigo 34 da Convenção 169 estabelece que as medidas a serem adotadas para conferir efetividade aos termos da Convenção deverão ser adotadas com flexibilidade e, conforme a realidade de cada país. Logo, há que se considerar a dimensão do projeto a ser implantado em relação à economia total do país hospedeiro e, obviamente, o grau de impacto sobre os territórios indígenas e tribais. Como um critério operacional parece ser razoável que um benefício para a sociedade nacional não possa redundar em carga negativa excessiva e desproporcional para os povos indígenas e tribais e, em sentido contrário, um benefício para os povos indígenas e tribais não possa acarretar perdas desproporcionais para a sociedade nacional. Tais critérios, ao que parece, ainda são extremamente subjetivos, devendo buscar-se nas normas positivadas as respostas para a controvérsia.

Entretanto, como foi visto no capítulo 3, existem países nos quais os povos indígenas e tribais compõem parcela relevante da população nacional total, o que coloca a questão da consulta em outro nível político. É evidente que, nos casos de etnias pequenas, a natureza tutelar do mecanismo de consulta e de seus resultados cresce de importância.

4.2.2.3 Decisões da Corte IDH sobre a consulta livre, prévia e informada

Nesta seção serão apresentados alguns extratos de julgamentos da Corte DH nos quais a questão da CLPI é abordada:

Corte IDH. Caso do Povo Saramaka Vs. Suriname. Exceções Preliminares, Mérito, Reparações e Custas. Sentença de 28 de novembro de 2007. Série C n. 172

133. Primeiro, a Corte manifestou que ao garantir a participação efetiva dos integrantes do povo Saramaka nos projetos de desenvolvimento ou investimento dentro de seu território, o Estado tem o dever de consultar ativamente esta comunidade, segundo seus costumes e tradições [...]. Este dever requer que o Estado aceite e ofereça informação e implica numa comunicação constante entre as partes. As consultas devem realizar-se de boa-fé, através de procedimentos culturalmente adequados e devem ter como objetivo alcançar um acordo. Além disso, o povo Saramaka deve ser consultado, de acordo com suas próprias tradições, nas primeiras etapas do projeto de desenvolvimento ou investimento e não

unicamente quando surja a necessidade de obter a aprovação da comunidade, se for o caso. O aviso com antecedência proporciona um tempo para a discussão interna dentro das comunidades e para oferecer uma adequada resposta ao Estado. O Estado, além disso, deve assegurar-se de que os membros do povo Saramaka tenham conhecimento dos possíveis riscos, incluindo os riscos ambientais e de salubridade, a fim de que aceitem o projeto de desenvolvimento ou investimento proposto com conhecimento e de forma voluntária. Por último, a consulta deveria levar em consideração os métodos tradicionais do povo Saramaka para a tomada de decisões. (Em sentido similar, ver, entre outros: Caso do Povo Indígena Kichwa de Sarayaku Vs. Equador. Mérito e Reparações. Sentença de 27 de junho de 2012, par. 177).

134. Ademais, a Corte considera que, quando se trate de projetos de desenvolvimento ou de investimento de grande escala que teriam um impacto maior dentro do território Saramaka, o Estado tem a obrigação não apenas de consultar os Saramaka, mas também deve obter seu consentimento livre, prévio e informado, segundo seus costumes e tradições. A Corte considera que a diferença entre "consulta" e "consentimento" neste contexto requer maior análise. (...)

137. É mais significativo ainda mencionar que o Estado reconheceu, também, que o "nível de consulta que se requer é obviamente uma função da natureza e do conteúdo dos direitos da Tribo em questão". A Corte concorda com o Estado e, além disso, considera que além da consulta requerida, sempre que se apresente um projeto de desenvolvimento ou de investimento dentro do território tradicional Saramaka, a garantia de participação efetiva requerida quando se trate de grandes projetos de desenvolvimento ou investimento que possam ter um impacto profundo nos direitos de propriedade dos membros do povo Saramaka em grande parte de seu território, deve entender-se como requisito adicional à obrigação de obter o consentimento livre, prévio e informado do povo Saramaka, segundo seus costumes e tradições.

138. A segunda garantia que o Estado deve cumprir ao considerar os projetos de desenvolvimento dentro do território Saramaka é a de compartilhar, razoavelmente, os benefícios do projeto com o povo Saramaka. Pode-se dizer que o conceito de compartilhar os benefícios, que pode ser encontrado em vários instrumentos internacionais a respeito dos direitos dos povos indígenas e tribais, é inerente ao direito de indenização reconhecido no artigo 21.2 da Convenção, o qual estabelece que

> [n]enhuma pessoa pode ser privada de seus bens, salvo mediante o pagamento de indenização justa, por motivo de utilidade pública ou de interesse social e nos casos e na forma estabelecidos pela lei.

139. A Corte considera que o direito a receber o pagamento de uma indenização de acordo com o artigo 21.2 da Convenção se estende não apenas à total privação de um título de propriedade por meio de uma expropriação por parte do Estado, por exemplo, mas também compreende a privação do uso e gozo regular desta propriedade. No presente caso, o direito a obter o pagamento de uma "indenização justa" conforme o artigo 21.2 da Convenção se traduz no direito dos membros do povo Saramaka a participar, de forma razoável, nos benefícios derivados da restrição ou privação do direito ao uso e gozo de suas terras tradicionais e daqueles recursos naturais necessários para sua sobrevivência.

Corte IDH. Caso do Povo Indígena Kichwa de Sarayaku Vs. Equador. Mérito e Reparações. Sentença de 27 de junho de 2012. Série C n. 245

159. A Corte observa, então, que a estreita relação das comunidades indígenas com seu território tem, em geral, um componente essencial de identificação cultural baseado em suas próprias cosmovisões, e que, como atores sociais e políticos diferenciados em sociedades multiculturais, devem ser especialmente reconhecidos e respeitados numa sociedade democrática. O reconhecimento do direito à consulta das comunidades e povos indígenas e tribais está alicerçado, entre outros, no respeito de seus direitos à cultura própria ou identidade cultural [...], os quais devem ser garantidos, sobretudo numa sociedade pluralista, multicultural e democrática

160. É por todo o exposto que uma das garantias fundamentais para assegurar a participação dos povos e comunidades indígenas nas decisões relativas a medidas que afetem seus direitos e, em particular, seu direito à propriedade comunal é, justamente, o reconhecimento de seu direito à consulta, o qual está reconhecido na Convenção 169 da OIT, entre outros instrumentos internacionais complementares.

163. A Convenção 169 da OIT aplica-se, inter alia, "aos povos tribais em países independentes, cujas condições sociais, culturais e econômicas os distingam de outros setores da coletividade nacional, e que estejam regidos, total, ou parcialmente, por seus próprios costumes, ou tradições, ou por legislação especial", razão pela qual os Estados "deverão assumir a responsabilidade de desenvolver, com a participação dos povos interessados, uma ação coordenada e sistemática com vistas a proteger os direitos desses povos e a garantir o respeito pela sua integridade". Os artigos 13 a 19 dessa Convenção referem-se aos direitos dessas populações sobre suas terras e territórios", e os artigos 6, 15, 17, 22, 27 e 28 regulamentam as diferentes hipóteses nas quais deve ser aplicada a consulta prévia livre e fundamentada em casos onde se disponham medidas suscetíveis de afetá-las.

CAPÍTULO 4 • POVOS INDÍGENAS, MEIO AMBIENTE E DIREITOS HUMANOS | **85**

164. Diversos Estados, membros da Organização dos Estados Americanos, mediante suas normas internas e por intermédio de seus mais altos tribunais de justiça, incorporaram as normas mencionadas. Desse modo, a legislação interna de vários Estados da região, como, por exemplo, Argentina, Bolívia, Chile, Colômbia, Estados Unidos, México, Nicarágua Paraguai, Peru, e Venezuela, refere-se à importância da consulta ou da propriedade comunitária. Além disso, vários tribunais internos de Estados da região que ratificaram a Convenção 169 da OIT referiram-se ao direito à consulta prévia, em conformidade com suas disposições. Nesse sentido, altos tribunais da Argentina, Belize, Bolívia, Brasil, Chile, Colômbia, Costa Rica, Equador, Guatemala, México, Peru ou Venezuela salientaram a necessidade de respeitar as normas de consulta prévia e dessa Convenção. Outros tribunais de países que não ratificaram a Convenção 169 da OIT referiram-se à necessidade de realizar consultas prévias com as comunidades indígenas, autóctones, ou tribais, sobre qualquer medida administrativa, ou legislativa, que os afete diretamente, bem como sobre a extração de recursos naturais em seu território. Desse modo, observam-se desdobramentos jurisprudenciais similares por parte de altas cortes de países da região como o Canadá, ou os Estados Unidos da América, ou de fora da região, como a Nova Zelândia, ou seja, a obrigação da consulta, além de constituir uma norma convencional, também é um princípio geral do Direito Internacional.

(...)

166. A obrigação de consultar as comunidades e povos indígenas e tribais sobre toda medida administrativa, ou legislativa, que afete seus direitos reconhecidos na legislação interna e internacional, bem como a obrigação de assegurar os direitos dos povos indígenas de participar das decisões dos assuntos que digam respeito a seus interesses, está em relação direta com a obrigação geral de garantir o livre e pleno exercício dos direitos reconhecidos na Convenção (artigo 1.1). Isso implica o dever de organizar, adequadamente, todo o aparato governamental e, em geral, todas as estruturas mediante as quais se manifesta o exercício do poder público, de maneira que sejam capazes de assegurar juridicamente o livre e pleno exercício dos direitos. O acima exposto implica a obrigação de estruturar as normas e instituições de modo que a consulta às comunidades indígenas, autóctones, nativas, ou tribais, possa ser realizada, efetivamente, em conformidade com as normas internacionais na matéria. Desse modo, os Estados devem incorporar essas normas aos processos de consulta prévia, de maneira a gerar canais de diálogos sustentados, efetivos e confiáveis com os povos indígenas nos procedimentos de consulta e participação por meio de suas instituições representativas.

167. Posto que o Estado deve garantir esses direitos de consulta e participação em todas as fases de planejamento e desenvolvimento de um projeto que possa

afetar o território sobre o qual se assenta uma comunidade indígena, ou tribal, ou outros direitos essenciais para sua sobrevivência como povo, esses processos de diálogo e busca de acordos devem ser realizados desde as primeiras etapas da elaboração e planejamento da medida proposta, a fim de que os povos indígenas possam participar verdadeiramente e influir no processo de tomada de decisões, em conformidade com as normas internacionais pertinentes. Nesse sentido, o Estado deve assegurar que os direitos dos povos indígenas não sejam ignorados em qualquer outra atividade, ou acordos, que faça com terceiros particulares, ou no âmbito de decisões do poder público que afetariam seus direitos e interesses. Por esse motivo, caso seja cabível, compete também ao Estado realizar tarefas de fiscalização e de controle em sua aplicação e dispor, quando pertinente, formas de tutela efetiva desse direito, por intermédio dos órgãos judiciais respectivos.

(...)

178. Cabe, então, determinar a forma e o sentido em que o Estado tinha a obrigação de garantir o direito à consulta do Povo Sarayaku e se os atos da empresa concessionária, que o Estado assinalou como formas de "socialização", ou de busca de "entendimento", atendem aos critérios mínimos e requisitos essenciais de um processo de consulta válido a comunidades e povos indígenas, em relação a seus direitos à propriedade comunal e à identidade cultural. Para isso, cumpre analisar os fatos, recapitulando alguns dos elementos essenciais do direito à consulta, levando em conta as normas e a jurisprudência interamericana, a prática dos Estados e a evolução do Direito Internacional. A análise far-se-á na seguinte ordem: a) o caráter prévio da consulta; b) a boa-fé e a finalidade de chegar a um acordo; c) a consulta adequada e acessível; d) o estudo de impacto ambiental; e e) a consulta fundamentada.

(...)

180. No que se refere ao momento em que se deve efetuar a consulta, o artigo 15.2 da Convenção 169 da OIT dispõe que "os governos deverão estabelecer, ou manter, procedimentos com vistas a consultar os povos interessados, a fim de determinar-se se os interesses desses povos seriam prejudicados, e em que medida, antes de empreender-se, ou autorizar-se, qualquer programa de prospecção, ou exploração, dos recursos existentes nas suas terras". Sobre o assunto, este Tribunal observou que se deve consultar, em conformidade com as próprias tradições do povo indígena, nas primeiras etapas do plano de desenvolvimento, ou investimento, e não unicamente quando surja a necessidade de obter a aprovação da comunidade, se fosse o caso, pois o aviso antecipado permite um tempo adequado para a discussão interna nas comunidades, e para oferecer uma adequada resposta ao Estado.

(...)

186. A consulta tampouco deve se esgotar num mero trâmite formal, mas deve ser concebida como "um verdadeiro instrumento de participação", "que deve responder ao objetivo último de estabelecer um diálogo entre as partes, baseado em princípios de confiança e respeito mútuos, e com vistas a alcançar um consenso entre elas". Nesse sentido, é inerente a toda consulta com comunidades indígenas o estabelecimento de "um clima de confiança mútua", e a boa-fé exige a ausência de qualquer tipo de coerção por parte do Estado, ou de agentes, ou terceiros que atuem com sua autorização ou aquiescência. Além disso, a mesma consulta, com boa-fé, é incompatível com práticas como as intenções de desintegração da coesão social das comunidades afetadas, seja mediante a corrupção dos líderes comunais ou do estabelecimento de lideranças paralelas, seja por meio de negociações com membros individuais das comunidades, contrárias às normas internacionais. Do mesmo modo, a legislação e a jurisprudência nacional de Estados da região têm-se referido a esse requisito de boa-fé.

187. Cumpre salientar que a obrigação de consultar é responsabilidade do Estado, razão pela qual o planejamento e realização do processo de consulta não é um dever que se possa evitar, delegando-o a uma empresa privada ou a terceiros, muito menos à mesma empresa interessada na extração dos recursos no território da comunidade objeto da consulta.

(...)

211. Em conclusão, a Corte constatou que não se efetuou um processo adequado e efetivo que garantisse o direito à consulta do Povo Sarayaku antes de executar ou autorizar o programa de prospecção ou extração de recursos que existiriam em seu território. Segundo análise feita pelo Tribunal, os atos da empresa petrolífera não atendem aos elementos mínimos de uma consulta prévia. Definitivamente, o Povo Sarayaku não foi consultado pelo Estado antes que se realizassem atividades próprias de extração petrolífera, disseminassem-se explosivos ou afetassem-se sítios de especial valor cultural. Tudo isso foi reconhecido pelo Estado e, de maneira categórica, constatado pelo Tribunal através dos elementos probatórios apresentados.

Corte IDH. Caso Comunidade Garífuna de Punta Piedra e seus membros Vs. Honduras. Exceções Preliminares, Mérito, Reparações e Custas. Sentença de 8 de outubro de 2015. Série C n. 304

215. O Tribunal estabeleceu que, para todo plano de desenvolvimento, investimento, exploração ou extração em territórios tradicionais de comunidades indígenas ou tribais, o Estado deve cumprir as seguintes salvaguardas: i) efetuar

um processo adequado e participativo que garanta seu direito à consulta; ii) realizar um estudo prévio de impacto ambiental e social; e iii) quando for o caso, compartilhar de maneira razoável os benefícios que decorram da exploração dos recursos naturais.

216. Sobre a consulta prévia, este Tribunal salientou que o Estado deve garanti-la, mediante a participação em todas as fases de planejamento e desenvolvimento de um projeto que possa afetar o território sobre o qual esteja assentada uma comunidade indígena ou tribal, ou outros direitos essenciais para sua sobrevivência como povo. Nesse sentido, esses processos de diálogo e busca de acordos devem ser conduzidos desde as primeiras etapas da elaboração ou planejamento da medida proposta, a fim de que os povos indígenas ou tribais possam verdadeiramente influir no processo de tomada de decisões, e dele participar, em conformidade com as normas internacionais pertinentes. Quanto a suas características, a Corte estabeleceu que a consulta deve ser realizada em caráter prévio e de boa-fé, com a finalidade de se chegar a um acordo, adequada, acessível e fundamentada. Em especial, no Caso Sarayaku Vs. Equador, a Corte considerou o Estado responsável por haver permitido que uma empresa petroleira privada realizasse atividades de exploração de petróleo em seu território, sem havê-lo consultado previamente. (Em sentido similar, ver, entre outros: Caso Comunidade Garífuna Triunfo de la Cruz e seus membros Vs. Honduras. Mérito, Reparações e Custas. Sentença de 8 de outubro de 2015, par. 160.)

(...)

218. Em vista do exposto, a Corte considera que a consulta deve ser aplicada anteriormente a qualquer projeto de exploração que possa afetar o território tradicional das comunidades indígenas ou tribais.

(...)

222. Em virtude do acima exposto, a Corte constata que, embora a legislação de Honduras reconheça aos povos indígenas e afro-hondurenhos o direito à consulta, e aluda às normas internacionais, as disposições regulamentares em matéria de mineração subordinam sua consecução à fase imediatamente anterior à autorização da exploração mineira. Nesse sentido, essa regulamentação careceria da precisão necessária das normas analisadas sobre o direito à consulta, particularmente com o disposto no Caso Povo Saramaka Vs. Suriname e no Caso do Povo Indígena Kichwa de Sarayaku Vs. Equador, segundo as quais a consulta deve realizar-se nas primeiras etapas do projeto; ou seja, de forma prévia à autorização de programas de prospecção ou exploração com as ressalvas antes expostas [...]. Não obstante isso, a Corte salientou que a consulta,

CAPÍTULO 4 • POVOS INDÍGENAS, MEIO AMBIENTE E DIREITOS HUMANOS 89

além de constituir uma obrigação convencional, é também um princípio geral do direito internacional, que os Estados devem cumprir, independentemente de que esteja regulamentada expressamente em sua legislação, razão pela qual a exigência consiste em que o Estado disponha de mecanismo adequados e efetivos para garantir o processo de consulta nesses casos, sem prejuízo de que possa ser especificada em lei.

Caso IDH. Caso Comunidade Garífuna Triunfo de la Cruz e seus membros Vs. Honduras. Mérito, Reparações e Custas. Sentença de 8 de outubro de 2015. Série C n. 305

154. Com respeito ao direito à propriedade coletiva, é necessário reiterar que não é absoluto e que, quando os Estados impõem limitações ou restrições ao exercício do direito dos povos indígenas ou tribais à propriedade sobre suas terras, territórios e recursos naturais, devem elas respeitar certas diretrizes, as quais devem ser estabelecidas por lei, ser necessárias, proporcionais e ter por finalidade alcançar um objetivo legítimo em uma sociedade democrática. Do mesmo modo, o primeiro parágrafo do artigo 21 da Convenção estabelece o direito à propriedade, salientando como atributos da propriedade o uso e gozo do bem, e inclui uma limitação a esses atributos da propriedade, em razão do interesse social. Por sua vez, o segundo inciso se refere à expropriação de bens e aos requisitos para que essa ação do Estado possa ser considerada justificada.

155. Além disso, em se tratando do direito à propriedade coletiva de povos indígenas e tribais, também deve-se entender que uma limitação ou restrição desse direito não implique uma negação de sua subsistência como povo. Desse modo, o Tribunal especificou que, além dos critérios mencionados, exige-se que o Estado garanta que essas restrições ou limitações não impliquem tal denegação.

(...)

159. Cumpre lembrar que a obrigação de consultar os povos indígenas e tribais está em relação direta com a obrigação geral do Estado de garantir o livre e pleno exercício dos direitos reconhecidos no artigo 1.1 da Convenção. Isso implica o dever do Estado de organizar adequadamente todo o aparato governamental e de estruturar suas normas e instituições de forma que a consulta às comunidades indígenas e tribais possa ser efetivamente realizada, em conformidade com as normas internacionais na matéria. O exposto é necessário para possibilitar a criação de canais de diálogo sustentados, efetivos e confiáveis com os povos indígenas e tribais nos procedimentos de consulta e participação mediante instituições representativas.

Corte IDH. Caso Comunidades Indígenas Membros da Associação Lhaka Honhat (Nossa Terra) Vs. Argentina. Mérito, Reparações e Custas. Sentença de 6 de fevereiro de 2020. Série C n. 400

173. A fim de garantir o uso e gozo da propriedade coletiva, o Estado deve cumprir certas salvaguardas, enunciadas no parágrafo seguinte, que são devidas para resguardar a propriedade e também em função do direito dos povos indígenas de participar de decisões que afetem seus direitos. Conforme a Corte salientou, em razão dos "direitos políticos" de participação abrigados no artigo 23 da Convenção, em questões atinentes a suas terras, os povos indígenas devem ser consultados de forma adequada por meio de instituições que os representem.

174. De acordo com o que ressaltou a Corte, a respeito de obras ou atividades dentro do território indígena, o Estado, por um lado, deve observar os requisitos comuns a toda limitação ao direito de propriedade por "razões de utilidade pública ou de interesse social", de acordo com o artigo 21 da Convenção, o que implica o pagamento de uma indenização.

Por outro lado, deve cumprir "as seguintes três garantias": em primeiro lugar, "assegurar a participação efetiva" dos povos ou comunidades, "em conformidade com seus costumes e tradições", dever que exige que o Estado aceite e preste informação, e que implica uma comunicação constante entre as partes. As consultas devem ser realizadas de boa-fé, mediante procedimentos culturalmente adequados e devem ter por finalidade chegar a um acordo. Em segundo lugar, deve "garantir que não se emitirá nenhuma concessão dentro d[o] território, a menos e até que entidades independentes e tecnicamente capazes, sob a supervisão do Estado, realizem um estudo prévio de impacto [...] ambiental". Em terceiro lugar, deve garantir que as comunidades indígenas "se beneficiem razoavelmente do plano que seja executado dentro de seu território".

(...)

179. A Corte entende que, de acordo com as circunstâncias, pode ser pertinente, em relação ao direito à consulta, diferenciar entre melhoramento ou manutenção de obras já existentes e realização de obras ou projetos novos. Nesse sentido, nem sempre atividades destinadas apenas à adequada manutenção ou melhoria de obras exigirão a arbitragem

de processos de consulta prévia. O contrário poderia implicar um entendimento irrazoável ou excessivo das obrigações estatais correlativas aos direitos de consulta e participação, questão que deve ser avaliada de acordo com as circunstâncias particulares. No caso, ainda que os representantes tivessem mencionado que as obras exigiram o corte de árvores, não se aprofundaram em especificar a dimensão desse impacto. Além disso, embora não conste que as autoridades respondessem pontualmente à nota dos representantes pedindo informação, declararam que as obras estavam sendo realizadas "em acordo com os habitantes". Embora esta última declaração seja insuficiente para dar conta de processos de consulta que poderiam ter sido efetuados, também é insuficiente a informação e argumentação dos representantes. Com base nisso, e levando em conta que se tratou da manutenção ou melhoramento de obras que já existiam, a Corte considera que não dispõe de suficientes elementos para determinar um dano ao direito de participação e consulta em prejuízo de comunidades indígenas.

181. A Corte destaca que a obra em questão se referia a uma ponte internacional. Nesse sentido, trata-se de um empreendimento relevante quanto ao trânsito fronteiriço e ao comércio internacional. Em uma obra dessa natureza estão envolvidas a gestão e a política estatal a respeito das fronteiras territoriais, bem como decisões com implicações econômicas. Por esse motivo, está envolvido o interesse do Estado e sua soberania, bem como a gestão governamental de interesse da população argentina em geral.

182. A Corte reconhece, então, que a importância da obra justificava uma avaliação cuidadosa, que levasse em conta as implicações expostas. Isso, no entanto, não autoriza o Estado a deixar de observar o direito das comunidades de serem consultadas. A esse respeito, cumpre salientar que, em sua contestação, a Argentina declarou que o Instituto Nacional de Assuntos Indígenas havia "considera[do] que a construção da Ponte Internacional sobre o rio Pilcomayo Misión La Paz (Argentina) – Pozo Hondo (Paraguai), assim como outros caminhos e edifícios diversos, modifica sensivelmente a forma de vida das comunidades indígenas, e que teria sido oportuna a realização de consultas, assim como um [r]elatório sobre o impacto ambiental dessas obras".

Corte IDH. Opinião Consultiva OC-22/16 de 26 de fevereiro de 2016 solicitada pela República do Panamá

Titularidade de direitos humanos (Interpretação alcance do artigo 1.2, em relação com os artigos 1.1, 8, 11.2, 13, 13, 21, 24, 25, 29, 30, 44, 46 y 62.3 da Convenção Americana sobre Direitos Humanos, assim como do artigo 8.1 A y B do Protocolo de San Salvador).

71. A Corte já estabeleceu nesta Opinião Consultiva (par. 70 supra) que o artigo 1.2 da Convenção Americana não atribui às pessoas jurídicas a titularidade dos direitos reconhecidos na Convenção Americana, sem prejuízo do nome que recebam no direito interno dos Estados, como cooperativas, sociedades ou empresas. Contudo, devido às questões levantadas pelo Estado do Panamá, várias das observações escritas e orais apresentadas ao longo do processo de solicitação

expressaram que seria possível realizar uma interpretação ampla de outras disposições da Convenção e do Protocolo de. San Salvador que concederia titularidade de direitos às comunidades indígenas e organizações sindicais.

[...]

i) Comunidades indígenas e tribais

73. En una primera etapa, al declarar violaciones de derechos humanos en los casos relacionados con comunidades indígenas o tribales, la Corte consideraba únicamente como sujetos de derecho a los miembros de las comunidades y no a estas últimas como tal. Por ello, se declaraba como víctimas a las personas individuales y no la colectividad a la que pertenecían.

74. Em 2012, no Caso do Povo Indígena Kichwa de Sarayaku Vs. Equador, pela primeira vez a Corte reconheceu como titulares de direitos protegidos na Convenção não apenas os membros de uma comunidade indígena, mas também a própria comunidade. Neste caso, esta Corte considerou que foram violados os direitos do povo indígena Kichwa de Sarayaku à consulta, à propriedade comunal indígena, à identidade cultural, às garantias judiciais e à proteção judicial. Da mesma forma, sustentou que o Estado era responsável por ter comprometido gravemente os direitos à vida e à integridade pessoal dos membros da comunidade. Neste sentido, a Corte afirmou que existem alguns direitos que os membros das comunidades indígenas gozam por si próprios, enquanto existem outros direitos cujo exercício é feito coletivamente através das comunidades.

75. Além disso, no referido caso, a Corte estabeleceu que, "[em ocasiões anteriores, em casos relativos a comunidades ou povos indígenas e tribais, a Corte declarou violações em detrimento dos integrantes ou membros das comunidades ou dos povos indígenas e tribais. No entanto, as normativas internacionais relativas aos povos e comunidades indígenas ou tribais reconhecem os direitos dos povos como sujeitos coletivos do Direito Internacional e não apenas os seus membros. Uma vez que os povos e comunidades indígenas ou tribais, unidos pelos seus modos de vida e identidade particulares, exercem alguns direitos reconhecidos pela Convenção a partir de uma dimensão coletiva". Para concluir que as comunidades indígenas e tribais são reconhecidas como sujeitos de direitos, a Corte levou em conta que no nível internacional houve um desenvolvimento através do qual vários tratados e jurisprudências de outros organismos internacionais têm defendido tal titularidade.

76. Desde então, este Tribunal reiterou a titularidade dos direitos pelas comunidades indígenas nos seus casos recentes. Assim, por exemplo, no Caso dos Povos Indígenas Kuna de Madungandí e Emberá de Bayano e seus Membros Vs. Panamá, a Corte concluiu que o Estado violou o direito à propriedade, o dever de adotar

disposições de direito interno e o direito ao prazo razoável da Convenção Americana em detrimento das comunidades Kuna de Madungandí e das comunidades Emberá de Bayano e seus membros; e o direito a um recurso judicial efetivo em detrimento das comunidades indígenas Emberá e seus membros. Recentemente, nos casos da Comunidade Garífuna Triunfo De La Cruz e seus Integrantes e no Caso da Comunidade Garífuna de Punta Piedra e seus Integrantes ambos Vs. Honduras, a Corte declarou as violações dos direitos à propriedade, às garantias judiciais e à proteção judicial em detrimento das respectivas comunidades. Da mesma forma, no Caso das Comunidades Afrodescendentes Deslocadas da Bacia do Rio Cacarica (Operação Gênesis) Vs. Colômbia, a Corte concluiu que o Estado violou os direitos de circulação e residência, e à integridade pessoal, em detrimento do Comunidades afrodescendentes da bacia do rio Cacarica.

78. Além da jurisprudência indicada acima, o Tribunal destaca que a Convenção 169 da OIT e a Declaração das Nações Unidas sobre os Direitos dos Povos Indígenas de 2007 reconhecem a titularidade dos direitos humanos tanto para as comunidades indígenas como para os seus membros.

(...)

82. Con base en lo expuesto anteriormente, la Corte reitera que ya ha reconocido a las comunidades indígenas y tribales como sujetos de derecho en razón de la actual evolución del derecho internacional en la materia (supra párr. 72). Asimismo, este Tribunal considera relevante hacer notar que a nivel interno dicha titularidad se refleja en varios países de la región. En este sentido, la titularidad de derechos humanos, en ambos ámbitos, no se ha dado únicamente a sus miembros en forma personal sino igualmente respecto a las comunidades en tanto colectividades. De dicha protección se desprende que en la medida en que el ejercicio de algunos de derechos de los miembros de las comunidades indígenas y tribales se realiza conjuntamente, la violación de dichos derechos tiene una dimensión colectiva y no puede circunscribirse a una afectación individual. Las afectaciones aludidas acarrearán entonces consecuencias para todos los miembros de la comunidad y no únicamente para algunos determinados en una situación específica.

(...)

82. Com base no exposto, a Corte reitera que já reconheceu as comunidades indígenas e tribais como sujeitos de direito devido à atual evolução do direito internacional na matéria (par. 72 supra). Da mesma forma, esta Corte considera relevante observar que no nível interno esta realidade se reflete em vários países da região. Neste sentido, a titularidade dos direitos humanos, em ambas as áreas, não foi dada apenas aos seus membros individualmente, mas também às comu-

nidades como coletividades. Desta proteção resulta que, na medida em que o exercício de alguns dos direitos dos membros das comunidades indígenas e tribais é realizado conjuntamente, a violação de tais direitos tem uma dimensão coletiva e não pode ser limitada a um impacto individual. Os efeitos acima mencionados terão então consequências para todos os membros da comunidade e não apenas para determinados membros numa situação específica.

(...)

84. Consequentemente, a Corte reitera que as comunidades indígenas e tribais são titulares de alguns dos direitos protegidos na Convenção e, portanto, podem acessar o sistema interamericano. Por esta razão, a Corte não encontra motivos para se afastar de seus critérios jurisprudenciais sobre o assunto e estabelece que as referidas comunidades podem acessar diretamente o sistema interamericano, como têm feito nos últimos anos, na busca pela proteção de seus direitos humanos e os de seus membros, não sendo necessário que cada um destes compareça individualmente para esse fim.

Capítulo 5
CONSULTA E CONSENTIMENTO LIVRE, PRÉVIO E INFORMADO NO DIREITO INTERNACIONAL

O consentimento livre, prévio e informado é um instituto jurídico presente em vários documentos internacionais (Tamang, 2005), e.g., a (1) Convenção 169 da Organização Internacional do Trabalho, (2) a Convenção sobre Diversidade Biológica, (3) a Convenção de Rotterdam sobre Procedimento de Consentimento Prévio Informado para o Comércio Internacional de Certas Substâncias Químicas e Agrotóxicos Perigosos, (4) Protocolo de Cartagena, (5) Protocolo de Nagoya que possuem força obrigatória para os signatários. Além dos acordos internacionais obrigatórios, há vários outros que reconhecem o consentimento livre, prévio e informado, tais como: (1) Declaração das Nações Unidas sobre o Direito dos Povos Indígenas, (2) Declaração Americana sobre o Direito dos Povos Indígenas.

1. A CONVENÇÃO 169 DA ORGANIZAÇÃO INTERNACIONAL DO TRABALHO

Após vários séculos de conflitos e disputas foi somente no início do século 20 que uma delegação indígena se apresentou autonomamente no cenário internacional, sendo constituída por um grupo de iroqueses canadenses (seis nações) solicitando audiência à Liga das Nações, sem obter sucesso (Anaya, 2009). Neste aspecto vale relembrar que a Liga das Nações foi instituída após a 1ª Guerra Mundial e tinha como um de seus fundamentos a autonomia e autodeterminação dos povos. No entanto, os povos para os quais se pretendia reconhecer a autodeterminação e autonomia eram os que integravam o extinto Império Austro-húngaro.

Foi especialmente na década de 60 do século 20 que os indígenas e as comunidades tradicionais surgiram no cenário internacional como força política. Essa situação foi favorecida por vários fatores dentre os quais merecem destaque (1) a descolonização efetivada após a 2ª Guerra Mundial, (2) os conflitos internos nos países recentemente independentes, com predominância de determinados grupos étnicos sobre outros, (3) o movimento de direitos civis nos Estados Unidos com a incorporação de questões étnicas por parte de uma classe média com raízes indígenas. É importante ressaltar que os movimentos indígenas, não poucas vezes, conflitaram com o ambientalíssimo – movimento surgido mais ou menos no mesmo período –, pois as reivindicações indígenas estão mais próximas do discurso da justiça ambiental, surgido nos Estados Unidos na segunda metade do século 20 e que, à época, diferia frontalmente do principal discurso ambientalista (Hannigan, 2014). Segundo Henri Acselrad, Cecília Campello do Amaral e Mello e Gustavo das Neves (2009), a justiça ambiental surgiu como resultado de uma "articulação criativa" entre demandas sociais, territoriais, ambientais e por direitos civis.

No Brasil já na década de 70 do século 20 os povos indígenas se manifestaram muito assertivamente contra um modelo predador de ocupação da Amazônia, da mesma forma que o fizeram as comunidades tradicionais. A repressão política e militar sobre os movimentos de protesto indígenas foi extremamente violenta, continuando uma lamentável tradição nacional de massacrar os povos indígenas (Valente, 2017). Anote-se que a maioria das questões suscitadas pelas populações indígenas e tradicionais eram relativas à posse e uso dos recursos naturais existentes em seus territórios, bem como relativas ao seu reconhecimento como grupo étnico e respeito humano e cultural, pois "para um povo colonizado o valor mais essencial, porque mais concreto, é primeiro e principalmente a terra: a terra que lhes trará pão e, sobretudo, dignidade" (Fanon, 1963, p. 80).

A Carta da ONU, com seu espírito igualitário, no artigo 55 (a) estabelece que um dos princípios da cooperação entre os estados é favorecer que se atinja, "níveis mais altos de vida, trabalho efetivo e condições de progresso e desenvolvimento econômico e social", a cooperação econômica, igualmente, deve favorecer, "o respeito universal e efetivo dos direitos humanos e das liberdades fundamentais para todos, sem distinção de raça, sexo, língua ou religião" (art. 55 (c)), por sua vez, a Declaração Universal dos Direitos Humanos estabelece que "[t]odos os seres humanos nascem livres e iguais em dignidade e em direitos" (Artigo 1°), podendo invocá-los "sem distinção alguma" (Artigo 2°), destacando-se os direitos "à vida, à liberdade e à segurança pessoal" (Artigo 3°), bem como a igualdade "perante a lei e, sem distinção, têm direito a igual proteção da lei." Os povos indígenas e populações tradicionais passaram a se compreender como destinatários de tais direitos universais e, desde então, buscam a sua implementação, utilizando-se de todos os diferentes meios disponíveis para tal.

1.1   Antecedentes: A Convenção 107 da OIT

A OIT é a mais antiga organização internacional, tendo sido criado em 1919, como uma das consequências do Tratado de Versailles. Uma de suas caracterís-

CAPÍTULO 5 • CONSULTA E CONSENTIMENTO LIVRE, PRÉVIO E INFORMADO

ticas mais marcantes é ser tripartite, congregando representantes de governos, de empregados e de empregadores em suas instâncias executivas.

A preocupação da OIT com as populações indígenas é antiga e, já no ano de 1921, ela adotou medidas em relação aos "trabalhadores nativos", voltada para os trabalhadores nos países coloniais. Em 1930, a OIT aprovou a Convenção 29 sobre trabalho forçado ou obrigatório (Anaya, 2009). A Convenção 29 tinha como foco de atenção a situação dos trabalhadores indígenas individualmente e não dos indígenas como povo distinto. Foi somente após a 2ª Guerra Mundial que os povos indígenas e tribais, em si, passaram a chamar a atenção da OIT. Isto se materializou em um programa piloto voltado para as populações indígenas dos Andes desenvolvido entre 1952 e 1972. A partir da experiência andina, novas iniciativas foram se desenvolvendo e a ONU requereu que a OIT avançasse na realização de uma convenção internacional sobre os povos indígenas. Tais iniciativas levaram à adoção da Convenção 107 em 1957. Ela foi ratificada por 27 países, 14 dos quais nas Américas e, ainda, por países africanos e asiáticos. Ela, todavia, refletindo o pensamento de então, não se preocupava com o ponto de vista indígena sobre os seus problemas e, claramente, adotava perspectivas integracionista e assimilacionista que buscavam dissolver os povos indígenas nas sociedades nacionais.

A Convenção 107 foi ratificada pelo Brasil e incorporada ao direito nacional. Nessa altura, é importante lembrar que ela dispunha sobre a "Proteção a Integração das Populações Indígenas e outras Populações Tribais e Semitribais de Países Independentes". Os considerandos da Convenção partem de uma concepção de "que todos os seres humanos têm o direito de buscar o progresso material e o desenvolvimento espiritual dentro da liberdade e dignidade e com segurança econômica e oportunidades iguais". Entretanto,

> há nos diversos países independentes populações indígenas e outras populações tribais e semitribais *que não se acham ainda integradas na comunidade nacional* e que sua situação social, econômica e cultural lhes impede de se beneficiar plenamente dos direitos e vantagens de que gozam os outros elementos da população.

Logo, é necessário que a comunidade internacional adote medidas que facilitem "as providências indispensáveis para assegurar a proteção das populações em jogo, sua integração progressiva nas respectivas comunidades nacionais e a melhoria de suas condições de vida ou de trabalho". A sua elaboração contou com a colaboração das Nações Unidas, da Organização das Nações Unidas para a Alimentação e Agricultura, da Organização das Nações Unidas para a Educação, Ciência e Cultura e da Organização Mundial da Saúde, não sendo um trabalho produzido apenas pela OIT.

Em 1986 a Convenção 107, sob severa crítica dos povos indígenas, teve iniciado o seu processo de revisão, o qual pela primeira vez contou com a participação de duas organizações não governamentais vinculadas aos direitos indígenas [Survival International e The World Council of Indigenous Peoples (WCIP) (Dorough, 2015)]. No processo revisional o tema mais contencioso e controverso foi a substituição do termo populações por povos, muito embora todas as questões relativas às terras indígenas, também tenham sido motivo de acirradas controvérsias. Conforme anotado por Dale Sambo Dorough (2015), as discussões sobre terras incluíam temas como propriedade e posse, proteção de direitos de propriedade, controle sobre os recursos naturais, consentimento dos povos indígenas a ser concedido antes do início dos trabalhos de prospecção ou produção mineral, proibição de traslado das terras indígenas, ocupação ou uso não autorizado de terras indígenas, regras para a reivindicação de territórios. Poucas delegações foram compostas por indivíduos que tivessem expertise comprovada em questões indígenas, todavia, Portugal, Colômbia e Equador foram representados por pessoas "com particular expertise na área de direitos humanos indígenas e que eram muito simpáticas para com e conhecedoras das preocupações indígenas" (Dorough, 2015, p. 255).

A Convenção se divide em 8 partes (princípios gerais, terras, recrutamento e condições de emprego, formação profissional, artesanato e indústrias rurais, segurança social e saúde, educação e meios de informação, administração e disposições gerais) que se subdividem ao longo de 37 artigos. A revisão da Convenção 107 levou à adoção da Convenção 169 que basicamente manteve a mesma estrutura, todavia com algumas alterações conceituais muito relevantes.

Os sujeitos da convenção foram radicalmente modificados, abandonando-se o conceito de que "membros das populações tribais ou semitribais" [Convenção 107, artigo 1 (a)], substituído pelo conceito de "povos" indígenas ou tribais. A modificação foi ainda mais profunda, pois a Convenção 107 partia da concepção de que as populações tribais ou semitribais estavam em "estágio menos adiantado que o atingido pelos outros setores da comunidade nacional". Os critérios para identificação dos povos indígenas e tribais que passaram a ser adotados, conforme os artigos 1 (1) (a), (b) e (2) da Convenção 169 podem ser decompostos em aspectos (1) objetivos: (a) povos triviais aqueles cujas condições sociais, culturais e econômicas os distingam de outros segmentos da comunidade nacional e cuja situação seja regida, total ou parcialmente, por seus próprios costumes ou tradições ou por uma legislação própria; (b) povos indígenas, assim considerados pelo fato de descenderem de populações que viviam no país ou região geográfica na qual o país estava inserido no momento da sua conquista ou colonização ou do estabelecimento de suas fronteiras atuais e que, independentemente de

CAPÍTULO 5 • CONSULTA E CONSENTIMENTO LIVRE, PRÉVIO E INFORMADO — 99

sua condição jurídica, mantêm algumas de suas próprias instituições sociais, econômicas, culturais e políticas ou todas elas. Além disto, existe o aspecto (2) subjetivo previsto no artigo 1 (2), a saber a autoidentificação como indígena ou tribal que deve ser considerada como um critério fundamental para a definição dos grupos aos quais se aplicam a Convenção 169.

A respeito dos critérios de identificação dos povos indígenas e tribais, merece registro o voto da Ministra Rosa Weber na ADI 3239 que tramitou perante o STF, no qual foi afirmado que:

> A eleição do critério de autoatribuição não é arbitrária, tampouco desfundamentada ou viciada. Além de consistir em método autorizado pela antropologia contemporânea, estampa uma opção de política pública legitimada pela Carta da República, na medida em que visa a interrupção do processo de negação sistemática da própria identidade aos grupos marginalizados.

Foi acrescentado, também, que a autoatribuição de uma identidade (critério subjetivo) não é suficiente para o afastamento de critérios objetivos exigidos para o reconhecimento da titularidade do direito assegurado pelo artigo 68 do ADCT, em relação aos quilombolas.

> Mostra-se necessária a satisfação de um elemento objetivo: a reprodução da unidade social que se afirma originada de um quilombo há de estar atrelada a uma ocupação continuada do espaço ainda existente, em sua organicidade, em 5 de outubro de 1988.

Por fim, o termo povos indígena, no âmbito da Convenção 169 não possui o mesmo significado que lhe é atribuído no direito internacional. As alterações acima apontadas marcaram a virada de uma concepção assimilacionista e integracionista dos povos indígenas e tribais para outra que reconhece a autonomia cultural dessas populações, reconhecendo-lhes o direito à autodeterminação.

1.2   A Convenção 169 da Organização Internacional do Trabalho

A Convenção 169 é uma "atualização" da Convenção 107 que, no entanto, ganhou vida própria em função de adotar uma concepção inteiramente diferente da constante da Convenção 107. Foge aos objetivos deste trabalho o exame de todos os termos da Convenção 169, motivo pelo qual serão examinadas, apenas, as questões relativas à *Consulta* [art. 6 (2)] e ao *Consentimento* [art. 16 (2)] que devem ser buscados junto aos povos indígenas e tribais, relativos às matérias que digam respeito aos assuntos de relevante interesse para tais comunidades humanas. Antes de enfrentar o tema, é importante consignar que a Convenção 169 é o mais amplo tratado internacional sobre direitos dos povos indígenas e tribais, cuidando dos mais relevantes aspectos relacionados à vida de tais populações, sendo certo que é um dos mais amplos instrumentos internacionais com força vinculante destinado a tutelar direitos de povos indígenas e tribais.

O consentimento prévio, livre e informado dos povos indígenas e tribais para intervenções em seus territórios é matéria complexa, pois envolve questões relativas, por exemplo, (1) à autoridade legítima para a convocação da consulta, (2) natureza jurídica da consulta, (iii) formas e procedimentos aplicáveis, (iv) legitimidade e representatividade dos participantes da consulta e tantas outras que merecem exame apurado.

2. CONVENÇÃO SOBRE DIVERSIDADE BIOLÓGICA

A Convenção sobre Diversidade Biológica foi firmada em 1992, durante a Conferência das Nações Unidas sobre Meio Ambiente e Desenvolvimento, realizada na cidade do Rio de Janeiro; ela é um dos documentos-chave para assegurar a proteção dos ecossistemas.

A CDB possui dois protocolos muito relevantes, que são (1) Protocolo de Cartagena e o (2) Protocolo de Nagoya, o Brasil é parte de todos os três AAMs. Todos os três acordos internacionais contemplam a consulta livre, prévia e informada.

O artigo 8 (j) da CDB estabelece que "[c]ada Parte Contratante deve, na medida do possível e conforme o caso" e

> em conformidade com sua legislação nacional, respeitar, preservar e manter o conhecimento, inovações e práticas das comunidades locais e populações indígenas com estilo de vida tradicionais relevantes à conservação e à utilização sustentável da diversidade biológica e incentivar sua mais ampla aplicação *com a aprovação e* a participação dos detentores desse conhecimento, inovações e práticas; e encorajar a repartição equitativa dos benefícios oriundos da utilização desse conhecimento, inovações e práticas.

O artigo 15 (4) e (5) prevê a necessidade de consentimento prévio para a transferência de recursos genéticos para terceiros.

A questão procedimental, ou seja, o mecanismo mediante o qual as comunidades locais e populações indígenas darão – ou não – o seu consentimento ao acesso aos conhecimentos tradicionais associados é tratado no artigo 15, 5 da Convenção sobre Diversidade Biológica deve ser *prévio e fundamentado*, a menos que o Estado Parte da Convenção, em sua legislação interna tenha estabelecido de outra forma. Assim, parece claro que a consulta às comunidades locais e populações indígenas deve ser promovida antes do acesso e, certamente, com o esclarecimento cabal das atividades a serem realizadas. O mesmo artigo 15, em seu parágrafo 7 determina a obrigação de que as Partes Contratantes adotem medidas "legislativas, administrativas ou políticas, conforme o caso" com vistas a estabelecer mecanismos para "compartilhar de forma justa e equitativa os resultados da pesquisa e do desenvolvimento de recursos genéticos e os benefícios derivados de sua utilização comercial e de outra natureza", devendo a partilha ocorrer de comum acordo.

Assim, como se viu, a CDB é explícita em sua natureza distributivista relativa aos benefícios decorrentes do acesso aos conhecimentos tradicionais associados, bem como é muito categórica no sentido de que os provedores de recursos genéticos e de conhecimentos tradicionais associados devem estar prévia e adequadamente informados, com vistas a emitirem um consentimento juridicamente válido.

O Protocolo de Cartagena é um acordo suplementar à CDB, cuja finalidade é estabelecer níveis de segurança a serem adotados para a transferência, manipulação e uso seguro de organismos vivos modificados, produzidos pela moderna biotecnologia e que possam causar efeitos adversos sobre a diversidade biológica e seu uso sustentável. Embora não dirigido especificamente para os povos indígenas e tribais, o Protocolo estabelece diversos mecanismos de consulta e consentimento para a movimentação transfronteira dos organismos vivos modificados.

As Diretivas de Bonn para o acesso aos recursos genéticos e a justa e equitativa repartição dos benefícios associados foram adotadas na COP VI, Decisão VI/24. A necessidade das Diretivas, certamente, decorreu do fato de que as disposições da CDB são amplas e, de certa forma, abstratas, necessitando de uma maior concretude. Ademais, a inexistência de Diretivas para que os Estados Parte da CDB adotassem, ou buscassem adotar concepções assemelhadas sobre os temas tratados cruciais do acesso aos recursos genéticos, do consentimento prévio informado e da transferência de tecnologia, poderia implicar em transformar a Convenção sobre Diversidade Biológica em verdadeira letra morta ou mera declaração de intenções. Assim, a comunidade internacional, reunida na COP VI estabeleceu as linhas gerais a serem seguidas pelas Partes Contratantes quando do estabelecimento de políticas, normas e procedimentos internos relativos aos temas acima mencionados. Naturalmente, as diretrizes não são obrigatórias para os Estados que devem adotá-las de forma voluntária.

Protocolo de Nagoya é um acordo suplementar à Convenção sobre Diversidade Biológica, cujo objetivo básico é regulamentar o acesso dos povos indígenas e tradicionais à repartição de benefícios decorrentes do acesso aos recursos genéticos, conforme determinado pelo artigo 8 (j) da CDB. O Brasil não ratificou o Protocolo de Nagoya, muito embora tenha participado de suas negociações.

As Diretrizes de Bonn, em seu item "C" buscam definir as maneiras pelas quais se deve dar concretude ao artigo 15 da CDB, resguardando os direitos soberanos das Partes sobre os seus recursos naturais. Note-se que o parágrafo 5 do artigo 15 estabelece que o acesso aos recursos genéticos deve precedido de um *consentimento prévio informado* da Parte provedora do recurso, logicamente que, no contexto da CDB, o consentimento da Parte (Estado membro da Convenção) deve *necessariamente passar pelo consentimento prévio e informado das comunidades locais e populações indígenas detentoras do conhecimento tradicional associado* à diversidade biológica. Diante disso, as diretrizes estabeleceram princípios básicos a serem observados pelas Partes ao disporem em seu direito interno sobre o tema.

Os princípios básicos a serem observados no estabelecimento de normas relativas ao consentimento prévio informado são:

(a) Certeza e clareza legais;

(b) o acesso aos recursos genéticos deve ser facilitado com os menores custos;

(c) as restrições de acesso aos recursos genéticos devem ser transparentes e baseadas em lei e não se contraporem aos objetivos da CDB;

(d) consentimento da autoridade nacional competente relevante do país provedor.

Deve ser obtido o consentimento dos *stakeholders* relevantes, tais como comunidades locais e populações indígenas, quando apropriado às circunstâncias, conforme disposto na legislação doméstica aplicável.

Os elementos constitutivos do consentimento informado devem incluir o seguinte:

(a) Uma autoridade competente concedendo ou produzindo evidências do consentimento prévio informado;

(b) prazos;

(c) especificação do uso;

(d) procedimentos para a obtenção do consentimento prévio informado;

(e) mecanismos para a consulta dos Stakeholders relevantes e,

(f) processo.

Com relação aos direitos de propriedade intelectual relacionados com o acesso ao conhecimento tradicional associado à diversidade biológica, a matéria no Brasil é tratada pela Lei 13.123/2015. No particular cumpre ressaltar que a expressão conhecimento tradicional, no contexto ora examinado, tem abrangência ampla tais como: (a) conhecimento tradicional de agricultura; (b) diversidade biológica; (c) medicina e folclore. Ela ainda não tem uma definição que seja aceita sem contestações ao nível internacional.[1] A Organização Mundial de Propriedade Intelectual [OMPI] considera que os conhecimentos tradicionais englobam a herança intelectual e cultural intangível de comunidades locais e indígenas, ou seja, o conteúdo do próprio conhecimento bem como as expressões culturais tradicionais, incluindo os símbolos distintivos e os sinais associados ao conhecimento tradicional. O conhecimento tradicional pode ser codificado, isto é, pode estar sistematizado, organizado e classificado pelas próprias comunidades tradicionais, como é o caso que ocorre na medicina tradicional. Segundo a OMPI, a Organização Mundial de Saúde distingue entre (1) os sistemas codificados de medicina tradicional presentes em escrituras antigas e que são de domínio público, como é o caso, por exemplo, das escrituras sânscritas que contém a Ayurveda ou os textos da medicina tradicional chinesa e (2) o conhecimento não escrito que permanece na memória e nas práticas transmitidas oralmente por gerações.

É importante observar que nem sempre a utilização de recursos genéticos deriva de um conhecimento tradicional associado e que, igualmente, nem todo conhecimento tradicional é relativo à utilização de recursos genéticos, conforme esclarecido nas diretrizes de Bonn (Decisão 24/ COP 6).

O artigo 2º, VI da Lei 13.123, de 20 de maio de 2015 define o consentimento prévio informado como o "consentimento formal, previamente concedido por população indígena ou comunidade tradicional segundo os seus usos, costumes e tradições ou protocolos comunitários." O primeiro ponto que ressalta da definição é que ele deve ser formal, ou seja, deve ser inequívoco e registrável. O artigo 9º estabelece que o acesso ao conhecimento tradicional associado de origem identificável está condicionado à obtenção do consentimento prévio informado. Por condicionado devemos entender que, se inexistente o consentimento prévio informado, o acesso é ilegal. Todavia, o § 1º do mesmo artigo 9º estabelece os mecanismos formais aptos a demonstrar, "a critério da população indígena, da comunidade tradicional ou do agricultor tradicional", a concordância prévia e informada das comunidades locais, das populações indígenas e dos agricultores tradicionais, com determinado acesso aos conhecimentos tradicionais associados à diversidade biológica. Assim, cabe aos stakeholders relevantes, em cada caso, no espírito fixado pelas diretrizes de Bonn, indicar a forma mediante a qual expressará, ou não, o consentimento prévio informado.

Todavia, seria razoável que, mesmo que de forma sucinta, a Lei estabelecesse os lineamentos básicos para que as consultas se realizem, diminuindo ao máximo as incertezas legais que, certamente, ocorrerão em área tão complexa do ponto de vista jurídico, eis que, em não poucas vezes, estará na confluência entre universos

---

1. Disponível em: http://www.wipo.int/tk/en/resources/glossary.html#49. Acesso em: 25 out. 2024.

jurídicos om racionalidades diferentes. De fato, das quatro possibilidades de formalização previstas pela norma, apenas uma diz respeito aos procedimentos das próprias comunidades interessadas, a adesão prevista em protocolo comunitário. As demais formas são (1) assinatura de termo de consentimento prévio; (2) registro audiovisual do consentimento e (3) parecer do órgão oficial competente.

É importante registrar que o número e diversidade de comunidades tradicionais vem se ampliando de maneira bastante significativa. De certa forma, cuida-se do renascer de comunidades que, de uma forma ou de outra, eram "invisíveis" aos olhos das sociedades nacionais e que reivindicam (1) reconhecimento cultural e étnico, (2) compensação econômica ou de outra natureza pela utilização de seus conhecimentos e (3) processos adequados que assegurem as suas participações nas decisões relevantes sobre os seus destinos.

2.1   Diversidade biológica, propriedade intelectual e biopirataria

As complexas discussões sobre propriedade intelectual e diversidade biológica tem por base alguns textos normativos internacionais que foram "revitalizados" com o desenvolvimento da biotecnologia e que, a partir de então, passaram a ter uma relevância superior no contexto da proteção do meio ambiente e do reconhecimento do valor dos conhecimentos tradicionais dos povos indígenas e comunidades locais.

A Convenção de Paris para a Proteção da Propriedade Industrial, em seu artigo 1 (3) dispõe que:

Art. 1 (3) A propriedade industrial entende-se na mais ampla acepção e aplica-se não só à indústria e ao comércio propriamente ditos, mas também às indústrias agrícolas e extrativistas e a todos os produtos manufaturados ou naturais, por exemplo: vinhos, cereais, tabaco em folha, frutas, animais, minérios, águas minerais, cervejas, flores, farinhas.

A Convenção, entretanto, não obriga a concessão de patentes em todos os campos da tecnologia e, igualmente, não há obrigatoriedade de conceder proteção para plantas e para as variedades vegetais (Correa, Correa, de Jonge, 2020). Por outro lado, o Acordo TRIPS, adotado em 1994, é um dos principais acordos firmados no âmbito da WTO, abriga a ideia de que as variedades vegetais são objeto de proteção e que, em princípio, são patenteáveis, conforme se pode perceber do artigo 27 (3)(b):

Artigo 27 – Matéria Patenteável

3. Os Membros também podem considerar como não patenteáveis:

b) plantas e animais, exceto microorganismos e processos essencialmente biológicos para a produção de plantas ou animais, excetuando-se os processos não-biológicos e microbio-

CAPÍTULO 5 • CONSULTA E CONSENTIMENTO LIVRE, PRÉVIO E INFORMADO **105**

lógicos. Não obstante, os Membros concederão proteção a variedades vegetais, seja por meio de patentes, seja por meio de um sistema sui generis eficaz, seja por uma combinação de ambos. O disposto neste subparágrafo será revisto quatro anos após a entrada em vigor do Acordo Constitutivo da OMC.

A possibilidade de patenteamento de plantas e outros vegetais, é um dos elementos principais da biopirataria, pois uma vez deferida a patente, são reconhecidos direitos exclusivos ao seu proprietário.

2.1.1 Propriedade intelectual e biopirataria

A propriedade intelectual é uma forma de propriedade imaterial que atribui direitos exclusivos ao autor do trabalho intelectual, podendo e dividir em vários aspectos, tais como: as (1) patentes, (2) as marcas, (3) direitos do autor etc. A propriedade intelectual protege o bem intangível, não se confundindo com a proteção do bem tangível. Em Naturalmente, a propriedade intelectual corresponde a um momento dá economia e das formas de produção. Brad Sherman e Lionel Bently apresentam como exemplo o debate sobre a propriedade literária que se deu na Inglaterra em fins do século XVII. Segundo os autores, o aumento da capacidade de produção material dos livros, aumentando a sua circulação. Anteriormente, o controle da circulação dos livros era feito, mediante o controle das gráficas impressoras. O modelo estabelecia um monopólio de fato para as gráficas. O estabelecimento dos direitos de propriedade para os escritores, modificou o regime anterior e permitiu a quebra do monopólio da gráfica impressora (Sherman e Bently, 1999). A propriedade intelectual é, essencialmente, um direito privado de natureza individual.

Os direitos de propriedade intelectual, em relação à diversidade biológica, são importantes, vez que incidem sobre sementes, organismos geneticamente modificados, defensivos agrícolas (agrotóxicos), máquinas agrícolas etc. As comunidades locais e os povos indígenas, devido ao contato direto que mantêm coma natureza, utilizam muitas plantas, animais e minerais com objetivos alimentares, medicinais, culturais e recreativos. A utilização dos conhecimentos tradicionais sobre plantas e animais é um fator de diminuição de tempo e custo das pesquisas por parte de empresas, sobretudo na área farmacêutica e de cosméticos, pois através do acesso ao DNA é possível que se produzam novos remédios, por exemplo.

A definição de regras legais para o acesso ao patrimônio genético e aos conhecimentos tradicionais associados é uma tentativa de solucionar os problemas decorrentes da utilização não autorizada de tais recursos por parte de terceiros e, sobretudo, uma tentativa de dar as populações tradicionais e aos povos indígenas uma remuneração adequada pelo provimento de tais serviços para uma comunidade mais ampla. A biopirataria pode ser definida como a utilização ilegal do patrimônio genético de um país (plantas, animais, microrganismos) ou dos conhecimentos tradicionais de povos indígenas e comunidades locais sobre a sua utilização, sem a autorização e remuneração aos detentores de tais bens. Ela é praticada majoritariamente em relação a recursos genéticos e conhecimentos tradicionais do "países em desenvolvimento", mas não só. Há crítica no sentido de que o comércio internacional e as suas instituições seriam os responsáveis pela "legalização" de tal modelo de exploração (White, 2010). Paralelamente à questão da biopirataria, o incremento das trocas comerciais internacionais lançou novas luzes sobre a biossegurança, pois a grande circulação de navios e aviões, bem como de pessoas e produtos faz com que seres vivos de outros países e continentes sejam transportados de um lugar para outro e, por isso, possam prejudicar à flora e à fauna do local de transferência, havendo necessidade de medidas protetoras para a diversidade biológica autóctone, seja por questões puramente ecológicas, seja pela repercussão econômica. Com efeito, é atualmente praticamente impossível não se ter consciência de que "as atividades locais são influenciadas, e às vezes até determinadas, por acontecimentos ou organismos distantes" (Giddens, 2012, p. 91).

Uma definição legal de biopirataria pode ser encontrada no direito mexicano[2] que a define como a "apropriação dos recursos genéticos e conhecimentos tradicionais realizada sem o consentimento prévio e autorizado das comunidades e povos indígenas, sem que exista distribuição justa e equitativa dos benefícios derivados de sua utilização, mediante a patente de propriedade intelectual que garantam seu uso monopolístico e com fins de lucro." Não há, entretanto, um consenso sobre o termo.

O debate sobre a biopirataria é, essencialmente, um debate sobre os limites dos direitos de propriedade intelectual em relação aos conhecimentos tradicionais associados à diversidade biológica e a própria utilização de componentes da diversidade biológica. A discussão é antiga e tem diferentes implicações econômicas. Os artigos da CDB relacionados aos direitos de propriedade intelectual são: 8 (j), 15, 16 e 17, tais artigos devem ser compreendidos em harmonia com o artigo 27 do TRIPS. O artigo 16 da CDB é o único na Convenção a fazer uma referência direta e explícita aos direitos de propriedade intelectual, ao dispor sobre transferência de tecnologia (Dutfield, 2000). Há reconhecimento de que a tecnologia inclui a biotecnologia e que tanto o "acesso à tecnologia quanto sua transferência" entre as Partes são "essenciais para a realização dos objetivos" [art. 16 (1)], há

---

2. Ley General de Protección a los Conocimientos Tradicionales de los Pueblos Indígenas, artigo 2, IV. Disponível em: http://sil.gobernacion.gob.mx/Archivos/Documentos/2004/02/asun_817574_20040218_824226.pdf. Acesso em: 16 set. 2024.

um comprometimento, de cada Parte, com a permissão e/ou facilitação para o "acesso a tecnologias que sejam pertinentes à conservação e utilização sustentável da diversidade biológica ou que utilizem recursos genéticos e não causem dano sensível ao meio ambiente". O artigo 16 (5) requer que as Partes cooperem de forma a assegurar que as patentes e outros direitos de propriedade intelectual apoiem os objetivos da CDB e não sejam entraves à sua implementação. Houve enorme resistência à implantação das regras ora examinadas, seno certo que um acordo internacional sobre o tema somente foi alcançado em 2024, ou seja, 31 anos após a entrada em vigor da CDB.

A cientista e ativista Vandana Shiva (2001) de forma crítica e reducionista, afirma que os direitos de propriedade intelectual são a substituição das bulas papais que no século XV dividiram o mundo entre Espanha e Portugal. "Quinhentos anos depois de Colombo, uma versão secular do mesmo projeto de colonização está em andamento por meio das patentes e dos direitos de propriedade intelectual (DPI)" (Shiva, 2001, p. 24). O mundo mudou muito desde então.

2.1.1.1   O Patenteamento da biopirataria

Planta e animais, durante muitos séculos, formaram a base de diversas indústrias e atividades comerciais. As relações entre a produção de produtos farmacêuticos e a conservação da diversidade biológica são intensas, ainda que deem margem a muita controvérsia. Uma das indústrias que têm mais interesse na conservação da diversidade biológica e, certamente, a farmacêutica, haja vista a sua grande dependência da variabilidade das espécies. Estima-se que 80% dos remédios registrados tenham suas origens em plantas ou em outros produtos naturais[3] A mesma autora acrescenta que a biopirataria corresponde à "descoberta" de Colombo "500 anos depois de Colombo" (p. 27). "Por meio das patentes e da engenharia genética. Novas colônias estão sendo estão sendo estabelecidas. A terra, as florestas, os rios, os oceanos e a atmosfera têm sido todos colonizados, depauperados e poluídos" (Shiva, 2001, p. 28).

A biopirataria, de forma mais específica se refere à apropriação indevida e ilegal de recursos genéticos e conhecimentos tradicionais mediante a reivindicação de direitos de propriedade intelectual. A forma é variada, indo desde o requerimentos de patentes, passando por direitos sobre variedades vegetais ou outras reivindicações de propriedade intelectual, com objetivos comerciais sobre esses recursos e conhecimentos (Hammond, 2013).

---

3. Disponível em: https://www.cbd.int/article/pharmaceuticals-biodiversity-planet. Acesso em: 05 jul. 2024.

A crítica, acérrima, é evidentemente, uma simplificação histórica, pois em 500 anos é impossível a manutenção de um mesmo modelo econômico e regime de exploração; há, também, uma simplificação, na medida em que desconhece que o número de patentes concedidas/requeridas pelos países em vias de desenvolvimento/sul global tem se ampliado, sobretudo nos chamados BRICS. É certo que, no caso da indústria farmacêutica, por exemplo, há uma concentração das patentes em algumas poucas empresas – em geral europeias, norte-americanas e japonesas; todavia, há uma tendência crescente à ampliação do número de concessão de patentes nos BRICS.

No campo da biotecnologia, nos anos entre 2001-2019, os Estados Unidos foram o país que mais requereu patentes, seguidos pela União Europeia e pela China. A maioria das patentes de biotecnologia foi para finalidades industriais, com as farmacêuticas vindo em segundo lugar.[4] Por fim, é importante registrar que o acordo TRIPS, em seu artigo 8, estabelece que os Membros, "ao formular ou emendar suas leis e regulamentos, podem adotar medidas necessárias para proteger a saúde e nutrição públicas e para promover o interesse público em setores de grande importância para seu desenvolvimento socioeconômico e tecnológico, desde que estas medidas sejam compatíveis com o disposto neste Acordo." Em relação ao abuso do direito patentário, o acordo dispõe que: "[d]esde que compatíveis com o disposto neste Acordo, poderão ser necessárias medidas apropriadas para evitar o abuso dos direitos de propriedade intelectual por seus titulares ou para evitar o recurso a práticas que limitem de maneira injustificável o comércio ou que afetem adversamente a transferência internacional de tecnologia".

2.1.1.1.1 Casos exemplares

É fato que houve muitas concessões de patentes sobre produtos originados (recursos genéticos) de países do terceiro mundo e/ou de conhecimentos tradicionais. Houve muitos protestos contra as concessões, conforme se verá a seguir. Um dos primeiros casos registrados internacionalmente foi o relacionado ao patenteamento de um fungicida produzido com base em um extrato da árvore de Nin, originária da Índia. O USPTO outorgou a patente à empresa W.R. Grace, em 1995. A patente foi contestada por inúmeros grupos ambientalistas, sob o argumento de que a patente se baseava na usurpação de conhecimentos tradicionais utilizados por comunidades locais indianas e pequenos agricultores por várias gerações (Khor, 1995). A patente foi cancelada pelo escritório de patentes. A mesma patente foi outorgada pelo EPO que, posteriormente,

---

4. Disponível em: https://publications.jrc.ec.europa.eu/repository/handle/JRC137266. Acesso em: 08 jul. 2024.

CAPÍTULO 5 • CONSULTA E CONSENTIMENTO LIVRE, PRÉVIO E INFORMADO

revogou-a reconhecendo que a patente fora concedida em violação aos conhecimentos tradicionais das comunidades locais e pequenos agricultores indianos que conheciam as propriedades das sementes da planta para extermínio de fungos nocivos à agricultura.[5] A anulação das patentes nos Estados Unidos e na Europa foi uma grande vitória para a proteção dos conhecimentos tradicionais associados à diversidade biológica e demonstrou de forma prática a necessidade de que o sistema de proteção à propriedade intelectual reconhecesse a realidade dos conhecimentos tradicionais e os protegessem.

Em 1995, a Suprema Corte da Suíça cancelou a patente concedida, pelo Escritório suíço de Patentes, para sementes de uma variedade de Camomila (Manzana).[6] A Associação de Produtores de Bio-Hervas propôs uma ação judicial contra a primeira variedade de planta patenteada na Suíça em 1990. Segundo as alegações da Associação, o futuro dos produtores estava em jogo quando a empresa alemã obteve o monopólio sobre uma nova variedade de sementes e, mais grave, sobre todas as futuras plantas de camomila com níveis de ingredientes ativos superiores aos existentes.

Edward Hammond apresenta uma relação bastante extensa de patentes concedidas sobre produtos e conhecimentos de países do antigo terceiro mundo. As reivindicações foram feitas por empresas e até mesmo por universidades.

2.2 Tratado da OMPI sobre propriedade intelectual, recursos genéticos e conhecimentos tradicionais associados

A Conferência Diplomática para concluir um instrumento legal internacional relacionado à propriedade intelectual, recursos genéticos e conhecimentos tradicionais associados aos recursos genéticos, realizada pela WIPO de 13 a 24 de maio de 2024 adotou o Tratado da OMPI sobre propriedade intelectual, recursos genéticos e conhecimentos tradicionais associados.[7] O Tratado tem por objetivo, conforme o seu artigo 1, (a) aumentar a eficácia, a transparência e a qualidade do sistema de patentes no que diz respeito aos recursos genéticos e aos conhecimentos tradicionais associados aos recursos genéticos, e (b) impedir que patentes sejam concedidas erroneamente para invenções que não sejam novas ou inventivas no que diz respeito aos recursos genéticos e conhecimentos tradicionais associados aos recursos genéticos.

---

5. Disponível em: https://cordis.europa.eu/article/id/23505-epo-accepts-biopiracy-argument-and-revokes-patent. Acesso em: 08 jul. 2024.
6. Disponível em: https://grain.org/en/article/263-swiss-plant-variety-patent-revoked. Acesso em: 08 jul. 2024.
7. Disponível em: https://www.wipo.int/edocs/mdocs/tk/en/gratk_dc/gratk_dc_7.pdf. Acesso em: 1º jul. 2024.

A partir da entrada em vigor do Tratado[8] as reivindicações de patentes baseada em recursos genéticos deverão indicar a) o país de origem dos recursos genéticos, ou, (b) nos casos em que as informações constantes do Artigo 3.1(a) não sejam do conhecimento do requerente, ou quando o artigo 3.1, alínea a), não for aplicável, a origem dos recursos genéticos.

Na hipótese em que a reivindicação patentária estiver baseada em conhecimentos tradicionais associados aos recursos genéticos, exige-se que os requerentes tornem público (a) os Povos Indígenas ou comunidade local, conforme aplicável, que forneceram o conhecimento tradicional associado aos recursos genéticos, ou, (b) nos casos em que as informações constantes do Artigo 3.2(a) não sejam do conhecimento do requerente, ou onde o Artigo 3.2 (a) não se aplique a fonte do conhecimento tradicional associados a recursos genéticos.

Em não havendo conhecimento do requerente, relativamente aos povos indígenas ou à comunidade local que forneceram o conhecimento tradicional associado aos recursos genéticos, deverá ser feita uma declaração atestando tal fato e que esta é a melhor informação que o requerente possui. Não há uma obrigação para que os Estados verifiquem a autenticidade das declarações.

O Tratado prevê que a Partes Contratantes podem (devem) estabelecer um sistema de informações (banco de dados) sobre os recursos genéticos e os conhecimentos tradicionais associados aos recursos genéticos, em consulta, quando aplicável, com os povos indígenas e as comunidades tradicionais e outros stakeholders, levando em conta as circunstâncias nacionais.

3. OUTROS ACORDOS MULTILATERAIS

Nesta parte serão abordados outros acordos internacionais que tratam do consentimento prévio, como um elemento importante para o alcance de seus objetivos.

3.1 Convenção sobre o Controle de Movimentos Transfronteiriços de Resíduos Perigosos e seu Depósito [Convenção de Basileia]

A Convenção foi incorporada ao direito brasileiro pelo Decreto 875, de 19 de julho de 1993 que, embora reconheça reservas ao Texto da Convenção afirma:

> 1. Ao aderir à Convenção de Basileia sobre o Controle de Movimentos Transfronteiriços de Resíduos Perigosos e seu Depósito, o Governo brasileiro se associa a instrumento que considera positivo, uma vez que estabelece mecanismos internacionais de controle desses

---

8. Três meses após o depósito dos termos de ratificação ou de adesão por 15 Partes (artigo 17).

CAPÍTULO 5 • CONSULTA E CONSENTIMENTO LIVRE, PRÉVIO E INFORMADO | **111**

movimentos – baseados no princípio do *consentimento prévio e explícito para* a importação e o trânsito de resíduos perigosos –, procura coibir o tráfico ilícito e prevê a intensificação da cooperação internacional para a gestão adequada desses resíduos.

3.2 A Convenção de Roterdã sobre o Procedimento de Consentimento Prévio Informado Aplicado a Certos Agrotóxicos e Substâncias Químicas Perigosas Objeto de Comércio Internacional – PIC

A Convenção foi adotada em setembro de 1998 e em vigor desde 24 de fevereiro de 2004, quando foi ratificada por 50 países. Ela foi incorporada ao direito brasileiro pelo Decreto Legislativo 197, de 7 de maio de 2004, tendo sido promulgada pelo Decreto 5.360, de 31 de janeiro de 2005. A Convenção não está relacionada especificamente à concessão de consentimento ou a realização de consulta a povos indígenas ou tribais. O documento cuida do consentimento de países para o comércio internacional de certas substâncias químicas e agrotóxicos perigosos.

3.3 Convenção de Estocolmo sobre Poluentes Orgânicos Persistentes (POPS)

A Convenção POPS foi incorporada ao Direito Brasileiro pelo Decreto 5.472, de 20 de junho de 2005 e determina a necessidade do consentimento prévio informado para as questões relativas ao transporte, armazenamento, descarte e outras medidas relativas aos poluentes orgânicos. Logo nas *consideranda* da convenção recordam-se "as disposições pertinentes das convenções ambientais internacionais relevantes, especialmente a Convenção de Roterdã sobre o Procedimento de Consentimento Prévio Informado para o Comércio Internacional de Certas Substâncias Químicas e Agrotóxicos Perigosos e a Convenção da Basiléia sobre o Controle dos Movimentos Transfronteiriços de Resíduos Perigosos e seu Depósito, incluídos os acordos regionais elaborados no marco de seu artigo 11", o que indica que o consentimento prévio, definitivamente, está incorporado aos temas ambientais e, evidentemente, aos relacionados aos direitos humanos, como é o caso relacionado aos povos indígenas e tribais.

O artigo 3º (2) (b) determina que cada parte deverá adotar medidas para garantir que a exportação, considerando o consentimento prévio informado, de determinadas substâncias somente seja feita conforme os critérios seguintes: (1)para sua disposição ambientalmente adequada, na forma disposta no Art. 6º, parágrafo 1(d); ou, (2) para uma Parte que tenha autorização para utilizar aquela substância química segundo o Anexo A ou o Anexo B; ou; (3) para um Estado que não seja Parte na presente Convenção que tenha fornecido uma certificação anual para a Parte exportadora. Essa certificação deverá especificar o uso previsto da substância química e incluir uma declaração de que, para aquela substância química, o Estado importador se compromete a: a. proteger a saúde humana e o meio ambiente tomando as medidas necessárias para minimizar ou evitar liberações; b. cumprir o disposto no Art. 6º, parágrafo 1; e, c. cumprir, quando proceder, o disposto no parágrafo 2 da Parte II do Anexo B.

4 . NATUREZA JURÍDICA DA CONSULTA PREVISTA NO ARTIGO 6º DA CONVENÇÃO 169 DA OIT

A Consulta prévia é um dos principais pontos tratados pela Convenção 169 da OIT e, por esse motivo, merece um exame específico de sua natureza jurídica.

4.1 A natureza jurídica da Consulta

A consulta ou consentimento sempre foram temas cruciais nas relações entre os povos indígenas e tribais e os europeus. Desde a colonização a questão já se colocava. A manifestação de vontade por parte dos indígenas era um aspecto tão relevante que chegava a "beirar o ridículo" (Ruiz, 2002). Com efeito, os espanhóis ao se encontrarem com grupos indígenas faziam a leitura do "Requerimiento" que era um documento – redigido em castelhano – no qual se explicava que o Papa havia doado as terras habitadas pelos autóctones aos espanhóis. Após a leitura do documento e, caso não houvesse aceitação por parte dos indígenas da realidade jurídica que lhes fora exposta, estava autorizado o início de uma "guerra justa".

A CLPI é um procedimento que consta de diferentes documentos internacionais (Tamang, 2005), tais como a (1) Convenção 169 da Organização Internacional do Trabalho, (2) Convenção sobre Diversidade Biológica, (3) Convenção de Rotterdam sobre Procedimento de Consentimento Prévio Informado para o Comércio Internacional de Certas Substâncias Químicas e Agrotóxicos Perigosos, (4) Protocolo de Cartagena, (5) Protocolo de Nagoya que possuem força obrigatória para os signatários. A Convenção 169 cuida do consentimento prévio das comunidades indígenas e locais para a utilização ou exploração de recursos ambientais, minerais, hídricos ou genéticos em seus territórios.

O artigo 6º (1) (a) da Convenção 169 estabelece que, ao aplicar as suas disposições, os governos deverão "consultar os povos interessados", com a utilização de "procedimentos apropriados e, particularmente, através de suas instituições representativas" em todas as oportunidades que estejam presentes medidas legislativas ou administrativas "suscetíveis de afetá-los diretamente".

O artigo 6º (2) estabelece que as consultas devem ser "efetuadas com boa-fé e de maneira apropriada às circunstâncias", buscando "se chegar a um acordo e conseguir o consentimento acerca das medidas propostas."

134. Ademais, a Corte considera que, quando se trate de projetos de desenvolvimento ou de investimento de grande escala que teriam um impacto maior dentro do território Saramaka, o Estado tem a obrigação não apenas de consultar os Saramaka, mas também deve obter seu consentimento livre, prévio e informado, segundo seus costumes e tradições. A Corte considera que a diferença entre "consulta" e "consentimento" neste contexto requer maior análise.

135. A este respeito, o Relator Especial da ONU sobre a situação dos direitos humanos e das liberdades fundamentais dos povos indígenas observou, de maneira similar, que:

[s]empre que se realize [projetos de grande escala] em áreas ocupadas por povos indígenas, é provável que estas comunidades tenham que atravessar mudanças sociais e econômicas profundas que as autoridades competentes não são capazes de entender, muito menos de antecipar. [O]s principais efeitos [...] incluem a perda de territórios e de terra tradicional, o desalojamento, a migração e o possível reassentamento, esgotamento de recursos necessários para a subsistência física e cultural, a destruição e contaminação do ambiente tradicional, a desorganização social e comunitária, os impactos sanitários e nutricionais negativos de longa duração [e], em alguns casos, abuso e violência.

Em consequência, o Relator Especial da ONU determinou que "[é] essencial o consentimento livre, prévio e informado para a proteção dos direitos humanos dos povos indígenas em relação com grandes projetos de desenvolvimento".

136. De maneira similar, outros organismos e organizações internacionais afirmaram que, em determinadas circunstâncias e adicionalmente a outros mecanismos de consulta, os Estados devem obter o consentimento dos povos tribais e indígenas para realizar projetos de desenvolvimento ou de investimento de grande escala que tenham um impacto significativo no direito ao uso e gozo de seus territórios ancestrais.

137. É mais significativo ainda mencionar que o Estado reconheceu, também, que o "nível de consulta que se requer é obviamente uma função da natureza e do conteúdo dos direitos da Tribo em questão". A Corte concorda com o Estado e, além disso, considera que além da consulta requerida, sempre que se apresente um projeto de desenvolvimento ou de investimento dentro do território tradicional Saramaka, a garantia de participação efetiva requerida quando se trate de grandes projetos de desenvolvimento ou investimento que possam ter um impacto profundo nos direitos de propriedade dos membros do povo Saramaka em grande parte de seu território, deve entender-se como requisito adicional à obrigação de obter o consentimento livre, prévio e informado do povo Saramaka, segundo seus costumes e tradições.[9]

Conforme já foi dito, o texto dá margem a ambiguidades que devem ser esclarecidas, de forma que a Convenção possa ser eficazmente aplicada. É significativo observar que o artigo 6º (2) se refere a consulta, visando se chegar a um acordo e consentimento sobre as medidas propostas. Já o artigo 16 (2) se refere a

---

9. Corte IDH. Caso do Povo Saramaka Vs. Suriname. Exceções Preliminares, Mérito, Reparações e Custas. Sentença de 28 de novembro de 2007. Série C n. 172.

consentimento quando se tratar de deslocamento de povos indígenas ou tribais de suas terras.

A consulta objetiva alcançar acordo e consentimento sobre uma determinada medida que possa afetar os povos indígenas e tribais; entretanto, ela não obriga a que se chegue ao mencionado acordo e/ou consentimento. Dessa forma, a Convenção 169 não concede direito de veto às comunidades cujos interesses são tutelados pelo acordo multinacional. As determinações obrigatórias são no sentido de que a consulta deve ser realizada com boa-fé e objetivando alcançar um consenso. Não é, portanto, um requerimento da Convenção que o objetivo seja alcançado.

4.1.1 Consulta e poder de veto

A OIT, em dois documentos destinados a esclarecer a aplicação da Convenção 169, é bastante explícita ao afirmar que o disposto no § 2º do artigo 6º convencional não outorga poder de veto aos povos indígenas e tribais. As determinações da Convenção 169 se concretizam na exigência de boa-fé na realização da consulta e que o seu objetivo seja a busca de um acordo ou consentimento, *e.g.*

> As stipulated by Article 6(2), consultations must be undertaken in good faith and with the objective of obtaining agreement or consent. In this sense, Convention No. 169 does not provide indigenous peoples with a veto right, as obtaining the agreement or consent is the purpose of engaging in the consultation process, and is not an independent requirement (Ilo, 2013, p. 16).[10]
>
> ***
>
> Based on an examination of the preparatory work for the Convention, the CEACR has reiterated that consultations "do not imply a right to veto, nor is the result of such consultations necessarily the reaching of agreement or consent". 116 A tripartite committee indicated that, although Article 6 does not provide "that consent must be obtained [...] for the consultations to be valid [...] it does require pursuit of the objective of achieving agreement or consent, which means setting in motion a process of dialogue and genuine exchange between the parties to be carried out in good faith (Ilo, 2021, p. 35).[11]

---

10. Tal como estipula o artigo 6 (2), as consultas devem ser realizadas de boa fé e com o objetivo de obter acordo ou consentimento. Neste sentido, a Convenção 169 não confere aos povos indígenas o direito de veto, uma vez que a obtenção do acordo ou consentimento é o objectivo do envolvimento no processo de consulta e não é um requisito independente.
11. Com base na análise dos trabalhos preparatórios da Convenção, a CEACR reiterou que as consultas "não implicam um direito de veto, nem o resultado de tais consultas é necessariamente a obtenção de acordo ou consentimento". 116 Um comité tripartite indicou que, embora o artigo 6 não preveja "que o consentimento deve ser obtido [...] para que as consultas sejam válidas [...], requer a busca do objetivo de alcançar um acordo ou consentimento, o que significa pôr em marcha um processo de diálogo e de intercâmbio genuíno entre as partes devem ser realizadas de boa fé.

CAPÍTULO 5 • CONSULTA E CONSENTIMENTO LIVRE, PRÉVIO E INFORMADO | 115

É importante observar que o entendimento acerca do *status* jurídico da Consulta é, majoritariamente, compartilhado pela doutrina especializada.

> Two points should be made about Article 6. First, the ILO has read the language 'to at least the same extent as other sectors of the population' (Article 6(b)) to mean that indigenous peoples are entitled to special means of direct representation not necessarily conferred on other citizens. Second, the language '[t]he consultations carried out... shall be undertaken in good faith... with the objective of achieving agreement or consent' does not require that agreement or consent be obtained, only that agreement or consent should be the objective of the consultations.
>
> 17 It required this clarification by the ILO secretariat for this language to be adopted over the objections of certain government representatives who feared that any reference to consent could be construed as a veto power. *What can be said of this provision, however, is that it requires consultation and negotiation 'in good faith', and 'in appropriate form' with indigenous representative institutions before the adoption of legislative and administrative measures.* These consultations and negotiations are also subject to ILO oversight where they can be challenged by indigenous peoples as violative either of Article 6 in general or of a specific clause contained therein.(Mackay, 2003, p. 2).[12]

Na mesma linha é possível identificar os argumentos apresentados por Cathal M. Doyle que sobre a matéria sustenta que:

> The perception that the Convention affirmed a veto right and created a "state within a state" was initially regarded as constituting an impediment to ratification in Latin America. Indeed the limited ratification of the Convention suggests that some States may continue to regard the Convention from this perspective. To counter this perception, the ILO Office and supervisory mechanisms have clarified that such an interpretation exaggerates the Convention`s requirement for full participation, and that's a "right to veto" is not provided under Article 6, which instead represents a right to participate in, and to influence, decision making. This interpretation that the Convention does not provide an absolute veto power is an accurate reflection of its drafting intent and textual expression, a fact that has been reiterated by numerous commentators (Doyle, 2015, p. 91).[13]

---

12. Devem ser feitas duas observações sobre o Artigo 6º Em primeiro lugar, a OIT interpretou a expressão "pelo menos na mesma medida que outros setores da população" [artigo 6º, (b)] indicando que os povos indígenas não têm necessariamente direito de acesso direto a meios especiais de representação não atribuídos a outros cidadãos. Em segundo lugar, a expressão "[as] consultas realizadas... serão realizadas de boa fé... com o objetivo de alcançar acordo ou consentimento" não exige que o acordo ou consentimento seja obtido, apenas que esse acordo ou consentimento deve ser o objetivo das consultas. 17. Foi exigido este esclarecimento por parte do secretariado da OIT para que esta linguagem fosse adoptada, apesar das objeções de certos representantes governamentais que temiam que qualquer referência ao consentimento pudesse ser interpretada como um poder de veto. O que se pode dizer desta disposição, contudo, é que ela exige consulta e negociação "de boa fé" e "de forma apropriada" com instituições representativas indígenas antes da adoção de medidas legislativas e administrativas. Estas consultas e negociações também estão sujeitas à supervisão da OIT, onde podem ser contestadas pelos povos indígenas como violadoras do Artigo 6 em geral ou de uma cláusula específica nele contida.

13. A percepção de que a Convenção afirmava o direito de veto e criava um "Estado dentro do Estado" foi inicialmente considerada como constituindo um impedimento à ratificação na América Latina. Na

Segundo S. James Anaya

ILO authorities have interpreted the convention to not require that the consultation lead to agreement with indigenous peoples in all instances. Nevertheless the convention stipulates that the consultation "shall be undertaken, *in good faith and in a form appropriate to the circumstances, with the objective of achieving agreement or consent* to the proposed measures.

This requirement that agreement should at least be an objective of the convention means that the consultations cannot simply be a matter of informing indigenous communities about the measures that will affect them to genuinely influence the decisions that affect their interest (Anaya, 2004, p. 204).[14]

Na doutrina nacional, Maria Luiz Grabner (Grabner, (2015) indica que, no âmbito da Convenção 169, os povos indígenas e tribais não dispõem da faculdade de se oporem radicalmente às medidas legislativas e administrativas que lhes forem propostas pelos Estados Nacionais. E acrescenta:

[d]e outra parte, relembramos que a Convenção n. 169, pela própria natureza do organismo do qual emana – a Organização Internacional do Trabalho, com sua estrutura tripartite, vocacionada para a negociação e a busca de consensos –, proporciona aos povos interessados e aos Estados onde moram antes uma plataforma para a ação e para o diálogo. Aliás, tal objetivo maior está expresso no artigo 6º, item 2, já referido, em que fica claro que a consulta ali prevista destina-se a alcançar um acordo ou a obter o consentimento livre e fundamentado. A Convenção n. 169, portanto, não possibilita o direito de veto por parte dos povos indígenas e tribais. Por outro lado, o artigo 4º, item 2, do seu texto estabelece que não se poderá adotar medidas especiais em relação aos povos interessados que sejam contrárias aos desejos expressos livremente pelos povos interessados (Grabner, 2015, p. 30).

4.2   Natureza jurídica

A natureza jurídica é a forma pela qual se reveste um instituto de direito e, a partir dela, quais os efeitos jurídicos que decorrem. Desde o momento em que

---

verdade, a ratificação limitada da Convenção sugere que alguns Estados podem continuar a encarar a Convenção nesta perspectiva. Para contrariar esta percepção, o gabinete da OIT e os mecanismos de supervisão esclareceram que tal interpretação exagera o requisito da Convenção de participação plena, e que um "direito de veto" não está previsto no Artigo 6, que em vez disso representa um direito de participar em e para influenciar a tomada de decisões. Esta interpretação de que a Convenção não confere um poder de veto absoluto é um reflexo preciso da iintenção e da expressão textual de sua redaçao, um fato que foi reiterado por numerosos comentaristas.

14. As autoridades da OIT interpretaram a convenção no sentido de não exigir que a consulta conduza a um acordo com os povos indígenas em todas as instâncias. No entanto, a convenção estipula que a consulta "deve ser realizada, de boa fé e de forma adequada às circunstâncias, com o objetivo de chegar a acordo ou consentimento para as medidas propostas.

Esta exigência de que o acordo seja pelo menos um objetivo da convenção significa que as consultas não podem ser simplesmente uma questão de informar as comunidades indígenas sobre as medidas que as afetarão, para influenciar genuinamente as decisões que afetem os seus interesses.

a Convenção 169 foi incorporada ao direito brasileiro, a CLPI passou a ser uma obrigação para o poder público, de maneira a poder colher a opinião de determinadas comunidades sobre medidas administrativas, legislativas e projetos que, de algum amaneira, as afetem.

A CLPI, em geral, é integrada a um processo administrativo que, de alguma forma, autoriza a realização de empreendimentos que afetem, ou possam afetar, territórios de populações indígenas ou comunidades tradicionais, e.g., licenciamento ambiental. A sua função é consultiva – ou de assessoramento – e, portanto, os seus resultados não são vinculantes para a autoridade administrativa.

A CLPI é uma manifestação de vontade da comunidade consultada que deverá ser levada em consideração pela autoridade administrativa ao emitir a decisão final sobre determinado projeto. A consulta não gera, não cria, não transfere, não extingue, nem reconhece direitos, como decorre de ser uma opinião comunitária específica sobre um projeto determinado. Ela serve como um balizamento para a redução e mitigação de impactos sobre as comunidades e, também, para avaliar as compensações, se for o caso.

Como parte das disposições da Convenção 169, ela deve ser aplicada e realizada de forma flexível, conforme o determinado pelo seu artigo 34.

A questão se torna mais complexa quando o consentimento é buscado para a exploração de um bem situado no interior de terras indígenas que, no entanto, não seja objeto de propriedade do povo indígena ou tribal. Na América Latina é usual que a propriedade do solo seja distinta da do subsolo, e.g., artigo 27 da Constituição do México; artigo 112 da Constituição do Paraguay, dentre outras.

A Corte IDH decidiu caso que envolvia recursos minerários de propriedade do Estado existentes em terras indígenas, entendendo que:

> 217. Especificamente, a respeito do momento em que se deve efetuar a consulta, o artigo 15.2 da Convenção 169 da OIT salienta que "[e]m caso de pertencer ao Estado a propriedade dos minérios ou dos recursos do subsolo, ou de ter direitos sobre outros recursos, existentes na terras, os governos deverão estabelecer ou manter procedimentos com vistas a consultar os povos interessados, a fim de se determinar se os interesses desses povos seriam prejudicados, e em que medida, antes de se empreender ou autorizar qualquer programa de prospecção ou exploração dos recursos existentes nas suas terras".

> 218. Em vista do exposto, a Corte considera que a consulta deve ser aplicada anteriormente a qualquer projeto de exploração que possa afetar o território tradicional das comunidades indígenas ou tribais.

> 222. Em virtude do acima exposto, a Corte constata que, embora a legislação de Honduras reconheça aos povos indígenas e afro-hondurenhos o direito à consulta, e aluda às normas internacionais, as disposições regulamentares em matéria de mineração subordinam sua consecução à fase imediatamente anterior à autorização da exploração mineira. Nesse sen-

tido, essa regulamentação careceria da precisão necessária das normas analisadas sobre o direito à consulta, particularmente com o disposto no Caso Povo Saramaka Vs. Suriname e no Caso do Povo Indígena Kichwa de Sarayaku Vs. Equador, segundo as quais a consulta deve realizar-se nas primeiras etapas do projeto; ou seja, de forma prévia à autorização de programas de prospecção ou exploração com as ressalvas antes expostas [...]. Não obstante isso, a Corte salientou que a consulta, além de constituir uma obrigação convencional, é também um princípio geral do direito internacional, que os Estados devem cumprir, independentemente de que esteja regulamentada expressamente em sua legislação, razão pela qual a exigência consiste em que o Estado disponha de mecanismos adequados e efetivos para garantir o processo de consulta nesses casos, sem prejuízo de que possa ser especificada em lei.

224. Por conseguinte, a Corte constatou que o Estado não conduziu um processo adequado e efetivo que garantisse o direito à consulta da Comunidade Garífuna de Punta Piedra frente ao projeto de exploração em seu território. A legislação interna também careceria de precisão quanto às etapas prévias da consulta, o que redundou em seu descumprimento para efeitos do presente caso. Portanto, a Corte conclui que o Estado é responsável pela violação do direito à propriedade comunal reconhecido no artigo 21 da Convenção, bem como dos artigos 1.1 e 2 do mesmo instrumento, em relação ao direito à identidade cultural, em prejuízo da Comunidade de Punta Piedra e seus membros.[15]

Mesmo nas hipóteses em que a propriedade do solo é diferente da do subsolo, a consulta é obrigatória.

---

15. Corte IDH. Caso Comunidade Garífuna de Punta Piedra e seus membros Vs. Honduras. Exceções Preliminares, Mérito, Reparações e Custas. Sentença de 8 de outubro de 2015. Série C n. 304.

Capítulo 6
A CONVENÇÃO 169 E A CONSULTA PRÉVIA PERANTE OS TRIBUNAIS

1. TRIBUNAIS INTERNACIONAIS

1.1 Corte Africana de Direitos Humanos e dos Povos

O Tribunal julgou o caso Ogiek que resultou de uma representação da Comissão Africana dos Direitos do Homem e dos Povos c. República do Quênia – Processo 006/2012).[1] O caso dizia respeito à expulsão do povo Ogiek – uma comunidade nômade de caçadores e coletores – de suas terras ancestrais situadas na floresta Mau, pelo governo do Kenya. Os povos indígenas do Quénia incluem caçadores-coletores como os Ogiek, Sengwer, Yaaku Waata e Sanya, enquanto os pastores incluem os Endorois, Turkana, Maasai, Samburu e outros.[2]

Em 14 de Novembro de 2009, a CADHP recebeu uma Comunicação do Centro para o Desenvolvimento dos Direitos das Minorias (Centre for Minority Rights Development, CEMIRIDE), a que se juntou ao grupo de defesa das minorias (Minority Rights Group International, MRGI), ambos agindo em representação da Comunidade Ogiek da Floresta de Mau. A Comunicação dizia respeito ao aviso de despejo proveniente da Autoridade Florestal do Quénia, em outubro de 2009, que notificou à Comunidade Ogiek e aos demais ocupantes para abandonarem a área no prazo de 30 dias.

A CADHP, em 2 de novembro de 2009, considerando as consequências para os Ogiek, tais danos à sua sobrevivência política, social e econômica e os potenciais danos irreparáveis caso a ordem de despejo fosse executada, emitiu uma medida cautelar solicitando que o Kenya suspendesse a execução da ordem.

Em 12 de julho de 2012, em razão da falta de manifestação por parte do Kenya, a CADHP representou à Corte ADHP.

---

1. Disponível em: https://www.african-court.org/cpmt/storage/app/uploads/public/5fc/f47/912/5f-cf479127752794858920.pdf. Acesso em: 25 out. 2024
2. Disponível em: https://www.iwgia.org/en/kenya.html. Acesso em: 25 out. 2024.

A Autora alegou que a ordem de despejo foi emitida com o fundamento de que a floresta é uma zona hidrográfica reservada e era, de qualquer modo, parte da terra do Estado ao abrigo do art. 4º da Lei de Terras. A Autora afirmou que a medida adotada pelo governo queniano desconsiderou a importância da Floresta de Mau para a sobrevivência do povo Ogiek e que eles não participaram do processo de tomada de decisão para o seu deslocamento da área.

A Corte entendeu que:

> 131. Em face do que antecede, o Tribunal considera que, ao expulsar os Ogiek das suas terras ancestrais contra a sua vontade, sem consulta prévia e sem respeitar as condições de expulsão, nomeadamente o interesse público, o Estado Demandado violou o seu direito à terra definido acima e garantido pelo artigo 14º da Carta, lido à luz da Declaração das Nações Unidas sobre os Direitos dos Povos Indígenas de 2007.
>
> (...)
>
> 210. No caso vertente, o Tribunal recorda que os Ogieks foram constantemente despejados da Floresta de Mau pelo Estado Demando, sem que fossem efectivamente consultados. Os despejos tiveram um impacto adverso sobre o seu desenvolvimento económico, social e cultural. Também não têm estado envolvidos no desenvolvimento e na determinação dos programas de saúde e habitação, nem em outros programas económicos e sociais que os afetam.

A decisão não tem uma menção explícita à Convenção 169, mas, utiliza idêntico conceito de consulta constante da Declaração das Nações Unidas dos Direitos dos povos Indígenas.

1.2 Corte Caribenha de Justiça e os casos ambientais

A CCJ, nas palavras de Wagner Menezes, é "ousada e inovadora, tratando-se de Tribunais Internacionais" (2013, p. 200). A jurisdição da CCJ se divide em dois grandes grupos: (1) Tribunal internacional, aplicando, com exclusividade, normas de direito internacional relativamente à interpretação e aplicação do Tratado de Chaguaramas e dos atos internacionais a ele vinculados. Dessa forma, estão na competência da CCJ: (a) litígios entre os Estados membros signatários do Tratado; (b) Litígios entre alguns Estados membros relacionadas a pactos vinculados ao bloco econômico; (c) decisões dos tribunais nacionais dos Países membros que afrontem normas do bloco econômico; (d) petições apresentadas por nacionais dos Países membros relativas à interpretação do Tratado.

Inicialmente, é relevante consignar que os países do Caribe têm assumido os diversos compromissos internacionais para a proteção do meio ambiente, sendo Partes dos principais AAMs. No particular, grande destaque deve ser reconhecido ao Acordo de Escazú que é o único acordo vinculante que tem origem na Convenção das Nações Unidas sobre Desenvolvimento Sustentável (Rio + 20), sendo o primeiro tratado ambiental regional na América Latina e no Caribe (ECLAC, 2018).

(a) Aliança de Líderes Maias v Procurador Geral de Belize [2015] CCJ 15 (AJ).[3] A matéria de fundo diz respeito à propriedade de terras indígenas tradicionais e a compensação devida em razão da exploração de atividades petrolíferas. Um grupo de líderes indígenas Maia apelou da decisão preferida pela Corte de Apelação de Belize que confirmou, por maioria, a decisão proferida por instância inferior, no sentido de que a posse consuetudinária da terra maia existe em todas as aldeias do distrito de Toledo (sul de Belize) e é protegida conforme as normas contidas nas seções 3(d) e 17 da Constituição daquele país. O Tribunal do país caribenho entendeu que não houve qualquer violação constitucional contra os direitos do povo Maia, nem indenização devida.

As reivindicações dos Maia surgiram de inúmeras decisões tomadas pelo governo de Belize, autorizando incursões em terras maias para fins de perfuração de petróleo, exploração madeireira, pastoreio e levantamento topográfico. Estes incluíram um incidente específico, conhecido como a incursão do Golden Stream, no qual o Departamento de Terras de Belize autorizou o arrendamento agrícola de terras das aldeias maias. No urso do processo perante a CCJ, foi celebrado um acordo parcial entre as partes.

Em função do acordo parcial entre as partes, a CCJ emitiu a Ordem de Consentimento, em 22 de abril de 2015, que tornou desnecessária a discussão sobre os direitos constitucionais de proteção das terras dos Maia. Os documentos apresentados à CCJ demonstram a existência de proteção constitucional para o direito costumeiro dos Maias sobre as suas terras e que tal direito é exercido em benefício do povo Maia. A Ordem de Consentimento foi emitida nos seguintes termos:

> Por consentimento é ordenado e declarado que:
>
> 1. A decisão do Tribunal de Apelação de Belize é confirmada, na medida em que considera que a posse consuetudinária da terra maia existe nas aldeias maias do Distrito de Toledo e dá origem a direitos de propriedade coletivos e individuais, conforme as seções 3 (d) e 17 da Constituição de Belize.
>
> 2. O Tribunal aceita o compromisso do Governo de adotar medidas afirmativas para identificar e proteger os direitos dos Recorrentes decorrentes da posse consuetudinária maia, em conformidade com a proteção constitucional da propriedade e da não discriminação, conforme as seções 3, 3 (d), 16 e 17 da Constituição de Belize.

---

3. Disponível em: https://elaw.org/resource/maya-leaders-alliance-v-attorney-general-belize-1. Acesso em: 12 set. 2024.

3. Para atingir o objectivo do n. 2, o Tribunal aceita a compromisso do Governo de, em consulta com o povo Maia ou seus representantes, desenvolver as competências legislativas, administrativas e/ou outras medidas necessárias para criar um mecanismo eficaz para identificar e proteger a propriedade e outros direitos decorrentes da posse consuetudinária da terra maia, em conformidade com as leis consuetudinárias maias e as práticas de posse da terra.

4. O Tribunal aceita o compromisso do Governo de que, até que as medidas previstas no n. 2 sejam alcançadas, cessará e abster-se-á de quaisquer atos, sejam de agentes do próprio governo ou de terceiros agindo com sua permissão, aquiescência ou tolerância, que possam afetar adversamente o valor, uso ou aproveitamento das terras que são utilizadas e ocupadas pelas aldeias maias, a menos que tais atos sejam precedidos de consulta com eles para obter seu consentimento informado e estejam em conformidade com seus direitos de propriedade, aqui reconhecidos, e com as salvaguardas da Constituição de Belize. Este compromisso inclui, mas não está limitado a, abster-se de: (a) emitir quaisquer arrendamentos ou concessões de terras ou recursos sob o Lei de Terras ou qualquer outra Lei; (b) registrar qualquer interesse em terrenos; (c) emitir ou renovar quaisquer autorizações para exploração de recursos, incluindo concessões, licenças ou contratos que autorizam a exploração madeireira, prospecção ou exploração, mineração ou atividade similar sob o Lei das Florestas, Lei das Minas e Minerais, Lei do Petróleo ou qualquer outra Lei.

5. A autoridade constitucional do Governo sobre todas as terras de Belize não é afetada por esta Ordem...

9. O Tribunal mantém jurisdição para supervisionar o cumprimento desta ordem e designa 30 de abril de 2016 para relatório das partes.

A Ordem de Consentimento não tratou da questão indenizatória, tal como postulado pelas comunidades indígenas. Assim, e relação à parte remanescente da apelação, a CCJ prosseguiu com o julgamento, tendo decidido reverter a parte da decisão apelada que não reconheceu o pagamento da compensação postulada pelos Maias, com base na seguinte fundamentação: (a) a Ordem de Consentimento de 22 de abril de 2015 confirma que a posse consuetudinária da terra maia se enquadra no âmbito da Constituição de Belize e são protegidos pela Constituição; (b) o Governo de Belize violou a garantia de proteção constitucional dos direitos dos recorrentes; (c) a Seção 20 da Constituição de Belize concede aos tribunais poder e discrição para criar soluções eficazes, incluindo decisões de conteúdo monetário, a fim de garantir a aplicação dos direitos protegidos pela Constituição; e (d) de acordo com c. acima, o Governo de Belize estabelecerá um fundo de BZ$ 300.000,00 como um primeiro passo para o cumprimento do seu compromisso firmado no parágrafo 3 da Ordem de Consentimento de 22 de abril de 2015 para proteger a posse consuetudinária da terra maia.

1.3   Tribunal de Justiça da Comunidade Andina

O Tribunal de Justiça da Comunidade Andina é o órgão judicial da CAN que é uma organização internacional que congrega Bolívia, Colômbia, Equador e Peru (a Venezuela foi parte até 2006) e foi fundada em 1969 pelo Acordo de Cartagena, posteriormente reformada pelo Acordo de Trujillo de 1996. A CAN foi criada inicialmente com o objetivo de regular assuntos relativos a comércio e investimentos; todavia o seu desenvolvimento fez com que ela passasse a coordenar diversos assuntos, tais como propriedade intelectual, agricultura, integração de transportes, interconexão elétrica, telecomunicações, cultura, educação, mobilidade, imigração etc. (Kahl, 2022). O TJCA foi criado por um tratado específico e o seu estatuto foi codificado pela Decisão 472 da Comissão da CAN.[4]

O TJCA tem competência para declarar a nulidade das decisões do Conselho Andino de Ministros das Relações Exteriores, da Comissão da Comunidade Andina e das Resoluções da Secretaria Geral e dos Acordos de complementação industrial e outros que adotem os Países membros entre si e no marco do processo de integração sub-regional andina que se encontrem em desacordo com o ordenamento jurídico da CAN, inclusive por desvio de poder, quando forem impugnados por algum País membro, pelo Conselho Andino de Ministros das Relações Exteriores, pela Comissão da Comunidade Andina, pela Secretaria Geral ou pelas pessoas naturais ou jurídicas que tenham seus direitos subjetivos ou interesse legítimos afetados.

Compete, ainda, ao TJCA interpretar "por via prejudicial" as normas do ordenamento jurídico da CAN, com o fim de assegurar a sua aplicação uniforme no território dos Países Membros. Os juízes nacionais que conheçam de processos nos quais se deva aplicar – ou se litigue sobre – alguma norma que integre o ordenamento jurídico da CAN, poderão solicitar diretamente ao TJCA que interprete as referidas normas, sempre que as suas sentenças possam ser objeto de recurso no direito interno. Caso não haja possibilidade de recursos no direito interno, o TJCA deverá ser obrigatoriamente consultado sobre a interpretação a ser dada ao direito comunitário andino.

O TJCA, ao interpretar a norma de direito andino, está limitado a precisar o conteúdo e o alcance da norma andina, referida no caso concreto. Não cabe ao TJCA interpretar o alcance e o conteúdo da norma de direito nacional, nem qualificar os fatos que sejam matéria do processo; todavia, poderá fazer referência a eles quando for indispensável para os efeitos da interpretação da norma solicitada. O juiz solicitante deverá adotar a interpretação ditada pelo TJCA.

O ordenamento jurídico da CAN (direito comunitário andino) é formado pelos seguintes documentos: (1) o Acordo de Cartagena, seus Protocolos e Instrumentos adicionais; (2) o Tratado de criação do TJCA; (3) as Decisões do

---

4. Disponível em: https://www.tribunalandino.org.ec/transparencia/normatividad/Tratado_Creaci%-C3%B3n_TJCA_ANT.pdf. Acesso em: 04 set. 2024.

Conselho Andino de Ministros das Relações Exteriores e da Comissão da Comunidade Andina; (4) a Resoluções da Secretaria Geral da Comunidade Andina e (5) as Convenções de Complementação industrial e outras que adotem os Países Membros entre si no marco do processo de integração andina.

O direito andino é um direito supranacional, autônomo, com aplicação imediata nos Países Membros da CAN, com prevalência sobre os direitos nacionais; não necessitando de ratificação ou qualquer outra forma de validação pelos parlamentos dos Países membros, ou de outra autoridade nacional. O direito andino, desde que seja suficientemente específico, é capaz de gerar direitos para os particulares, cabendo às autoridades nacionais respeitá-los e aplicá-los (Kahl, 2022).

A mineração ilegal foi objeto de discussão pelo TJCA, em função das Decisões 744 e 844 da CAN que dispõem sobre as atividades minerais ilícitas e o estabelecimento de um observatório da utilização de mercúrio, respectivamente. O TJCA emitiu duas interpretações prejudiciais.

No processo 575 – IP – 2015[5] a matéria de fato dizia respeito a uma ação de cumprimento ajuizada por uma associação de mineiros colombianos em face do Departamento Administrativo da Presidência da República da Colômbia e do Congresso colombiano, pretendendo fosse dada plena aplicação do artigo 107 da Lei 1450 Plano nacional de desenvolvimento) e ao numeral 1 do artigo 5 da Política Andina contra mineração ilegal (Decisão 774 da Comissão Andina de Ministros das Relações Exteriores).[6] Inicialmente, houve tramitação da matéria perante o judiciário colombiano, que negou as pretensões da associação.

Os objetos de interpretação por parte do TJCA foram os seguintes: (1) os princípios do ordenamento comunitário andino; (2) o princípio de preeminência, de aplicação imediata e de efeito direto; (3) a política andina de luta contra mineração ilegal aprovada pela Decisão 774 e sua finalidade.

Princípio da preeminência. Pelo princípio da preeminência, a norma comunitária prevalece sobre as normas internas ou nacionais (inclusive normas

---

5. Disponível em: https://www.tribunalandino.org.ec/decisiones/IP/575-IP-2015.pdf. Acesso em: 09 set. 2024.

6. Articulo 3º Minería en pequeña escala, artesanal o tradicional: Aquella que por sus características sea calificada como tal de conformidad con las legislaciones nacionales de los Países Miembros.

    Artículo 5º Medidas de Prevención y Control.

    Los Países Miembros adoptarán las medidas legislativas, administrativas y operativas necesarias para garantizar la prevención y control de la minería ilegal, en particular con el objeto de:

    1) Formalizar o regularizar la minería en pequeña escala, artesanal o tradicional. Disponível em: https://www.cancilleria.gov.co/sites/default/files/Normograma/docs/decision_comisioncandina_dec774. htm. Acesso em: 10 set. 2024.

constitucionais) de cada um dos países membros da CAN; dessa forma, nos casos de incompatibilidade entre uma norma comunitária e uma norma nacional, prevalece a comunitária. Não há revogação da norma nacional, mas ineficácia.

Princípio da aplicação imediata. Conforme a decisão do TJCA, o princípio da aplicação imediata determina a obrigatoriedade e exigibilidade da noma comunitária. O princípio está presente no artigo 3 do Tratado de Criação do TJCA. Segundo o princípio, a aplicação imediata significa que a norma andina adquire, automaticamente, o *status* de direito positivo no ordenamento jurídico interno de cada um dos países integrantes da CAN. Não há necessidade de nenhum ato a ser praticado pelos países membros, cabendo aos juízes aplicá-las imediatamente. O princípio da aplicação imediata tem como uma de suas consequências o estabelecimento de direitos e obrigações para os destinatários das normas comunitárias.

Política Andina de Luta contra a Mineração Ilegal. O TJCA reconhece que a mineração ilegal é um problema grave na CAN, pois é praticada sem as devidas autorizações, sem estudos ambientais e, frequentemente, em áreas passíveis de restrições ambientais. Ela também se faz com a utilização de mercúrio nos rios, causando danos à flora, à fauna e à saúde humana. A atividade não recolhe tributos, utiliza mão de obra infantil, favorece à prostituição etc.

A Decisão 774 objetiva enfrentar, de forma integral, os problemas causados pela mineração ilegal e de suas atividades conexas, estabelecendo as medidas, prevenção e controle a serem adotadas por cada país. A sua finalidade última é proteger o meio ambiente e a saúde humana dos efeitos negativos da atividade clandestina.

O TJCA declarou que o numeral 1 do artigo 5 deve ser interpretado no sentido de que o seu objetivo é fazer com que a mineração de pequena escala, artesanal ou tradicional cumpra com as autorizações, exigências e requisitos estabelecidos pela legislação interna da cada país membro, e aplicação do princípio da prevenção, com a finalidade de evitar danos ao meio ambiente, aos ecossistemas, à biodiversidade, aos recursos naturais e à vida e à saúde da população. O numeral 1 do artigo 5 não pode ser interpretado no sentido de gerar impunidade para a mineração ilegal que causa muitos danos ao meio ambiente e à saúde da população. O numeral 1 do artigo 5 é um imperativo que deve ser interpretado conforme o objetivo da Decisão 774; isto é, formalizar a mineração de pequena escala, artesanal ou tradicional, com o objetivo de evitar danos ao ambiente, aos ecossistemas e à saúde de população.

No caso concreto, o artigo 3º da Decisão 774 permite que os países membros da CAN definam, em seu direito interno, as atividades minerárias que podem ser classificadas como de pequena escala, artesanal ou tradicional. O TJCA observa

126 POVOS INDÍGENAS E TRIBAIS • PAULO DE BESSA ANTUNES

que isto acarreta que possa haver definições diversas entre os países; entretanto, a diferenciação não implica que os praticantes de tais atividades estejam isentos da obrigação de dar cumprimento às normas legais aplicáveis. A Decisão 774 deve ser interpretada no sentido de que há diferença entre mineração ilegal e mineração de pequena escala, artesanal ou tradicional. Todavia, a diferença não objetiva excluir os pequenos mineradores das obrigações de cumprimento das exigências legais aplicáveis, mas, sim, de incorporá-los a um regime legal que lhes permita a adequação à legalidade e assim garantir a proteção do meio ambiente.

2. CORTES CONSTITUCIONAIS DA AMÉRICA DO SUL

As Cortes Constitucionais da América do Sul, assim como os tribunais de instâncias inferiores, desde os fins do século XX, têm debatido com grande frequência as questões relativas à Consulta Prévia e ao Consentimento estipulados pela Convenção 169.[7] É possível afirmar que todas as nações sul-americanas têm discutido o tema judicialmente e, como se verá, as decisões emanadas da Corte Interamericana de Direitos Humanos têm servido como padrão decisório para os tribunais nacionais. Há, evidentemente, graus maiores ou menores de aproximação com as sentenças da Corte Interamericana.

2.1 Argentina

A Argentina embora não tenha uma jurisprudência vasta em relação à aplicação da Convenção 169, coleciona algumas decisões da Corte Suprema de Justiça da Nação, as quais, em sua maioria, não enfrentam o mérito, limitando-se a determinar que as Cortes inferiores reapreciem a matéria à luz de dispositivos constitucionais. Há que se registrar, igualmente, que a estrutura federativa do país impede que boa parte das questões chegue à Corte Suprema, pois as suas competências são expressas e, de certa forma, limitadas. O trâmite processual perante as cortes provinciais nem sempre alcança a Corte superior. A seguir serão apresentados alguns casos selecionados.

Caso Quompi-Lqataxac Nam Qompi

Em 2006, a Câmara do Contencioso Administrativo da província do Chaco concedeu a medida de amparo – procedimento assemelhado ao mandado de segurança brasileiro – requerida pelo conselho Quompi-Lqataxac Nam Qompi em face da província do Chaco, cujo objeto era: (1) obter o registro das comuni-

---

7. Para uma ampla coletânea de caso. OIT. *La aplicación del convenio núm. 169 por tribunales nacionales e internacionales en américa Latina*: uma compilación de casos / organización internacional del trabajo. Genebra: OIT, 2009, passim.

CAPÍTULO 6 • A CONVENÇÃO 169 E A CONSULTA PRÉVIA PERANTE OS TRIBUNAIS **127**

dades e organizações indígenas existentes na província, conforme disposto no artigo 37 da Constituição provincial e no artigo 75, 17 da Constituição Nacional e na Convenção 169 da OIT; (2) a declaração de inconstitucionalidade da Lei 4.804 que criou o Registro de Comunidades e Organizações Indígenas, haja vista que a discussão e elaboração de tal norma legal não fora precedida da necessária Consulta prévia, livre e informada por partes das organizações e comunidades indígenas e, (3) que se declarasse a inconstitucionalidade dos artigos 5 e 6 da Lei 3258 (norma está anterior à entrada em vigor da reforma constitucional de 1994), uma vez que tais artigos violavam direitos indígenas reconhecidos tanto pela Constituição da Província do *Chaco*, como pelo artigo 5 da Convenção 169.

A controvérsia teve origem com a negativa da autoridade provincial em reconhecer a personalidade jurídica da comunidade Lqataxac Nam Qompi, prejudicando a sua capacidade de obtenção de financiamentos e verbas para a construção de uma escola comunitária. Em sua defesa, a província pleiteou a improcedência da demanda sob o argumento de que o assunto era próprio da jurisdição contenciosa administrativa e que, ademais, após a reforma constitucional de 1994, houve mudanças legais e modificações no quadro normativo aplicável e que, além disso, as partes não haviam chagado a um consenso para a regulamentação do tema. Acrescentou que o reconhecimento das comunidades indígenas tinha caráter constitutivo e não meramente declaratório. Por isso, era necessário que as comunidades indígenas preenchessem determinados requisitos legais específicos para que pudessem ser reconhecidas pela autoridade administrativa como merecedoras de tutela especial.

Durante a instrução processual, ficou cabalmente demonstrado que, efetivamente, durante o período de tramitação do projeto de lei que deu origem à Lei 4.804/00 não houve qualquer consulta aos povos indígenas interessados no tema. A corte reconheceu como "prática usual" da maioria dos legisladores a inexistência de convocação dos interessados quando se trata de legislar para os indígenas, esquecendo-se da obrigatoriedade de participação imposta pela Constituição.

O Tribunal, ainda, assinalou que a participação disciplinada tanto pela Constituição Nacional, como pela provincial significa que os indígenas devem tomar parte dos processos de elaboração, execução e controle das decisões relacionadas a quaisquer ações a serem praticadas pelo Estado – mesmo que delegadas a particulares – em território indígena e/ou sua zona de influência ou que, direta ou indiretamente, estejam relacionadas com o povo afetado.

Finalizando, a corte entendeu inconstitucional o inciso c) do artigo 2 da Lei 4804, por ter sido aprovado sem a realização de consulta prévia aos povos indígenas, por violação aos artigos 37 e 75, inciso 17 da Constituição da Província do *Chaco*.

Caso Pilquiman, Crecencio c/ Instituto Autárquico de Colonización y Fomento Rural. Ação de amparo

A matéria foi submetida ao Judiciário por meio de um recurso de amparo proposto por Crecencio Pilquiman[8] e sua esposa em face do Instituto Autárquico de Colonização e Fomento Rural, objetivando garantir às comunidades indígenas Lagunita Salada, Gorro Frigio y Cerro Bayo (etnia Mapuche), das quais é membro, o direito à participação nos assuntos relativos ao seu território e à utilização dos seus recursos naturais, materializado na entrega de 2500 hectares de terra pública – situada ao lado da comunidade, na qual existe um cemitério indígena – a um fazendeiro local, muito embora, segundo o autor, tal território pertencesse à comunidade indígena. O caso foi julgado improcedente pelo Tribunal de Chubut confirmando o ato praticado pelo Instituto.

Os autores fundamentaram o pleito no artigo 75, inciso 17 da Constituição Nacional e na Convenção 169, tendo obtido uma decisão cautelar com o objetivo de impedir a cessão das terras, tal decisão foi revertida em favor do fazendeiro, tanto no juizado de Família de *Puerto Madryn,* como na Câmara de Apelações e até no Superior Tribunal de Justiça de Chubut. Um dos argumentos fundamentais utilizados para negar a pretensão dos Pilquiman foi a afirmação de que os *Mapuches* não são argentinos, pois teriam vindo do Chile para a Argentina após a fundação do país.

Inconformados com as decisões desfavoráveis, os Pilquiman interpuseram o recurso de queixa perante a Suprema Corte de Justiça, que anulou o decidido anteriormente, considerando arbitrárias as decisões das instâncias inferiores, motivo pelo qual deveriam ser anuladas. Entendeu a Corte Suprema que as instâncias inferiores haviam se apegado a formalismos excessivos, com "injustificado rigor formal" que acabaram por acarretar uma "frustração dos direitos", em especial o da garantia constitucional da ampla defesa em juízo. Como resultado, o tribunal constitucional determinou o reenvio dos autos para as instâncias ordinárias, de forma que novo julgamento fosse proferido, com a observância das garantias constitucionais.

Comunidade Mapuche Catalán e comunidade indígena Neuqiina c. Província de Neuquén (caso m 14902021)

O Superior Tribunal de Justiça da Província de Neuquén rejeitou a ação de inconstitucionalidade movida pela Comunidade Mapuche Catalá e pela Con-

---

8. Disponível em: http://infojusnoticias.gov.ar/opinion/la-corte-suprema-y-el-derecho-a-la-consulta-de-los-pueblos-indigenas-144.html. Acesso em: 11 jul. 2017.

federação Indígena Neuquén, visando declarar a inconstitucionalidade da lei provincial 2.439 que criou o município de Villa Pehuenia e o decreto PEP 2/04 que convocou eleições para formar a Comissão do respectivo município.

O Tribunal de Neuquén decidiu sob o argumento de que a pretensão das comunidades indígenas consistia na obtenção da declaração de que a criação do município não havia respeitado o direito de consulta aos povos indígenas e a omissão no reconhecimento da preexistência étnica e cultural dos mapuche sobre o território e, igualmente, não assegurou o direito de participação dos indígenas, conforme estabelecido no artigo 75, inciso 17 da Constituição Nacional e na Convenção 169 da OIT.Em conclusão, a Corte provincial ressaltou que tal discussão ultrapassava a sua competência, que estava limitada à declaração de inconstitucionalidade de norma perante a Constituição provincial.

Entretanto, e, sem prejuízo da posição defendida relativamente à competência do tribunal na ação autônoma de inconstitucionalidade, a Corte afirmou que a relevância institucional do caso exigia uma resposta em relação ao direito de consulta e participação, consagrados nos artigos 6, 7 e 15 da Convenção 169 da OIT.

Após sublinhar a importância destes direitos, especificou que o direito à consulta prévia surge apenas diante de medidas legislativas que afetem diretamente as comunidades indígenas, ou seja, disposições especificamente destinadas aos povos indígenas ou que, pelo seu conteúdo material, possam afetá-las em assuntos que são seus. Ele entendeu que nenhuma dessas circunstâncias estava presente no caso em discussão, pois a lei impugnada era uma norma geral limitada à província.

O processo foi à Suprema Corte de Justiça com parecer da Procuradoria Geral da Nação que, em síntese, foi firmado nos seguintes argumentos:

A Corte Suprema de Justiça da Nação causa "Andrada de Quispe, Rosario Ladiez e outros *o* Estado provincial s/ ação de amparo" (S.e. A 759, L. XLVII, dictamen del 27 de septiembre de 2013), tratou da incorporação no ordenamento jurídico argentino do artigo 75, inciso 17, da Constituição Nacional e de diversos instrumentos internacionais que tutelam os direitos humanos dos povos indígenas.

Esta reforma expressa uma nova ordem de considerações. Deixa atrás aproximações assimilacionistas e integracionistas dos povos indígenas e tribais e assenta, em seu lugar, um novo paradigma de proteção da diversidade cultural. Reconhece as sequelas de uma história de dominação cultural e coloca o desafio de passar de um modelo de Estado monocultural a outro de Estado intercultural e plural. Entende, a si mesmo, aos povos e comunidades indígenas como sujeitos coletivos titulares de uma proteção especial e ordena a adoção de medidas concretas para que estes grupos possam viver e legar às gerações futuras sua própria identidade cultural. Estas novas concepções foram destacadas durante os debates da Convenção Nacional Constituinte de 1994 (*Diario de sesiones de la Convención Nacional Constituyente, Reunión 29, Sesión 3º, 11 de agosto de 1994, p. 4091, 4094 y 4096*).

No caso, em relação ao direito de consulta, a questão estava em saber se a sanção da Lei 2.439, mediante a qual se declarou o povoado de Villa Pehuenia como município de terceira categoria, é susceptível de afetar diretamente às populações indígenas, na medida em que esse é o pressuposto que gera o dever de consultar previsto no artigo 6, inciso *a*, da Convenção 169 da OIT. O Relator do caso acrescentou que: "em conformidade com a natureza preventiva do direito, esta exige só a possibilidade – não a certeza – de que sejam alterados os direitos, interesse ou a forma de vida das comunidades indígenas".

A Procuradoria prossegue afirmando que, em seu entendimento, a criação de um município é suscetível de afetar de forma concreta e direta às comunidades mapuches em relação à adequada proteção de suas terras e os seus direitos políticos de participar na formulação dos desenhos das instituições políticas locais e decidir de forma autônoma sobre os aspectos indispensáveis para a preservação da vida indígena.

> Por un lado, la creación de un municipio requiere establecer los límites geográficos del ejido local y ello puede impactar en los intereses de los pueblos indígenas. En otras palabras, la demarcación es susceptible de afectar la integridad, valor, uso o goce de sus territorios, colocándolos, por ejemplo, bajo jurisdicciones municipales diversas, Es decir, el interés de las comunidades en este caso se funda en la adecuada conservación de la tierra y el territorio que tradicionalmente ocupan (art. 75, inc. 17, Constitución Nacional art. 14 y. 15 del Convenio 169 de la OIT).
>
> Por otro lado, la creación de un municipio supone adoptar un modelo de organización del poder constitucional y atribuir potestades a una autoridad local, lo que repercute en los derechos políticos de las comunidades, que son herramientas indispensables para la protección de sus intereses económicos, culturales y sociales.

A Corte Suprema de Justiça decidiu pela improcedência do recurso extraordinário conforme os seguintes trechos que se passa a destacar:

> No obstante, la decisión debe también dar cabal cumplimiento al hecho de que, en nuestro país, la soberanía reside en el pueblo que es uno solo y constituye el único sujeto colectivo con derecho a la autodeterminación colectiva. Por lo tanto, las comunidades indígenas no pueden pretender derechos políticos que ningún colectivo diferente al pueblo de la Nación y de las provincias tiene ni podría aspirar a tener dado el modo representativo, republicano y federal adoptado por esta Constitución para el gobierno de la Nación.
>
> 8º) A los fines de juzgar si el reconocimiento del estatus de municipio a Villa Pehuenia vulneró el derecho a la consulta previa de las recurrentes, es imprescindible fijar el alcance de los textos

en los que las recurrentes fundan dicho derecho. En este sentido, el art. 6.1.a del Convenio 169 de la OIT establece que "al aplicar las disposiciones del presente Convenio, los gobiernos deberán (…) consultar a los pueblos interesados, mediante procedimientos apropiados y en particular a través de sus instituciones representativas, cada vez que se prevean medidas legislativas o administrativas susceptibles de afectarles directamente".

Surge claro del texto transcripto en el párrafo precedente que el convenio no concede el derecho a la consulta previa en relación con todas las medidas legislativas o administrativas que puedan de cualquier modo impactar a las comunidades indígenas. Las comunidades indígenas no tienen, por ejemplo, el derecho a ser consultadas previamente frente a medidas que las afectan porque afectan a todos los argentinos o a todos los neuquinos o a todos los habitantes de Villa Pehuenia. Como quedó dicho precedentemente, el art. 6.1.a del Convenio 169 de la OIT califica el derecho a la consulta que concede mediante la expresión "susceptible de afectarles directamente".

De acuerdo a lo dispuesto por el art. 31.4 de la Convención de Viena de Derecho de los Tratados, todo tratado deberá interpretarse de buena fe conforme al sentido corriente que haya de atribuirse a sus términos. Ahora bien, según la Real Academia Española, entre las acepciones del adjetivo "susceptible" se encuentra la de ser "capaz de". Por su parte, dentro de las acepciones del verbo "afectar", el Diccionario de la Real Academia incluye la de "menoscabar, perjudicar, influir desfavorablemente" y, por último, el adverbio "directamente" quiere decir "de modo directo". Al definir el adjetivo "directo" la Academia incluye varias acepciones pero la única que es aplicable aquí es la siguiente: "que se encamina derechamente a una mira u objeto".

Entonces, de conformidad con el sentido corriente de los términos usados en el art. 6.1.a, la consulta previa a los pueblos indígenas es obligatoria únicamente respecto de las medidas administrativas o legislativas que son capaces de menoscabar o perjudicar derechamente – y no de modo indirecto o remoto – a los derechos de las comunidades indígenas.

La exigencia de que, para que sea obligatoria la consulta previa, tiene que tratarse de una afectación a un derecho especialmente reconocido a los pueblos indígenas surge del mismo Convenio 169 de la OIT. En efecto, el Convenio 169 de la OIT no establece una obligación de consulta previa exigible por las comunidades indígenas en todos los casos sino solamente cuando se apliquen "las disposiciones del Convenio". Así lo dispone expresamente el art. 6.1.a del Convenio y se encuentra confirmado por los trabajos preparatorios en los que se indica que lo que se pretendió fue reconocer que "las poblaciones indígenas y tribuales (sic) tienen derecho a participar en el proceso de toma de decisiones en los países donde viven y *en lo que atañe a todas las cuestiones cubiertas por el Convenio revisado y que les afecten directamente*" (OIT, observación 2010/81, página 4, el destacado es propio).

Ratifica esta interpretación el hecho de que el Convenio 169 de la OIT específicamente explicitó la necesidad de consultar a los pueblos indígenas solo en el caso de medidas que están dirigidas a las comunidades (arts. 17.2, 22.3 y 28.1) o cuando no estén dirigidas a ellas pero pueden afectarlas directamente en un derecho reconocido en el mismo Convenio (art. 15.2). Es razonable asumir que la regla general que impone el deber de consultar a las comunidades no puede ser contradictoria con la regulación específica de los casos de consulta pues el contexto, que incluye el modo en que un instituto es regulado por el tratado, debe ser siempre tenido en cuenta a los efectos de la interpretación de un tratado internacional (art. 31.2 Convención de Viena sobre el Derecho de los Tratados).

De lo anterior surge con claridad que el derecho a la consulta previa solo puede esgrimirse frente a una medida legislativa o administrativa que regule de modo directo a los pueblos indígenas o a sus integrantes o, si se trata de una medida de alcance general, cuando puedan afectar directamente (y no de modo indirecto o remoto) un derecho de los pueblos indígenas reconocido por el Convenio 169 de la OIT.

2.2 Bolívia

Lei de Hidrocarbonetos

A Bolívia é uma grande produtora de gás natural que, em boa parte é exportado para o Brasil por um gasoduto que, no trecho boliviano, tem início na localidade de Rio Grande, um povoado com apenas 400 habitantes de origem indígena, e se estende por 557 km até Porto Suarez, na fronteira com o Brasil.[9] A atividade é de grande importância para o país e, evidentemente, tem repercussão sobre as populações originárias camponesas.

O Tribunal Constitucional Plurinacional boliviano, pela Sentença Constitucional 0045/2006[10] teve a oportunidade de examinar a constitucionalidade dos artigos 114 e 115, dentre outros, da Lei de Hidrocarbonetos (17 de maio de 2005) que tratam da consulta e participação dos povos originários quando se cuida da utilização de recursos naturais em territórios indígenas. No caso concreto, o TCP examinou um recurso direto de inconstitucionalidade apresentado por um deputado que entendia inconstitucionais os artigos mencionados. As razões para a inconstitucionalidade repousavam no fato de que, segundo o parlamentar, os artigos atribuíam aos indígenas direitos que não eram outorgados a outros setores da sociedade boliviana, incorrendo assim em violação à isonomia entre os cidadãos.

O TCP entendeu que as normas impugnadas eram resultado do cumprimento dos artigos 4, 6, 15 e 18 da Convenção 169 da OIT que, no entendimento da Corte, integram o "bloco de constitucionalidade", ou seja, são normas constitucionais.

O TCP, em suas razões de decidir, parte da construção de que o artigo 15 (b) da Convenção 169 impõe a necessidade de consulta, mas não estabelece que o acordo com os povos indígenas seja um requisito necessário para a realização das obras ou intervenções sobre o ambiente. A Corte entendeu que o objetivo da consulta, na hipótese concreta, é o de quantificar os danos que os povos indígenas e tribais poderão sofrer em função da atividade projetada, concluindo que a consulta prévia, obrigatória e oportuna, é compatível com a Constituição Boliviana e com a Convenção 169. O TCP conclui, ainda, que as comunidades indígenas não têm o direito de veto sobre os empreendimentos nas hipóteses do artigo 15

---

9. Disponível em: https://www.tbg.com.br/tra%C3%A7ado-do-gasoduto. Acesso em: 27 out. 2024.
10. Disponível em: https://jurisprudencia.tcpbolivia.bo/. Acesso em: 29 out. 2017.

CAPÍTULO 6 • A CONVENÇÃO 169 E A CONSULTA PRÉVIA PERANTE OS TRIBUNAIS **133**

(2) da Convenção 169.[11] Por fim, o TCP assinala que a Lei de Hidrocarbonetos assegura o pagamento de uma indenização equitativa aos povos indígenas, com vistas a não os deixar desprotegidos. Em conclusão: declarou a constitucionalidade da obrigação de consultar os povos indígenas e inconstitucional o caráter vinculante dos resultados da consulta.[12]

Território Indígena e Parque Nacional Isiboro Sécure (TIPNIS)

Uma importante decisão judicial sobre o tema é a Sentença Constitucional Plurinacional 0300/2012, sentença fundadora,[13] na qual foram estabelecidos os

---

11. "[E]n conclusión, lo que la norma analizada [el artículo 15.2 del convenio 169] impone es una obligación al estado para consultar la existencia de afectación a los intereses de pueblos indígenas y tribales, atendiendo las particulares circunstancias sociológicas de éstos; y no que dicha consulta sea con carácter determinativo o definitivo para conseguir la aquiescencia de dichos pueblos, sin la cual no sea posible explotar los recursos del subsuelo que son propiedad del estado, sino que más bien la norma analizada impone el deber de consultar cuál el daño que pueden sufrir sus intereses, para que sea debida y equitativamente indemnizado; por tanto, la consulta no puede ser entendida como la solicitud de una autorización, sino como un acto efectivo de consultar a los pueblos indígenas y tribales asentados en los territorios objeto de la explotación sobre la cuantificación del daño a sus intereses, que sufrirán como efecto de dicha extracción; y mucho menos puede ser entendida como una facultad para impedir la explotación de la riqueza del subsuelo que pertenece al estado, pues por encima de los intereses de grupo de cualquier índole, se encuentra el supremo interés de la mayoría, expresado por las autoridades del estado".

12. "[R]especto a lo dispuesto por las normas del art. 115 de la LH, se debe expresar que su texto refleja la adopción por parte de la Ley de Hidrocarburos del derecho a la consulta establecido por el art. 15.2 del convenio 169 de la OIT; no obstante, al establecer que dicha consulta tiene por objeto, además de determinar la afectación a los intereses de los pueblos indígenas o campesinos, lograr su consentimiento, se margina de lo dispuesto por el bloque de constitucionalidad, pues como ya fue analizado, el referido art. 15.2 del convenio 169 de la OIT, no tiene ese objeto, máxime cuando, como ya fue expuesto, los hidrocarburos son de propiedad del estado; por tanto, ninguna persona, parcialidad o grupo de personas puede oponerse a la explotación de las riquezas hidrocarburíferas, lo que no implica que se prive de derechos a los grupos afectados por dicha explotación, pues producto de la consulta sobre la afectación que sufrirán deberán recibir una indemnización equitativa, que debe establecerse para cada caso, conforme dispone el art. 116 de la LH.

La aplicación del convenio núm. 169 por tribunales nacionales e internacionales en América Latina de otro lado, respecto al carácter obligatorio de la consulta, dicho mandato puede tener dos acepciones, siendo la una constitucional y la otra no; así, la primera de ellas impone el deber ineludible para el estado de consultar a los pueblos indígenas sobre el perjuicio que pueden sufrir por la actividad hidrocarburífera, lo que es concordante con el mandato supralegal; empero, lo dispuesto por el art. 115 de la LH, dándole valor obligatorio al resultado de la consulta como una autorización, es una segunda comprensión de obligatoriedad, dirigida a otorgar autoridad a la consulta y valor vinculante para el estado del consentimiento del pueblo indígena para desarrollar actividad hidrocarburífera, lo que excede la previsión del bloque de constitucionalidad, que como ya fue dicho, no tiene la intención de frenar la explotación de la riqueza del subsuelo que pertenece al estado; por tanto, dicha obligatoriedad debe ser entendida en el sentido de que la consulta es un deber ineludible del estado; por ello la frase que dispone: "o lograr el consentimiento de las comunidades y los pueblos indígenas y originarios", resulta inconstitucional, y así debe ser declarada".

13. Decisões do tribunal que estabelecem um novo entendimento sobre determinado assunto.

parâmetros a serem seguidos para a aplicação da CLPI. O caso dizia respeito a uma arguição de inconstitucionalidade da Lei 222 (Lei de consulta aos povos indígenas do território indígena e parque nacional Isidoro Sécure – TIPNIS).[14] O governo boliviano planejava construir uma estrada (Villa Tunari – San Ignacio de Moxos) cruzando o TIPNIS. Devido a pressões contra a construção da estrada, o governo sancionou a Lei 180, de outubro de 2011 que declarou o território intangível e proibiu a construção da estrada. Todavia, logo em seguida, foi promulgada a Lei 222, de fevereiro de 2012 sobre a consulta prévia, com vistas à continuidade das obras de construção da estrada através do TIPNIS.

O julgamento ora comentado é relativo à constitucionalidade da Lei 222. A base de arguição de inconstitucionalidade da norma prendia-se ao fato de que ela não poderia ser aplicada à questão do TIPNIS, pois fora posterior ao início dos trabalhos de construção da rodovia.

Ao decidir a questão, o TCP entendeu que a consulta, em princípio, deve preceder à implantação do projeto, plano ou medida que afete os direitos dos povos indígenas ou antes da aprovação da lei ou outro ato normativo que possam afetar-lhes. Na decisão, o Tribunal fez expressa referência às decisões emanadas tanto da CIDH como da Corte IDH, destacando que a consulta deve anteceder os trabalhos e ter o seu início nas fases de planejamento. Em apoio à sua argumentação, o TCP afirmou que:

> [D]a mesma forma, a Corte Interamericana na resolução sobre o caso Saramaka, salientou que a consulta com os povos indígenas deve ser realizada durante as primeiras fases do plano ou projeto de desenvolvimento ou investimento ou da concessão minerária, e "não apenas quando surgir a necessidade de obtenção da aprovação da comunidade, se este for o caso. O aviso precoce proporciona tempo para a discussão interna no seio das comunidades e para uma resposta adequada por parte do Estado"... (Corte Interamericana de Direitos Humanos. Caso do Povo Saramaka vs Suriname. Exceções Preliminares, Mérito, Reparações e Custas. Sentença de 28 de novembro de 2007. Série C n. 172, par. 133).

A Corte entendeu que, conforme o disposto no artigo 32.2 da Declaração dos Direitos dos Povos Indígenas, a consulta deve ser prévia e, portanto, anterior à aprovação de qualquer projeto que afete suas terras ou territórios e recursos. A Corte acrescentou que, se a consulta não for prévia, "há de fato uma diminuição dos direitos dos povos indígenas". A violação pode ser combatida por meio das ações constitucionais próprias, tal como assegurado pelo precedente firmado SC 1018/2011-R, de 22 de junho "a partir de uma interpretação sistemática do art. 135 da Constituição Política do Estado". Todavia, diante do caso concreto, o Tribunal Constitucional Plurinacional entendeu que:

---

14. Disponível em: http://www.oeco.org.br/reportagens/25872-estrada-pelo-tipnis-a-novela-continua/. Acesso em: 10 out. 2017.

CAPÍTULO 6 • A CONVENÇÃO 169 E A CONSULTA PRÉVIA PERANTE OS TRIBUNAIS **135**

[n]o entanto, deve-se esclarecer que, quando a omissão inicial é sanada e que, por exemplo se leve adiante a consulta, essa consulta seja realizada, ou seja editada uma lei que sobre ela disponha em conformidade com a Constituição e as normas internacionais sobre direitos humanos, dita norma não pode ser considerada inconstitucional ou contrária ao bloco de constitucionalidade, porque ainda que não seja prévia e, por isso mesmo, existiu – como se disse – lesão aos direitos dos povos indígenas; no entanto, essa norma está dando cumprimento a um direito coletivo, ainda que tardiamente.

Um entendimento contrário, implicaria em que a lesão aos direitos dos povos indígenas não poderia ser reparada em nenhuma circunstância; Pois, sob a alegação de que a consulta não fora prévia, teria que se declarar inconstitucionais as leis emitidas com essa finalidade, o que nos levaria ao absurdo de manter o estado de coisas inconstitucionais por tempo indeterminado, uma situação que não é consentida nem desejada pela ordem constitucional, nem pelas normas contidas nos tratados internacionais sobre direitos humanos.

Com base no raciocínio acima, a Corte Boliviana admitiu que, nas hipóteses nas quais os projetos tenham sido iniciados sem a consulta prévia, é possível buscar uma acomodação das posições de forma que não se invalide ou anule os procedimentos já iniciados. Entende o Tribunal que, muito embora o ideal seja que a consulta deva ser realizada antes da tomada de decisão, caso isto não ocorra, entretanto, a obrigação de consultar "não desaparece, de fato, a consulta é ainda mais necessária, porque na verdade haveria uma violação do direito dos povos indígenas sobre o seu território e do mesmo direito de consulta". O TCP parte do pressuposto que a posição adotada está em linha de coerência com a jurisprudência internacional relativa à matéria que determina a realização da consulta mesmo que os projetos estejam em implantação, pois do contrário se chegaria à errônea conclusão de que o fato consumado da implantação do empreendimento teria força para anular o direito dos povos indígenas e tribais à consulta.

Com esse entendimento conclui-se que o art. 1º da Lei 222, sobre a convocação da consulta livre e informada, não contradiz às disposições constitucionais, nem as regras do bloqueio constitucional; pelo que se reitera, permite que os povos exerçam esse direito em relação às medidas que os afetem diretamente e que, portanto, se está dando cumprimento ao disposto nos arts. 30.II.15 da CPE, 6.1 da [Convenção 169 da] OIT e 19 da Declaração [das Nações Unidas] sobre os Direitos dos Povos Indígenas

Um entendimento contrário, no sentido de que anotam os demandantes, isto é, que a Lei 222 é inconstitucional, pois não foi precedida pelas ações legislativas e administrativas, que começaram em 2006 implicaria que a lesão aos direitos dos povos indígenas não poderia ser reparada em nenhuma hipótese qualquer circunstância; levando-se ao absurdo de manter a omissão inconstitucional por tempo indeterminado, não sendo esse o sentido da Constituição Política do Estado, nem o da Convenção 169, ou o da Declaração das Nações Unidas sobre os Direitos dos Povos Indígenas, nem da jurisprudência a Corte Interamericana de Direitos Humanos, como foi amplamente discutido na base III.4.1 legal desta decisão.

Com efeito, a decisão é pragmática, pois, do ponto de vista prático, a declaração de inconstitucionalidade da Lei 222 em nada melhoraria a situação dos indígenas em relação à construção da rodovia que, como parece ser óbvio, era um fato consumado.

2.3 Chile

O Poder Judiciário chileno, por meio da Direção de Estudos da Corte Suprema, organizou as tendências jurisprudenciais do elevado tribunal em relação aos direitos dos povos indígenas e, em especial, com relação à Convenção 169 e à consulta prévia, livre e informada. Boa parte das tendências jurisprudenciais identificadas está vinculada à intercessão entre questões indígenas e ambientais, sobretudo em relação à utilização de recursos naturais.

A Corte Suprema chilena entende que o artigo 6 (1) da Convenção 169 estabelece que a consulta aos povos interessados tem por objetivo a celebração de um acordo em relação às medidas propostas que possam afetar aos territórios indígenas ou impactar os seus estilos de vida tradicional, todavia "jamais dita forma de participação poderia se constituir em uma consulta popular vinculante nem afetar as atribuições privativas das autoridades que a Carta Fundamental determina". De acordo com a Corte, o artigo 5º da Constituição Chilena estabelece que a soberania reside essencialmente na Nação e é exercida por meio de plebiscito e eleições periódicas, bem como pelas autoridades definidas na própria Constituição, assinalando que nenhum setor do povo, nem qualquer indivíduo pode atribuir-se tal exercício. Resulta daí que, assim como os demais habitantes do País, os povos indígenas estão submetidos ao ordenamento constitucional vigente, "sem que se lhes tenham transferido potestades que impliquem, de fato, um exercício da soberania". Em conclusão, a Corte entendeu que a participação consultiva tratada pela Convenção 169 não implica na atribuição aos povos indígenas "de poderes ou autoridades públicas, mas consolidar o direito que os assiste a serem consultados em assuntos que lhes dizem respeito (C.S., 14.10.2010, Rol: 4078-10)".

No que tange à participação indígena nos processos de licenciamento ambiental de projetos que possam impactar seus territórios, há entendimento que ela é obrigatória quando tais processos de licenciamento ambiental sejam realizados com a exigência de estudos prévios de impacto ambiental; entretanto, entende a Corte que a determinação quanto à existência ou não de impacto sobre uma comunidade indígena deve ser feita, na forma da legislação nacional (Lei 19.300, Lei sobre Bases Gerais do Meio Ambiente) (autos rol 2211-2012, de 27.04.2012; 10090-2011, de 22.03.2012; 11040-2011, de 30.03.2012; 258-2011, de 13.07.2011; 6062-2010, de 04.01.2011). Logo, não há diferença fundamental entre a consulta prevista na legislação especificamente ambiental e aquela tratada pela Convenção 169:

CAPÍTULO 6 • A CONVENÇÃO 169 E A CONSULTA PRÉVIA PERANTE OS TRIBUNAIS **137**

[O] procedimento de participação cidadã nos projetos submetidos a estudo de impacto ambiental – previsto no artigo 26 da Lei 19.300 – é o mecanismo através do qual se leva a efeito o dever de consulta a que obriga a Convenção 169, cujo texto e princípios que a informam resultam plenamente compatíveis e alcançam eficácia com a normativa ambiental vigente (C.S. 14.10.2010, Rol: 4078-2010).

Considerando-se a determinação da Convenção 169 em relação à consulta prévia nas etapas de planejamento e preliminares dos projetos, entende a Corte que na fase de requerimento de concessões para a exploração de energia geotérmica sobre territórios indígenas, não é cabível a realização de dita audiência, assim como não é cabível a consulta em casos de concessão de outorgas para a exploração turística em áreas protegidas (Corte de Apelações de Santiago, rol 12.533-12, de 16 de novembro de 2012, considerando 9º (rechaçado). Sentença confirmada pela Corte Suprema, Rol 9527-12, de 17 de janeiro de 2013).

As decisões da Corte Suprema, em tema de aplicação da Convenção 169, têm sido alvo de fortes críticas por parte da doutrina especializada, assim como tem havido críticas à regulamentação chilena da matéria feita pelo Decreto Supremo 124 de 4 de setembro de 2009, em especial dos artigos 3º, 4º e 5º. Conforme a doutrina especializada (Contesse e Lovera, 2011). Sustenta a crítica que o Decreto 124 diminuiu a abrangência dos termos da Convenção 169 e que, de fato, nega a realização das consultas aos povos indígenas, pois ao remeter a consulta às normas setoriais, esquece-se de que nas principais normas setoriais chilenas – mineração, água, eletricidade –, não há previsão legal de consulta, o que somente acontece com a Lei de Bases Gerais do Meio Ambiente, a qual prevê um regime geral de consulta pública, sem qualquer particularidade para os povos indígenas.

2.4 Colômbia

A Corte Constitucional colombiana decidiu inúmeras questões relacionadas à implementação da Convenção 169, com especial ênfase nas matérias relativas à consulta prévia e ao consentimento dos povos indígenas e tribais para intervenções que possam afetar seus territórios e modo de vida.

Exploração de Recursos Naturais em Território Indígena

A sentença SU-039/97 emitida pela Corte Constitucional da Colômbia resultou de uma representação apresentada pelo defensor do povo em favor do povo indígena U'wa, em face do ministério do meio ambiente, por entender negados os direitos do povo indígena à realização de consulta completa relativa à exploração de hidrocarbonetos em seus territórios, haja vista que a realização de uma simples reunião com líderes comunitários não é suficiente para caracterizar a implementação do processo de consulta prévia, livre e informada. Em razão disso, foi solicitada a anulação da licença ambiental concedida, tendo por base a violação dos artigos 6 e 15 da Convenção 169. A empresa responsável pela atividade argumentou que seguiu toda a tramitação legal e que, ademais, havia realizado cerca de 33 reuniões com as comunidades interessadas e que as reuniões não foram meramente formais, como alegado pelo defensor do povo.

Ao decidir, a Corte Constitucional entendeu que:

A exploração dos recursos naturais nos territórios indígenas deve ser compatível com a proteção que o Estado deve dispensar à integridade social, cultural e econômica das comunidades indígenas, integridade que configura um direito fundamental para a comunidade por estar ligada e à sua subsistência como grupo humano e como cultura. Para assegurar a dita subsistência, foi prevista, quando se trata da exploração de recursos naturais, em territórios indígenas, a participação da comunidade nas decisões que sejam adotadas para autorizar tal exploração. Deste modo, o direito fundamental da comunidade a preservar a integridade se garante e se efetiva através do exercício de outro direito que também tem o caráter de fundamental, como é o direito de participação da comunidade na adoção de decisões. A participação das comunidades indígenas nas decisões que podem afetá-las em relação à exploração dos recursos naturais oferece como particularidade o fato de que a participação mencionada, através do mecanismo de consulta, adquire a conotação de um direito fundamental, já que é erigida como um instrumento que é básico para preservar a integridade étnica, social, econômica e cultural das comunidades indígenas e assegurar, assim, a sua sobrevivência como grupo social. Desta forma, a participação não é reduzida apenas a uma intervenção na ação administrativa destinada a garantir o direito de defesa daqueles que serão afetados pela autorização da licença ambiental, mas tem maior significado por causa dos altos interesses que busca tutelar, assim como os relativos à definição de destino e à segurança da subsistência das comunidades acima mencionadas.

A Corte Constitucional, com fundamento nos artigos 40 e 330 da Constituição colombiana e com as normas da Convenção 169, decidiu que a consulta às comunidades que podem ser afetadas em razão da exploração de recursos naturais, necessita da adoção de medidas de comunicação e entendimentos caracterizadas pelo mútuo respeito e boa-fé entre as partes, com vistas a alcançar: (1) que a comunidade tenha conhecimento pleno sobre os projetos destinados a explorar os recursos naturais nos territórios que ocupem ou lhes pertençam, assim como os mecanismos, procedimentos e atividades requeridos para pô-los em execução; (2) que a comunidade seja informada sobre a maneira como a execução poderá implicar em menoscabo aos elementos que constituem a base de sua coesão cultural, social, econômica e política e, finalmente, a sua subsistência como grupo humano portador de características singulares; (3) que seja dada a oportunidade para que a comunidade possa, livremente e sem interferências externas, mediante a convocação de seus integrantes, avaliar as vantagens e desvantagens que o projeto trará para a comunidade e que seja ouvida para que as suas

CAPÍTULO 6 • A CONVENÇÃO 169 E A CONSULTA PRÉVIA PERANTE OS TRIBUNAIS **139**

preocupações e expectativas, no que concerne à defesa de seus interesses, sejam apresentadas às autoridades e empreendedores com os seus pronunciamentos.

A Corte estabeleceu que, na hipótese em que o acordo com a comunidade não seja possível,

> a decisão da autoridade deve ser desprovida de arbitrariedade e de autoritarismo; em consequência deve ser objetiva, razoável e proporcional à finalidade constitucional que exige do Estado a proteção da identidade social, cultural e econômica da comunidade indígena.

Além disso, a Corte Constitucional determinou que devem ser arbitrados os mecanismos capazes de mitigar, corrigir ou restaurar os efeitos que as medidas de autoridade possam produzir em detrimento da comunidade ou de seus membros. O tribunal concluiu que:

> Não tem, por conseguinte, o valor de consulta à informação ou notificação que feita à comunidade indígena sobre um projeto de exploração de recursos naturais. É necessário que se cumpram as diretrizes antes mencionadas, que se apresentem fórmulas de entendimentos ou acordo com a comunidade e que finalmente esta se manifeste, através de seus representantes autorizados, sua conformidade ou inconformidade com o dito projeto e sobre a maneira como afeta à sua identidade étnica, cultural, social e econômica.

A Corte, dessa forma, confirmou que a CLPI é um procedimento próprio que não se confunde com outras formas de consulta e que deve ser realizado conforme os métodos adotados pelo povo indígena ou comunidade tradicional e serem consultados.

Estatuto do Desenvolvimento Rural [EDR]

O caso relativo à constitucionalidade do Estatuto do Desenvolvimento Rural é muito relevante, pois diz respeito ao direito de consulta e participação no processo legislativo nas hipóteses em que o projeto de lei seja apto a gerar impactos sobre os territórios dos povos indígenas e tribais.

A Sentença C-175/09 foi proferida em uma arguição de inconstitucionalidade do EDR devido à omissão do dever estatal de consulta prévia às comunidades indígenas e outros grupos étnicos que pudessem vir a ser afetados pela norma. Os autores da medida judicial impugnaram a totalidade da Lei 1.152/07 sob o argumento de violação aos artigos 2º, 7º, 40 e 330 da Constituição Colombiana e ao artigo 6º da Convenção 169 da OIT, haja vista que as comunidades indígenas e afrodescendentes não foram consultadas quando da elaboração do projeto de lei, nem quando de sua tramitação perante o Congresso. Os autores informaram que durante a tramitação do projeto de lei foram realizadas algumas reuniões informativas para alguns setores sociais que, todavia, não foram suficientes para atender às determinações constantes da Sentença SU – 039/97 da Corte Constitucional e, portanto, não cumpriram com as exigências para que a consulta possa ser tida como juridicamente válida.

A impugnação sustenta que a Convenção 169 da OIT estabelece que os governos têm a obrigação de respeitar a importância que possui, para as culturas e valores espirituais dos povos indígenas e tribais, a ligação com a terra e os territórios que está tratada em vários artigos da própria convenção. No caso concreto, o EDR tem várias disposições reativas às comunidades indígenas e tribais e, portanto, sobre tais comunidades tem inequívoca repercussão. Inobstante tais considerações, as comunidades afetadas não puderam exercer o direito à consulta prévia, fato que contamina todo o EDR, motivo pelo qual requereram a declaração de inconstitucionalidade de toda a Lei 1152/07.

A Corte Constitucional entendeu que a Lei 1.152/07 é uma "regulação integral e sistemática sobre o desenvolvimento rural e o uso e aproveitamento da propriedade agrária.", e, em tal condição, debe ser submetida ao processo de consulta prévia das comunidades indígenas e afrodescendentes, "em razão da especial conotação que o território tem para estes povos". Acrescentou, ainda que o processo de esclarecimento e consulta desenvolvido pelo governo junto às comunidades indígenas e afrodescendentes não foi adequado, pois iniciado quando a tramitação legislativa do projeto de lei já se encontrava em fase avançada, o que indicava uma "circunstância incompatível com a vigência do princípio de boa-fé nos processos de consulta prévia", impedindo qualquer convalidação do que já fora praticado pela administração.

As consultas formuladas pela Administração poderiam ser tidas como expressão de um direito de participação de caráter geral, o qual, no entanto, não se confunde com as

> modalidades concretas das comunidades indígenas e afrodescendentes às quais se refere o artigo 6º da Convenção 169 da OIT, que correspondem a um procedimento substantivo de índole constitucional, dirigido a satisfazer o direito fundamental à consulta prévia, do qual são titulares as comunidades indígenas e afrodescendentes

Diante das questões acima suscitadas, a Corte entendeu que toda a lei deveria ser julgada inconstitucional, gerando a decisão efeitos para o futuro.

Cartagena – Praia

Pela Sentença T-376/12, a Corte Constitucional, tratou do pedido de tutela apresentada por Jovannys Pardo Castro em face da Direção Marítima da Autoridade Portuária do Distrito Turístico e Cultural de Cartagena, considerando

CAPÍTULO 6 • A CONVENÇÃO 169 E A CONSULTA PRÉVIA PERANTE OS TRIBUNAIS **141**

que a autoridade violou os seus direitos fundamentais ao (1) mínimo de subsistência, (2) ao trabalho, (3) ao devido processo legal e por violação ao princípio da confiança legítima; assim como violou o direito fundamental dos conselhos comunitários da comunidade negra da unidade comunitária governo rural de La Boquilla, Paróquia de Nossa Senhora e do conselho de turismo do distrito turístico e cultural de Cartagena, haja vista que não houve consulta fora consultado antes da concessão de uma área de 8.194 m² de praia na região de Cielo Mar La Boquilla (Cartagena) para a empresa Talarame Inversiones y Compania SA.

De acordo com as alegações da Autora, durante 15 anos ela trabalhou na praia no setor de turismo e que, no dia 5 de julho de 2011, foi impedida de trabalhar pela administração do edifício Torre de las Americas, sob o argumento que este último tinha o direito ao desfrute da praia, pois titular de uma permissão expedida pela Direção Marítima da Autoridade Portuária de Cartagena. A autora da ação afirmou, em complemento, que os habitantes de La Boquilla estão organizados sob a forma de conselho comunitário – confome os ditames da Lei 70 de 1993 –, de forma que se acham amparados pela Convenção 169 da OIT, a qual estabelece a obrigação de que as comunidades indígenas e afrodescendentes sejam consultadas antes da adoção de medidas que afetem os seus interesses. Indica, a Autora, que a Resolução 0497/2099 da autoridade portuária outorgou concessão para a empresa Talamare de área de praia marítima equivalente a 8195 m², sem consultar à comunidade de La Boquilla, em contradição com a Convenção 169 da OIT, em particular com os artigos 6º e 7º, e com a jurisprudência constitucional.

Ao decidir o caso concreto, a Corte Colombiana entendeu que:

> O direito de participação das comunidades étnicamente diferenciadas se concretiza em três níveis de participação de distinta intensidade: (1) a "participação simples" frente a medidas que suponham un interesse indireto e só acidental para a comunidade; (2) a consulta prévia frente a medidas que as afetem diretamente; e (3) o consentimento prévio, livre e informado em relação com aquelas que supõem uma afectação especialmente intensa, segundo foi definido pela jurisprudência constitucional.

A jurisprudência da Corte (sentenças T–244/2012 e T 348/2012) reconheceu o direito de participação direta das pessoas e grupos humanos vulneráveis nos projetos urbanísticos e macroprojetos voltados para a recuperação do mercado de Bazurto e a construção de estradas. Pela análise dos casos precedentes, firmou-se o entendimento no sentido de que a exclusão da participação de grupos vulneráveis em projetos urbanísticos e nas decisões a eles associadas é violação ao direito de participação que "usualmente deriva em ameaças ou violações de outros direitos porque a omissão na participação leva à tomada de decisões que não atendem a todos os aspectos constitucionalmente relevantes". É importante observar que nos precedentes, a Corte, por meio de sua 7ª Sala, determinou a realização de reuniões destinadas a "alcançar um acordo sobre as medidas de compensação e relocalização adequadas para os afetados, levando em conta, de uma parte, que os peticionários não eram povos indígenas ou comunidades afrodescendentes, titulares do direito à consulta prévia...". No caso, a parte autora foi a comunidade negra de La Boquilla que é titular do direito, tendo demonstrado que a medida impugnada causara interferência direta em seu modo de vida. Consequentemente, a Corte determinou a anulação da medida administrativa e a realização da consulta reivindicada pela comunidade.

Plano Colômbia: erradicação de plantações ilícitas

O Plano Colômbia foi concebido no governo Andrés Pastrana (1998 – 2002) com vários objetivos políticos, sociais, militares e estratégicos. Ele também foi aprovado pelo Congresso dos Estados Unidos da América, no contexto da "guerra às drogas", tendo sido apresentada uma proposta de ajuda para a Colômbia com os seguintes termos: (1) pressão para o sul, centrado nas áreas de Putumayo (petroleira) e Caquetá (com forte presença guerrilheira), com o fornecimento de helicópteros, artilharia, treinamento e assistência nas áreas de inteligência; (2) reforço da interdição na zona andina, apoiando a instalação de radares e bases aéreas e o funcionamento da aviação mediante a melhoria dos aeroportos (incluindo os de Equador, Aruba e Curaçao); (3) apoio aos corpos policiais colombianos; desenvolvimento alternativo para promover a substituição de cultivos; e (4) melhor governabilidade, financiando a capacitação de representantes para os diálogos de paz. O orçamento do Plano Colômbia foi fixado, inicialmente, em US$ 1,32 bilhões, dos quais US$ 860 milhões eram para a Colômbia, com 74,68% diretamente para apoio militar e policial. O total previsto era de US$ 7,5 bilhões, dos quais US$ 3,52 bilhões vindos do exterior, e seriam geridos por organismos multilaterais de crédito (BM, FMI, BID), ficando o restante a cargo do governo colombiano. Esse orçamento foi complementado com ajudas de emergência em vários momentos. Com a Administração Bush – 2001 – o plano foi aprofundado, passando a denominar-se Iniciativa Andina Antidroga (*Andean Counterdrug Initiative*), que previu o fornecimento de recursos destinados à luta antinarcóticos na Colômbia, no Peru, na Bolívia, no Equador e no Brasil.

O Plano Colômbia pretendia erradicar as plantações de coca, papoula e maconha da região por meio da fumigação de campos e florestas com glifosato, dentre outros métodos de ação. As comunidades indígenas e tradicionais que residiam nas áreas submetidas à fumigação, representadas pela Organização dos Povos Indígenas da Amazônia Colombiana – OPIAC, propuseram medidas judiciais sob os argumentos de violação de seus direitos fundamentais (1) à vida, (2) à existência comunitária, (3) ao meio ambiente sadio, (4) ao livre desenvolvi-

CAPÍTULO 6 • A CONVENÇÃO 169 E A CONSULTA PRÉVIA PERANTE OS TRIBUNAIS **143**

mento da personalidade, (5) ao devido processo e ao (6) direito de participação dos povos indígenas nas decisões que os afetem que estariam sendo violados pelo programa governamental de fumigação de cultivos ilegais em seus territórios. Quanto às plantações de coca, as comunidades indígenas dos departamentos de Putumayo, Guaviare, Guainia, Amazonas e Caquetá, sustentaram que tal cultivo é tradicional e praticado desde tempos imemoriais, sendo o uso da coca efetuado em pequenas quantidades dentro de seus territórios que estariam ameaçados com a fumigação indiscriminada. O caso foi julgado pela Corte Constitucional da Colômbia, conforme sentença SU 383/03.

A primeira questão que a Corte enfrentou foi a necessidade de que fossem delimitadas as áreas ocupadas por cada um dos povos indígenas e populações tradicionais, com vistas à identificação concreta dos impactos e, portanto, sabendo-se quais povos deveriam ser consultados. Quanto à consulta prévia, a Corte se pronunciou no sentido de que ela é um mecanismo que, dentre os seus objetivos está o de servir de elemento para que a Administração possa ponderar os diferentes valores em conflito. No particular, a Corte salientou que a própria definição sobre o papel desempenhado pelas plantações de coca na vida étnica e cultural da comunidade e sobre a sua essencialidade e sobrevivência da comunidade, conforme estabelecido na sentença, é matéria que deve integrar o objeto da consulta prévia.

A decisão discutiu se a Consulta pode ser entendida como uma possibilidade de veto ao empreendimento por parte dos povos indígenas e tribais, tendo concluído que ela "não implica no direito dos povos indígenas e tribais vetarem as medidas legislativas e administrativas que os afetem", sendo uma oportunidade para que os Estados partes da Convenção possam considerar e atribuir valor às posições que os integrantes de minorias étnicas têm sobre as ações propostas, forçando-se a propiciar um diálogo e, se possível, um acordo. Logo, as consultas não podem ser utilizadas para a imposição de uma decisão, nem para elidir o cumprimento de uma obrigação, porém devem ser consideradas como uma ocasião propicia e para que as autoridade governamentais encarregadas de autorizar, executar e vigiar apolítica estatal de erradicação de cultivos ilícitos considerem o direito dos povos indígenas e tribais a apresentar como condicionantes de tal política o respeito aos seus direitos de integridade cultural e de autonomia em seus territórios.

O Tribunal entendeu, por fim, que a proteção especial que é atribuída ao direito de consulta prévia consiste na realização de um processo mediante o qual o Estado deve garantir aos grupos étnicos, potencialmente afetados pelos empreendimentos, a participação e o acesso às informações relativas às iniciativas ou projetos, sejam elas de natureza normativa ou outras, dentre as quais a exploração

144 — POVOS INDÍGENAS E TRIBAIS • Paulo de Bessa Antunes

de recursos naturais e/ou a construção de obras civis que afetem diretamente tais comunidades, ou que sejam localizadas em seus territórios. O mecanismo busca permitir a identificação dos impactos do projeto e, com isto, proteger os povos indígenas e tribais. Assim, deve ser procurada a participação ativa das comunidades interessadas nas discussões prévias, bem como na tomada efetiva de decisões, as quais "deverão ser acordadas, na medida do possível".

2.5   Equador

Assim como nos demais países da América Latina a discussão sobre as questões relativas às indústrias extrativistas, sobretudo a mineração, e as suas relações com a CLPI é muito forte, tendo dado margem a diversas decisões. A seguir serão examinados dois casos considerados importantes e formadores de importantes precedentes decididos pela Corte Constitucional do Equador.

Federação independente do povo Shuar do Equador v. Companhia Arco Oriente

O Tribunal Constitucional do Equador proferiu sentença aos 16 de março de 2000, no caso 949-99 – RA, recurso de amparo, movido pela Federação independente do povo Shuar do Equador v. Companhia Arco Oriente. A empresa em questão era titular de contrato de concessão para exploração de hidrocarbonetos em um bloco situado em 70% do território da comunidade indígena. Tal concessão foi feita sem que houvesse qualquer participação da comunitária. A empresa, autorizada pelo contrato, ingressou no território indígena e buscou assinar contratos com membros da comunidade sem poderes para a representação do grupo e sem respeitar as formas de organização da comunidade indígena. Além disso, o autor alegara que a atividade desempenhada pela empresa foi baseada em emprego de força, chantagem e outros atos reprováveis, atentando contra a unidade da comunidade e sua forma de organização.

Em primeira instância o amparo foi concedido e, posteriormente, confirmado pela Corte Constitucional. Da decisão merecem destaque os seguintes trechos:

> Em relação ao povo indígena foi afirmado que: "são esses grupos humanos quem mantém a ocupação e posse de tais terras, nas quais desenvolvem "suas formas tradicionais de convivência e organização social, de geração e exercício da autoridade, como expressamente determina o numeral 7 do artigo 84 da Carta Suprema.

E mais:

> As ações discriminatórias e unilaterais da parte acionada provocam dissensos entre grupos da mesma comunidade, dando lugar a enfrentamentos entre aquelas que aceitam os critérios da recorrida e aqueles que, ou não foram consultados, ou discrepam do pensamento

CAPÍTULO 6 • A CONVENÇÃO 169 E A CONSULTA PRÉVIA PERANTE OS TRIBUNAIS **145**

da acionada, o qual provoca uma divisão no seio do agrupamento e estes enfrentamentos – no dizer do autor – conduzem ao fracionamento social, com cisões internas, o qual pode provocar uma aculturação prejudicial e perniciosa contra a comunidade.

Esse foi o primeiro caso judicial ajuizado por uma associação indígena que obteve resultado favorável por parte dos tribunais equatorianos.

Lei de Mineração

A Corte Constitucional, para o período de transição, proferiu outra importante decisão relativa à aplicação da consulta prévia consubstanciada na Sentença 001-10-SIN-CC, Casos 0008-09-IN y 0011-09-IN (acumulados), 19 de março de 2010 quando se debateu sobre a constitucionalidade consulta prevista no artigo 90 da Lei de Mineração e, diante do numeral 7 e 17 do artigo 57 da Constituição, dentre outros, e, se assim não fosse, quais as regras e procedimentos mínimos a serem adotados nas consultas prévias para atenderem o determinado pelos dispositivos constitucionais? Ao explicitar o papel do Tribunal no período de transição, a Corte afirmou que:

> A Constituição de 2008 estabelece uma nova forma de Estado, o estado Constitucional de Direitos e Justiça, cujos traços básicos são: 1) o reconhecimento do caráter normativo superior da Constituição; 2) a aplicação direta da Constituição como norma jurídica; 3) o reconhecimento da jurisprudência constitucional como fonte primária de direito.

A partir do entendimento acima, a Corte dá início a uma argumentação sobre a norma impugnada, desde o ponto de vista de uma interpretação conforme. No que concerne à consulta pré-legislativa prevista na Constituição, a questão que se colocou perante ao tribunal dizia respeito à sua natureza formal ou não. Desta forma a Corte estabeleceu que:

> Na opinião do Tribunal, embora seja verdade que a consulta pré-legislativa faz parte dos elementos que compõem o processo de aprovação das leis, na realidade não é um mero procedimento ou formalidade. Com efeito, no parecer do Tribunal, e de acordo com o artigo 57, número 17 da Constituição da República, a consulta pré-legislativa constitui um direito constitucional de natureza coletiva.
>
> ...
>
> Entre o conjunto de direitos coletivos reconhecidos pela Constituição do Equador às comunas, comunidades, povos e nacionalidades, estão os relacionados à participação destes nos assuntos que lhes dizem respeito. No entanto, um dos direitos de participação, de particular relevância para este caso, está contido no artigo 57, número 17 da Constituição, que estabelece a obrigação do Estado de consultar as comunas, comunidades, povos e nacionalidades antes de adotar uma medida legislativa que possa afetar qualquer dos seus direitos coletivos, um direito que é conhecido nos instrumentos internacionais de direitos humanos como "consulta pré-legislativa".

A Corte, com vistas a aproveitar os atos administrativos praticados pela Administração, avança no sentido de estabelecer a possibilidade de excepcionar os números 7 e 17 do artigo 57, com vistas a dar aplicação a outro artigo constitucional, o qual deverá ser aplicado em conjunto com a Convenção 169:

> Na verdade, com base em uma leitura textual dos preceitos constitucionais acima mencionados, é claro que as consultas previstas nos números 7 e 17 do artigo 57 da Constituição determinam o grupo aos quais se devem dirigir e, como afirmado em linhas anteriores, como direitos coletivos, seu exercício exclui os cidadãos em geral.

> Com base no exposto, este Tribunal conclui que a entidade da qual o convite veio ao Presidente da Confederação de Nacionalidades Indígenas do Equador, CONAIE, foi o Ministério de Minas e Petróleo. Dita ação, embora não atenda ao artigo 57, número 17 da Constituição, que prevê que o órgão que deve realizar essa consulta prévia é aquele que tem poder ou poderes para adotar medidas legislativas, ou seja, a Assembleia Nacional, atende ao texto do artigo 6 da Convenção 169 da OIT, que prevê: "os governos deverão: a) consultar os povos interessados, por meio de procedimentos adequados e, em particular, de suas instituições representativas, sempre que sejam previstas medidas legislativas ou administrativas suscetíveis de afetá-los diretamente".

A partir de tal raciocínio, a Corte a que: uma vez que o Estado realizou processo de consulta por meio do Ministério de Minas e Petróleo e que, em ternos de consultas ambientais, a medida adotada foi adequada e, portanto, poderia ser aproveitada para a finalidade de atender ao número 17 do artigo 57:

> Por outro lado, o referido processo, realizado pelo Ministério das Minas e Petróleo, guardou plena conformidade com outro dos processos previstos na Constituição, aquele previsto no artigo 398 da Constituição, e que não faz parte dos direitos coletivos das comunidades indígenas, povos e nacionalidades a que se refere o artigo 57 da Carta Fundamental. O referido preceito estabelece, de forma clara, que, em caso de possível prejuízo para o meio ambiente, o encarregado da consulta será o Estado.

> Assim, embora o processo de consulta promovido pelo então Ministro das Minas e do Petróleo seja mais consistente com a disposição prevista no artigo 398 da Constituição, não há dúvida de que, de certo modo, o fato de solicitar a participação de um setor de comunidades indígenas, povos e nacionalidades, também denota uma aplicação direta do artigo 57, número 17 da Constituição.

Após ter feito tais esclarecimentos, a Corte Constitucional passa a indicar os parâmetros que deveriam ser levados em consideração para o exame da norma impugnada:

> [m]esmo assim, existem outras fontes que permitem a este Tribunal estabelecer os parâmetros mínimos necessários que devem ser cumpridos por qualquer processo de participação para que se possa dar o nome de "consulta prévia" nos termos do numeral 7 do artigo 57 da Constituição. Entre as fontes mais importantes, com as quais conta esta Corte estão a jurisprudência da Corte Interamericana de Direitos Humanos (Caso de Saramaka vs. Suriname);

CAPÍTULO 6 • A CONVENÇÃO 169 E A CONSULTA PRÉVIA PERANTE OS TRIBUNAIS **147**

as decisões de Tribunais e Cortes constitucionais da região, como a colombiana (ver Sentença do Tribunal Constitucional C-161 de 2001); Sentença do Tribunal Constitucional do Chile (Roll 309 de 4 de agosto de 2000), as recomendações do comitê de especialistas da OIT ou os relatórios do Relator Especial das Nações Unidas sobre os direitos dos povos indígenas, que fazem parte do que é conhecido como Soft Law e, nesse sentido, são relevantes para o Equador. Em virtude disto, este Tribunal usará as recomendações gerais do Relator Especial James Anaya, no que diz respeito aos requisitos mínimos que o processo de consulta deve atender para merecer esse nome.

Segundo a Corte equatoriana, os parâmetros específicos que devem ser levados em consideração são os constantes da Convenção 169, a saber: (1) caráter flexível do procedimento de consulta, conforme o direito interno de cada país e a tradição, usos e costumes dos povos consultados; (2) o caráter prévio da consulta, ou seja, que todo o processo deve ter início e fim, antes de cada uma etapa da atividade de mineração.; (3) o caráter público e informado da consulta, isto é, os participantes devem ter acesso oportuno e completo à informação que se faça necessária para compreender os efeitos da atividade minerária sobre as suas terras; (4) o reconhecimento de que a Consulta não se esgota com a mera informação ou a difusão pública da informação; (6) a consulta deve se caracterizar por ser um processo sistemático de negociação que garanta um diálogo genuíno com os representantes legítimos das partes; (7) todas as partes envolvidas têm a obrigação de agir de boa-fé durante o processo, em busca de um consenso entre as partes envolvidas; (8) que sejam assegurados a divulgação e o tempo razoável para cada uma das fases do processo de consulta prévia; (9) definição prévia e consensual do procedimento a ser adotado; (10) definição prévia dos sujeitos (povos e comunidades) a serem consultados. (11) respeito às estruturas sociais e representativas dos consultados; (12) caráter sistemático e formal da consulta, com registros etc.

Em conclusão a Corte decidiu:

1 – Declarar que, na ausência de um corpo normativo que regule os parâmetros da consulta pré-legislativa, o processo de informação e participação implementado antes da emissão da Lei de Mineração foi desenvolvido em aplicação direta da Constituição; consequentemente, a arguição a inconstitucionalidade formal da Lei de Mineração é rejeitada.

2 – Que a consulta pré-legislativa é de natureza substancial e não formal.

Consulta prévia na comunidade A'I Cofán de Sinango

O Plenário da Corte Constitucional do Equador proferiu a Sentença 273-19-JP/22 (Consulta previa en la comunidad A'I Cofán de Sinangoe) que revisou a sentença que a ação de proteção apresentada pela Defensoria do Povo e pela Comunidade A'I Cofán de Sinangoe em razão da outorga de 20 concessões minerais e por estarem em trâmite 32 concessões minerais no entorno dos rios Chingual e Cofanes, impactando também o rio Aguarico. A Corte ratificou as sentenças proferidas nos processos de origem e as medidas de reparação determinadas.

A comunidade ancestral de Sinangoe, pertencente à nacionalidade A'I Cofán, é formada por 37 famílias e aproximadamente 1093 pessoas que sobrevivem da pesca, caça, cultivo. O seu território se estende ao norte até os rios Cofanes e Aguarico, ao sul até os rios Due e Khukhuno Grande, ao leste até os rios Aguarico, Candué e Siuno e a oeste até os rios Cofanes e Dorado, no cantão Gonzalo Pizarro, província de Sucumbíos, dentro do Parque Nacional Cayambe Coca.

Diante da ameaça ao seu território por parte de garimpeiros, exploradores de madeira, caçadores ilegais e pescadores que utilizam métodos não convencionais, a comunidade se organizou para a proteção de seu território, através de vigilância e deteção dos invasores, para o que foi criada uma guarda indígena e foi elaborada a Lei Própria de Controle e Proteção do Território Ancestral da Comunidade Sinangoe da Nacionalidade A'I Kofan"; e, foi solicitada a proteção do Ministério do Ambiente no processo comunitário.

Desde 2017 a comunidade vinha alertando as autoridades para a invasão de seus territórios e os danos que estavam sendo causados ao ambiente, à cultura e ao modo de vida comunitário. Entretanto, as autoridades locais não deram resposta às denúncias apresentadas pelos indígenas.

A Corte Constitucional decidiu sobre as bases da seguinte argumentação:

i) Sobre la importancia del territorio para las comunas, comunidades, pueblos y nacionalidades indígenas:

61. La Constitución, en su artículo 1, prevé que el Ecuador es un Estado intercultural y plurinacional. El artículo 83 numeral 10 dispone que el promover la unidad y la igualdad en la diversidad y en las relaciones interculturales es un deber y responsabilidad del Estado. Por su parte, el artículo 380 numeral 1 de la CRE dispone que el Estado debe velar, mediante políticas permanentes, por la identificación, protección, defensa,

conservación, restauración, difusión y acrecentamiento del patrimonio cultural tangible e intangible, de la riqueza histórica, artística, lingüística y arqueológica, de la memoria colectiva y del conjunto de valores y manifestaciones que configuran la identidad plurinacional, pluricultural y multiétnica del Ecuador.

62. Los principios de plurinacionalidad e interculturalidad tienen especial relevancia en relación con los derechos constitucionales, hasta el punto de que la propia Carta Fundamental establece un catálogo específico de derechos colectivos de estas nacionalidades, pueblos y comunidades. A su vez, estos derechos guardan complementariedad con lo previsto por instrumentos internacionales, tales como el Convenio 169 de la Organización Internacional

del Trabajo (OIT), la Declaración de Naciones Unidas sobre Pueblos Indígenas, y la Declaración Americana sobre los Derechos de los Pueblos Indígenas.

63. Para la Corte Constitucional, los principios de plurinacionalidad e interculturalidad son esencial y estructuralmente complementarios: "La interculturalidad reconoce el entramado de relaciones que tienen lugar entre diversas culturas y propicia su convivencia sobre la base de la igualdad sin descaracterizar los elementos que configuran su identidad. En tanto que la plurinacionalidad reconoce, respeta y articula las diversas formas de organización social, política y jurídicas que deben coexistir, sin jerarquización, bajo un proyecto político común que es el Estado Constitucional".

Em relação à CLPI, a Corte argumentou no sentido de que, conforme a Convenção 169 da OIT e a Declaração dos Direitos dos Povos Indígenas, a consulta deve ser prévia, livre e informada. Para ser prévia é necessário que se conceda aos povos indígenas tempo suficiente para que processem a informação e que façam os debates internos necessários. Isto deve incluir a tradução de toda a documentação para os idiomas tradicionais e levar em conta que o tempo e o processo são variáveis, conforme o sujeito consultado.

A consulta deve ser livre, no sentido de que não pode ser feita mediante coação, intimidação ou pressão, por parte do Estado, contra os povos indígenas, antes ou durante o processo de consulta. Desse modo a consulta pode refletir a vontade legítima dos povos consultados.

A consulta deve ser informada, no sentido de estar relacionada com a participação efetiva dos povos indígenas durante o processo de consulta. Deve, portanto, ser concedido amplo e oportuno acesso à documentação necessária para a compreensão das medidas a serem adotadas. Assim como o requisito de que a consulta prévia seja informada compreende distintas facetas relacionadas com a forma, o formato, o conteúdo, o momento oportuno e a difusão da informação sobre a qual se consulta às comunidades. Desta forma, os povos indígenas devem ter acesso à informação de todos os riscos e benefícios que um projeto proposto acarreta para seus direitos, sem importar se a atividade é pública ou privada.

Por fim, a consulta prévia deve atender aos princípios da interculturalidade, plurinacionalidade, sendo realizada através de mecanismos culturalmente adequados e respeitosos de as formas de organização próprias das comunas, comunidades, povos e nacionalidades.

A decisão da Corte confirmou as sentenças das instancias ordinárias "que declararam a violação dos direitos à consulta prévia, à natureza, à água, ao meio ambiente são, à cultura e ao território, assim como as medidas de reparação integral ordenadas na sentença de apelação".

2.6   Honduras

Sentencia RI-0649-08, Artículos 73, numeral 7, 95, 125, 97, 99, 100 párrafo segundo y 125 del Decreto Legislativo Número 82-2004 que contiene la Ley de Propiedad

A Corte Suprema de Justiça de Honduras, pela Câmara Constitucional, julgou o recurso de inconstitucionalidade interposto pela Organização Fraterna Negra Hondurenha (OFRANEH), com vistas a obter a declaração de inconstitucionalidade dos artigos 73, numeral 7, 95, 125, 97, 99, 100 parágrafo segundo e 125 do Decreto Legislativo Número 82-2004 que contém a Lei de Propriedade, de 28.05.2004, por violação direta dos direitos fundamentais dos grupos étnicos hondurenhos (artigos 173 e 346 da Constituição de Honduras). Conforme as alegações da OFRANEH, o Decreto-Legislativo violou o direito de consulta relativo à sua elaboração, desrespeitando o artigo 6 da Convenção 169 do OIT que assegura tal direito aos povos indígenas e tribais.

A impetrante acrescento que os artigos impugnados impedem a propriedade comum indígena, buscando transformá-la em propriedade individual, como forma de facilitar a retirada dos indígenas de suas terras, com vistas ao favorecimento da indústria do turismo.

O artigo 73, 7 dispõe que o processo de regularização fundiária é iniciado de oficio ou por requerimento da parte ao Instituto da Propriedade no caso de que as terras sem título "sejam possuídas por grupos étnicos "; por sua vez, o artigo 98 dispõe que "caso o Estado pretenda explorar os recursos naturais nos territórios destes povos [grupos étnicos] deverá informar-lhes e consultar-lhes, sobre os benefícios e prejuízos que possam sobrevir, antes de autorizar qualquer prospecção ou exploração. Nos casos em que se autorize qualquer tipo de exploração, os povos devem receber uma indenização equitativa por qualquer dano que possam sofrer em razão da atividade".[15]

A Corte, em diversos *conideranda* entendeu que:

> Considerando. Doze (12): Isso em considerações sobre Direito Internacional, sobre Direitos Humanos, expresso pela Corte Interamericana de Direitos Humanos, especificamente no caso "Awas Tingni V. Nicarágua" de 2001 (parágrafo 153), onde a Corte criticou o fato de

---

15. "Artigo 97. O terceiro titular de propriedade sobre terras desses povos e que tenha e possua as terras abrangidas por esse título, tem o direito de continuar a possuí-las e a explorá-las."

"Artigo 99. Terceiros nas terras destes povos sem qualquer título poderão negociar a sua permanência na comunidade pagando o aluguel que combinarem."

"Artigo 100. (Parágrafo Segundo) "...No entanto, as mesmas comunidades podem pôr fim ao regime comunal, autorizar arrendamentos a favor de terceiros ou autorizar contratos de outra natureza que permitam a participação da comunidade em investimentos que contribuam para o seu desenvolvimento."

CAPÍTULO 6 • A CONVENÇÃO 169 E A CONSULTA PRÉVIA PERANTE OS TRIBUNAIS **151**

os Estados Partes não delimitarem, demarcarem e titularem sua propriedade comunal, evitando assim que sejam concedidas concessões a terceiros para a exploração de bens e cursos d'água localizados em área que lhes possa corresponder, total ou parcialmente; qual corresponde a uma interpretação ampla e garantidora do artigo 21 da Convenção Americana sobre Direitos Humanos (Pacto de San José), coerente com o sentido da Lei que hoje se pede a inconstitucionalidade, visto que a Lei de Propriedade (Decreto Número 82-2004), contribui justamente para a devida delimitação, demarcação e titulação das terras do povos ancestrais.

(...)

Considerando. Quatorze (14): Que nem a Constituição da República, nem os Tratados Internacionais de Direitos Humanos foram transgredidos, em princípio, com a simples circunstância da vigência da lei ordinária do ordenamento do território e da propriedade, uma vez que esta mesma legislação tem a finalidade expressa de regular o regime fundiário comunal, declarando e reconhecendo pelo Estado de Honduras no artigo 100 da Lei sob questionamento constitucional, sem prejuízo das características de inalienabilidade, não embargabilidade e imprescritibilidade que esta mesma disposição normativa reconhece como implícitas ao regime comunal.

Considerando. Quinze (15): Isso à luz dos referidos artigos 73, parágrafos 7, 95, 125, 97, 99, 100, segundo parágrafo e 125 do Decreto Legislativo Número 82-2004, de vinte e oito de maio de dois mil e quatro,

publicado no Diário Oficial "La Gaceta" n. 30.428, de vinte e nove de junho de dois mil e quatro, que contém a Lei de Propriedade; Não entram em conflito, nem mesmo com a Constituição da República nem com Convenções ou Tratados Internacionais aprovados e ratificados por Honduras e que fazem parte do sistema jurídico interno.

A ação foi julgada improcedente.

2.7 México

Neste item serão apresentadas sínteses de julgamentos realizados pela Suprema Corte de Justiça do México.

Dados da Sentença: Ações de inconstitucionalidade 142/2022 e suas acumuladas 145/2022, 146/2022, 148/2022, 150/2022 e 151/2022

O partido político local Unidad Democrática de Coahuila, PT, Morena e a CNDH demandaram a invalidade dos Decretos 270 e 271, publicados, respectivamente, nos dias 29 e 30 de setembro de 2022, por meio dos quais foram reformados diversas disposições da Constituição Política e do Código Eleitoral, ambos do Estado de Coahuila de Zaragoza, por estima-las contrarias à Constituição Federal.

O Pleno invalidou as referidas disposições ao considerar que afetavam diretamente os interesses dos povos e comunidades indígenas e afro-mexicanas, assim como das pessoas com deficiência pelo que, em conformidade com os artigos 1º e 2º da Constituição Federal, 6 da Convenção 169 da OIT e 4.3 da Convenção

Internacional sobre os Direitos das Pessoas com Deficiência, determinou que existia a obrigação de realizar consultas prévias, as quais não se realizaram. Como parte dos efeitos, se determinou a repristinação; quer dizer, o reestabelecimento da vigência das normas anteriores às reformadas, dado que os decretos invalidados estavam referidos à matéria eleitoral, na qual a certeza é princípio reitor.

Atos da Sentença: Revisão de Amparo 16/2022

A Segunda Câmara, ao conhecer do recurso de revisão oriundo de um processo de amparo, determinou que é válida a consulta às comunidades indígenas realizada em relação ao projeto de construção do sistema de transporte de gás natural denominado "Gasoducto El Encino – Topolobampo". tendo aderido ao disposto na Lei de Hidrocarbonetos e no seu Regulamento, que prevê os passos a seguir para realizar uma consulta prévia, livre e informada às comunidades e povos indígenas onde se desenvolvem os projetos da indústria de hidrocarbonetos.

A este respeito, constatou-se que, embora à data da publicação da decisão do respetivo concurso público internacional não existisse qualquer norma legal expressamente aplicável ao caso concreto, sendo que o referido regulamento foi emitido após a adjudicação do concurso, a verdade é que a empresa vencedora, uma vez emitida a regulamentação correspondente, sanou o defeito relativo ao início das obras antes da consulta, uma vez que foram atendidas as solicitações e preocupações das comunidades envolvidas, que durante o processo consultivo tiveram os elementos para poder participar e manifestar os seus interesses e preocupações, especialmente no que diz respeito aos impactos ambientais e às medidas corretivas que seriam implementadas para a sua mitigação.

A Segunda Câmara reconheceu a constitucionalidade da consulta realizada, uma vez que teve em conta o impacto e a relevância intrínseca que a referida consulta tem nas comunidades vulneráveis que verão as suas terras e direitos afetados, aliado ao fato de existir o consenso necessário para a construção do referido gasoduto. Consequentemente, foi negada a proteção solicitada pela comunidade indígena que promoveu o julgamento do Amparo e interpôs o recurso de revisão.

Dados da Sentença: Revisão de Amparo 134/2021

A matéria trata da revisão de uma sentença de amparo em que um Juiz Distrital, em substituição à denúncia, concedeu proteção federal aos titulares de um ejido[16] que pertence a uma comunidade indígena e declarou a inconstitucio-

---

16. Terras comunitárias.

CAPÍTULO 6 • A CONVENÇÃO 169 E A CONSULTA PRÉVIA PERANTE OS TRIBUNAIS **153**

nalidade de diversos artigos da Lei de Mineração, pela omissão de contemplar o direito à consulta dos povos indígenas.

A Primeira Câmara concedeu o Amparo aos membros da comunidade indígena de Tecoltemi, Município de Ixtacamaxtitlán, Estado de Puebla, para anular os títulos de concessão minerária outorgados a uma empresa privada com a finalidade de desenvolver esta atividade no referido território. O Amparo foic oncedido, uma vez que a obrigação de consulta prévia, estabelecida nos artigos 2 da Constituição, bem como nos 6 e 15 da Convenção 169 da OIT, e na jurisprudência da Corte IDH, não foi cumprida. Não obstante o exposto, foi alegado que a falta de previsão expressa de consulta aos povos e comunidades indígenas na Lei de Mineração não implica a sua inconstitucionalidade porque tal prerrogativa, de natureza constitucional e convencional, é oponível a todas as autoridades, independentemente de sua condição ser reconhecida ou não em lei ordinária. Além disso, os artigos contestados não violam o direito dessas comunidades e povos indígenas de dispor, usar e usufruir de seu território, uma vez que as atividades de exploração e extração de minerais do subsolo – objeto dos títulos concessionários – são bens que compartilham uma dupla regime porque, por um lado, o domínio pertence ao Estado mexicano e, por outro, a própria Convenção reconhece a participação no seu uso, administração e conservação como parte dos direitos das comunidades indígenas.

2.8   Peru

Assim como outros tribunais constitucionais latino-americanos, O Tribunal Constitucional peruano tem decidido várias questões com base na Convenção 169. É importante deixar consignado que o Peru, desde a Constituição de 1920 já reconhecia as comunidades indígenas (artigos 41° e 58°), sendo um dos pioneiros na questão. A seguir serão vistos alguns casos relevantes, escolhidos tendo em vista o objetivo principal do presente trabalho que é o exame de consulta prévia aos povos indígenas e tribais.

Associação Inter étnica de Desenvolvimento da Selva Peruana (AIDESEP)

O Tribunal Constitucional peruano, por meio da Sentença STC 06316-2008-PA/TC, de 11 de novembro de 2009 decidiu o Recurso de Agravo Constitucional interposto pela Associação Inter Étnica de Desenvolvimento da Selva Peruana (AIDESEP) contra a Resolução 53 da Sala Civil Mista da Corte Superior de Justiça de Loreto que julgou improcedente a ação de amparo impetrada contra o Ministério de Energia e Minas e as empresas Perupetro S.A., Barret Resource Peru Corporation e Repsol YPF.

A questão dizia respeito à concessão de licença de exploração de dois lotes situados em território indígena, por meio dos decretos 028/1999 de 7 de julho de 1999 e 038/195, de 10 de dezembro de 1995, e que, no entendimento da associação autora, violavam os direitos indígenas à vida, à saúde, ao bem estar, à integridade étnica, ao meio ambiente equilibrado, à propriedade, à posse ancestral, aos recursos naturais, bem como ao direito à intangibilidade do território – futura reserva dos povos indígenas em situação de isolamento voluntário Waorani (Tagaeri-Taromenane), Pananujuri (Arabela) e Aushiris ou Abijiras, todos ocupantes da área contemplada pela Proposta de Reserva Territorial Napo Tigre. Por fim, a impetrante sustentou que os povos indígenas não foram previamente consultados para a edição dos decretos, requerendo, portanto, a suspensão das atividades de produção e exploração de petróleo, bem como a interrupção do contato com os povos indígenas em isolamento voluntário.

As defesas sustentaram que os decretos asseguravam o exercício das liberdades econômicas garantidas pela Constituição, que a associação autora não apresentou qualquer comprovação de que as atividades de produção e exploração de petróleo efetivamente prejudicaram as comunidades indígenas e, em especial, aquelas comunidades não contatadas; que houve a aprovação de estudo de impacto ambiental por parte da autoridade administrativa competente; que houve a devia consulta aos povos indígenas, os quais não confirmaram que as atividades impugnadas são, de fato, nocivas às comunidades autóctones ou ao meio ambiente; que a paralisação das atividades implicaria em perda de receita para o Estado; que cabe ao Estado decidir sobre a concessão de recursos naturais para exploração econômica e não ao Poder Judiciário; que os contratos de concessão estão regidos pelo artigo 62º da Constituição Peruana e não podem ser alterados; que, finalmente, os povos indígenas em isolamento voluntário foram reconhecidos e que a Proposta de Reserva Territorial Napo Tigre não tem força jurídica, pois não existe no mundo jurídico.

O Tribunal, ao examinar a questão específica da consulta afirmou que:

> 65 – Ainda que não caiba a este Tribunal avaliar a qualidade de ditas reuniões informativas, está claro que a exigência imposta pela Convenção 169 da OIT é a da consulta prévia, pública, neutra e transparente, cuja convocatória deve ser feita no próprio idioma das comunidades correspondentes e com a supervisão das entidades estatais que garantam a qualidade da informação oferecida e com níveis razoáveis de participação dos integrantes da comunidade e seus representantes, consulta que não pode se reduzir a que se relegue os integrantes da comunidade a simples receptores de informação, mas que deve fomentar a sua participação observando os seus pontos de vista sobre as questões consultadas. Tais condições mínimas exigidas pelo direito de consulta não se haviam apresentado no presente caso, o que em princípio levaria a declarar fundado este extremo da demanda. Não obstante, o caso coloca a necessidade de ponderar as eventuais consequências que uma decisão nesse sentido teria em face dos bens constitucionais em jogo.

CAPÍTULO 6 • A CONVENÇÃO 169 E A CONSULTA PRÉVIA PERANTE OS TRIBUNAIS **155**

Assim, a Corte, após indicar os elementos que devem estar presentes para que a Consulta realizada seja jurídica e constitucionalmente válida, avançou no caso concreto e no cotejo do direito à consulta com outros direitos de natureza constitucional, tendo afirmado que:

> 68 – Tudo isso a margem de se considerar que a atuação destas empresas vem se dando no marco de Contratos-Lei firmados com o Estado Peruano e garantidos pelo artigo 62º da Constituição. De maneira que no momento de pronunciar a decisão neste caso, este Colegiado deve ponderar os efeitos de sua decisão a fim de não gerar maiores sacrifícios do que os que se pretende acautelar.

> 70 – A ponderação dos efeitos da sentença é parte das competências deste Tribunal. O fundamento de tal competência se encontra tanto no caráter de garante último dos direitos que ostenta, isto é, de todos os direitos que a Constituição reconhece, o que deve se fazer segundo o princípio da concordância prática, mas também em sua autonomia como órgão jurisdicional do Estado. A este respeito se estabeleceu que "a conformidade com o princípio da autonomia, reconhecido no artigo 201º da Constituição, [este Tribunal] tem o poder de modular, processualmente, o conteúdo e os efeitos de suas sentenças em todos os processos constitucionais, em geral, e no processo de amparo em particular" (STC 05033 – 2006 – AA-TC, fundamento 62).

> 71 – É por isso que este Colegiado considera que o direito de consulta deve ser, neste caso, posto em prática de forma gradual por parte das empresas envolvidas e sob a supervisão das entidades competentes. Com isto o Tribunal determinará que se ponha em marcha um plano de compromissos compartilhados entre as empresas privadas envolvidas, as quais não verão as suas ações paralisadas, e as próprias comunidades e seus dirigentes, que tampouco podem renunciar a seus direitos que devem ser restabelecidos no menor prazo possível, abrindo um diálogo com efeito de construir um espaço de harmonia e confiança mútua.

Como se viu, muito embora o Tribunal Constitucional tenha confirmado o direito à consulta, no caso concreto, optou por modular os efeitos da decisão com vistas a resguardar outros direitos, igualmente, de nível constitucional e evidentemente, os contratos firmados pelo governo peruano com terceiros. A Corte considerou a existência de dois direitos constitucionalmente tutelados, sendo certo que um não prevalece sobre o outro, devendo haver harmonização entre ambos

Decreto Legislativo 994

No ano de 2011, o cidadão Gonzalo Tuanama Tuanama e mais outros 6.226 cidadãos obtiveram decisão final na medida judicial de inconstitucionalidade (EXP. 00024-2009-PI), a qual impugnava o Decreto Legislativo 994, cujo objetivo era a promoção de investimentos privados em projetos de irrigação e a ampliação da fronteira agrícola peruana, tendo sido publicado aos 13 de março de 2008. Conforme os argumentos apresentados pelos autores, a medida era inconstitucional pois, (1) o Decreto Legislativo foi editado sem a realização da CLPI aos povos indígenas, conforme estabelecido pela Convenção 169 da OIT e os artigos 19, 30 e 32 da Declaração das Nações Unidas sobre os Direitos dos Povos Indígenas, assim, (2) houve violação ao artigo 118, I da Constituição Peruana.

De acordo com a argumentação dos autores, o Decreto Legislativo 994 incentiva projetos de irrigação em terras não cultivadas, com exceção das que tivessem títulos de propriedade privada ou comunal; logo, as comunidades não tituladas, mesmo que com antecedentes de posse ancestral, poderiam ser desalojadas para a implantação dos referidos projetos. Os autores aduziram que a simples posse imemorial de seus territórios é suficiente para outorgar-lhes a propriedade, a qual deve ser reconhecida pelo Estado, como já fora amplamente reconhecido pela Corte Interamericana de Direitos Humanos em casos relativos aos povos indígenas.

Em resposta, o governo peruano, dentre outras coisas, sustentou que a Convenção 169 da OIT é inaplicável no Peru, dado que o país possui uma população predominantemente mestiça e que grande parte da população rural tem como origem ancestrais indígenas, todavia com o desenvolvimento da civilização se tornaram mestiças, sendo arbitrário enquadrar todas as populações rurais e nativas como povos indígenas. Resulta daí a necessidade de adaptar a Convenção 169 à realidade peruana. Logo, o Decreto Legislativo não é inconstitucional pelo fato de não ter determinado a realização da consulta prévia.

A Corte entendeu que a sua jurisprudência, em casos motivados por conflitos sociais posteriores ao ano de 2009, tem buscado afirmar o *valor constitucional* do direito à consulta prévia dos povos indígenas, o qual serve para afiançar a garantia de um conjunto de direitos fundamentais específicos, derivados de um tratado com nível constitucional, a C 169, conforme estabelecido pelos precedentes do tribunal [STC 6316-2008-PA/TC e STC 5427-2009-PC/TC]. O Tribunal entendeu que o direito à consulta é formado por uma série de posições "iusfundamentais", que, conforme a decisão STC 0022-2009-PI/TC, Fund. Jur. n. 37, são as seguintes: (1) o direito coletivo a serem consultados diante de medidas estatais que afetem diretamente aos seus interesses ou direitos coletivos, particularmente aqueles que digam respeito à sua existência física, à identidade cultural, à qualidade de vida ou desenvolvimento coletivo; (2) o direito a que a consulta seja prévia e feita de acordo com os princípios da boa-fé, flexibilidade, transparência, respeito e interculturalidade, e (3) o direito a que se cumpram os acordos derivados do processo de consulta, "encontrando-se excluído deste programa normativo do direito à consulta o que coloquialmente se veio a denominar "direito ao veto".

Com base nos argumentos acima, o Tribunal Constitucional entendeu que o direito à consulta não é um direito individual – aqui vale lembrar que apesar do

CAPÍTULO 6 • A CONVENÇÃO 169 E A CONSULTA PRÉVIA PERANTE OS TRIBUNAIS | **157**

grande número de autores, a ação era de natureza individual – mas de natureza coletiva, devendo ser requerido de forma apropriada pelas entidades representativas dos povos indígenas, "sendo constitucionalmente obrigatório cada vez que o Estado preveja medidas legislativas ou administrativas suscetíveis de afetá-los diretamente". Acrescentou a Corte que, em abstrato, não cabe determinar quando uma medida afeta diretamente aos povos indígenas; de qualquer forma, não é difícil perceber que nela se encontram compreendidas quaisquer medidas estatais – administrativas ou legislativas – cujo efeito seja "menoscabar, prejudicar, influir desfavoravelmente ou provocar una alteração direta nos direitos e interesses coletivos dos povos indígenas".

O Tribunal Constitucional, com vistas à identificação das mencionadas medidas estabeleceu três padrões: (1) medidas dirigidas a regulamentar situações que digam respeito exclusivamente aos povos indígenas; (2) normas de alcance geral que possam implicar uma afetação "indireta" aos povos indígenas; e (3) medidas específicas relativas aos povos indígenas dentro das normas de alcance geral [STC 0022-2009-PI/TC, Fund. Jur. n. 21].

Contraditando as alegações do governo, o TC entendeu que a exigibilidade do direito de consulta está definida na Convenção 169 e deve ser observada.

Demanda de Inconstitucionalidade interposta por Gonzalo Tuanama Tuanama, representando mais de 5000 cidadãos contra o Decreto Legislativo 1089 (Exp. n. 0022-2009-PI/TC)

Gonzalo Tuanama Tuanama, representando mais de 5000 cidadãos, ajuizou demanda contra o Decreto-Legislativo 1.089 que regulamenta o Regime Temporal Extraordinário de Formalização e Titulação de Prédios Rurais. Conforme alegaram os autores, o Decreto-Legislativo foi editado sem que tenha sido realizada a necessária consulta prévia e informada aos povos indígenas, tal como determinado pela Convenção 169 da OIT, violando direitos fundamentais dos povos indígenas, tais como: o (1) direito à consulta prévia e (2) o direito coletivo ao território ancestral assegurados pelos artigos 6, 15, 17 e 19 da Convenção 169, assim como foram violados os artigos 19, 30 e 32 da Declaração das Nações Unidas sobre o Direito dos Povos Indígenas. Argumentam, ainda, o desrespeito ao artigo 118, 1 da Constituição Peruana, assim como os artigos 70 e 88 da Carta Política.

Em resposta à impetração foi alegado pelo Executivo que: (1) o Decreto-Legislativo impugnado criou um mecanismo para simplificar os procedimentos para a formalização da propriedade rural, possibilitando que os agricultores obtenham a propriedade das terras que ocupam e que, mediante o registro imobiliário, garantiu-se maior segurança jurídica para as suas propriedades; (2) que o Decreto-Legislativo não ultrapassou os limites da Lei 29.157; (3) que o Decreto-Legislativo não derrogou a Lei 22.175 sobre comunidades nativas e desenvolvimento agrário da selva e bordas da selva, pois o Decreto-Legislativo é transitório e não dispôs sobre direitos fundamentais dos povos indígenas; (4) que a Declaração Nações Unidas sobre os Direitos dos Povos Indígenas não foi ratificada pelo Peru e, portanto, não faz parte do ordenamento jurídico nacional, não possuindo efeitos vinculantes para o estado peruano; (5) que não há que se falar na aplicação da Convenção 169 da OIT, pois a população peruana é predominantemente mestiça e que as populações camponesas que, em sua origem foram indígenas, com o desenvolvimento da civilização agora são mestiças, como é o caso das comunidades camponesas da costa e dos vales andinas da serra. (6) Logo, seria arbitrário atribuir a tais comunidades a condição de indígenas; (7) que não há inconstitucionalidade do Decreto-Legislativo 1089 – nem de nenhuma outra norma legal – pelo simples fato de não ter sido realizada a consulta prévia aos povos indígenas, haja vista que não há lei que estabeleça quais são os povos indígenas peruanos e quais matérias devem ser submetidas à Consulta prévia e qual o procedimento a ser adotado em tais casos e, por fim (8) que o Decreto-Legislativo tem aplicação geral, não se vinculando diretamente a uma única comunidade.

Como fundamento de sua decisão o Tribunal Constitucional lembrou que o artigo 2, inciso 2 da Constituição Peruana indica que o reconhecimento e a tolerância à diversidade são valores inerentes ao Texto Constitucional.

> Neste sentido, os indivíduos não podem ser arbitrariamente diferenciados e prejudicados por razões baseadas, entre outras, em sua opinião, religião ou língua. Assim, qualquer homogeneização forçada que não respeite ou ameace as singularidades de pessoas identificáveis sob qualquer critério de relevância constitucional deve ser erradicada. Com isto se busca a construção de uma unidade baseada na diversidade, contemplando o direito à igualdade como um protetor de diferentes manifestações da personalidade do ser humano.

> Neste sentido, os indivíduos não podem ser arbitrariamente diferenciados. É por isso que a Constituição, erigida sobre o reconhecimento da dignidade da pessoa, a partir do qual emanam os princípios da liberdade, da igualdade e da solidariedade, deve ser concebida a partir de um concepção pluralista que tutele as diferentes formas de perceber e agir na realidade. Assim, na STC 0042-AI/TC, este Tribunal afirmou que "a Constituição de 1993 reconheceu a pessoa humana como membro de um estado multicultural e multiétnico;" Assim, não se desconhece a existência de povos indígenas e culturas originárias e ancestrais do Peru" [Fund. 1]. Mas não apenas não desconhece, mas a Constituição obriga a sua tutela e proteção. Assim, o específico complexo de proteção aos grupos étnicos minoritários fez com que fossem adotadas medidas constitucionais próprias para a sua defesa.

Conforme o decidido pelo Tribunal, a alegação de que o Peru é uma nação mestiça foi rechaçada com base em precedentes consolidados e, evidentemente, na própria Constituição que é bastante clara quanto ao caráter multiétnico da

CAPÍTULO 6 • A CONVENÇÃO 169 E A CONSULTA PRÉVIA PERANTE OS TRIBUNAIS **159**

sociedade peruana. Sobre a argumentação apresentada pelo Estado peruano no sentido que tanto a Declaração das Nações Unidas sobre o Direito dos Povos Indígenas, como a Convenção 169 da Organização Internacional do Trabalho seriam inaplicáveis ao caso concreto, da mesma forma o Tribunal Constitucional rechaçou-as, a partir da seguinte construção jurídica.

> 7. Sobre a DNUDPI, se deve levar em conta que a Assembleia Geral da Organização das Nações Unidas aprovou a "Declaração de Direitos dos Povos Indígenas" com data de 13 de setembro de 2007, cujo texto foi aprovado com 143 votos a favor, 4 contrários e 11 abstenções. Dito documento consta de 46 artigos os quais estabelecem princípios jurídicos sobre os povos indígenas. Trata-se de um documento de direito internacional, devendo considerar-se, do mesmo modo, que se trata de uma declaração e não de um tratado, pelo que não cabe a ratificação. Não obstante isso, cabe acrescentar que as declarações representam um amplo acordo e consenso da comunidade internacional. Com efeito, sendo fruto de negociações e aceitação por parte da maioria da Assembleia Geral das Nações Unidas, possuem força moral, além de uma evidente orientação da comunidade internacional em direção ao respeito e a tutela dos povos indígenas, ao estabelecer o conteúdo dos direitos humanos, no contexto dos povos indígenas.

> 8. O conteúdo da declaração não é de vinculação obrigatória, o que não implica em que não tenha nenhum efeito jurídico. As declarações representam aquelas metas e objetivos aos quais a comunidade internacional se impõe. São o que no direito internacional se conhece como soft law, isto é, um guia que sem deixar de ter um efeito jurídico, não vincula obrigatoriamente ao Estado, representando o seu conteúdo um código de conduta sem que sejam legalmente vinculantes. Neste sentido, a DNUDPI, será considerada por este Tribunal na qualidade de norma com caráter de *soft law*, sem que se gere uma obrigação convencional por parte do Estado peruano.

Em relação à aplicabilidade da Convenção 169, o Tribunal Constitucional entende que a Convenção 169 faz parte do ordenamento jurídico peruano e, como qualquer norma, deve ser obedecida. Por outro lado, os "tratados internacionais sobre direitos humanos não só conformam o nosso ordenamento, senão que, ademais, ostentam nível constitucional" [STC 0025-2005-PI/TC, Fundamento 33]".

No entendimento do Tribunal Constitucional, a Convenção 169 não necessita de regulamentação, possuindo aplicabilidade imediata:

> 11... A questão subjacente a este argumento é que a referida Convenção seria uma norma programática, e não pode ser aplicada sem antes possuir uma regulamentação doméstica que a desenvolva. A este respeito, tal abordagem pode ser questionada a partir de duas perspectivas diferentes. Em primeiro lugar, assumindo a alegação do Executivo de que se trata de uma norma programática, deve-se ter em mente que a Convenção foi assinada pelo Estado peruano em 1994, entrando em vigor em 1995. Ou seja, até agora transcorreram mais de 15 anos desde a sua entrada em vigor, devido à responsabilidade exclusiva do Estado. Este argumento apenas expõe uma omissão por parte do Estado e, portanto, deve ser rejeitado. Em qualquer caso, este Tribunal não ignora que, em 19 de maio de 2010, o Congresso aprovou

a Lei sobre o Direito à Consulta Prévia de Povos Indígenas ou Nativos reconhecidos na Convenção 169 da OIT, o que significa um importante avanço na proteção do direito à consulta.

12. Em segundo lugar, não é um argumento constitucionalmente válido negar a aplicação dos direitos fundamentais devido à ausência de regulamentação legal ou infralegal. Isso deixaria a aplicação dos direitos fundamentais nas mãos do poder discricionário do Estado, uma posição que entra em conflito com o Estado Constitucional de Direito em que a Constituição vincula toda a sociedade, inclusive os órgãos constitucionais ou os chamados Poderes do Estado. Nessa perspectiva, a natureza programática ou autoaplicável não tem incidência maior, já que o concreto é que, devido a uma omissão normativa, o exercício de uma série de direitos fundamentais de um setor da sociedade é negado. Além disso, no caso de compromissos internacionais, os artigos 26 e 27 da Convenção de Viena sobre o Direito dos Tratados devem ser levados em consideração. O primeiro deles afirma que: "Todo tratado em vigor vincula as partes e deve ser cumprido por elas de boa fé". Enquanto o segundo indica isso; "Uma parte não pode invocar as disposições de seu direito interno como justificativa para a violação de um tratado". Embora neste caso a violação da Convenção No. 169 não seja justificada com base em uma disposição de direito interno, ela pretende justificá-la com base em uma omissão, uma situação que pode ser interpretada como subsumida nos termos do mandato do artigo 27 da referida convenção.

O Tribunal desenvolveu uma argumentação bastante interessante ao tratar da questão da consulta prévia em relação às medidas administrativas e legislativas capazes de afetar os povos indígenas, tendo afirmado que:

19. O artigo 6º da Convenção exige que os povos indígenas sejam consultados quando, ao aplicar as suas disposições, estejam previstas medidas legislativas e/ou administrativas que possam afetá-los diretamente. E, embora no caso de resoluções administrativas, a tarefa de identificar a medida administrativa que possa afetar diretamente um povo indígena não é tão complexa – devido à característica de particularidade que os atos administrativos em geral têm –, em relação às medidas legislativas. a tarefa é extremamente complicada. Pode ser bastante simples determinar que uma norma, como a Lei do Investimento Privado no Desenvolvimento de Atividades Econômicas nas Terras do Território Nacional e das Comunidades Camponesas e Nativas (Lei 26505), provavelmente afete diretamente aos povos indígenas, uma vez que implica mudanças relevantes e diretas em sua situação legal. No entanto, existem outros tipos de normas cuja análise não é tão simples.

20. Com efeito, uma lei de âmbito geral que vise regulamentar a conduta de todos os cidadãos peruanos, e não particularmente a conduta dos membros dos povos indígenas não implicaria em uma afetação direta dos indígenas. Embora pudesse levar a uma mudança no estatuto legal dos povos indígenas, isso seria uma consequência ou efeito indireto da regra. Por exemplo, a edição de um código civil ou de um código processual penal, embora possa afetar aos povos indígenas, deve, em princípio, ser considerada como uma norma que só causaria impacto indireto, sendo, portanto, isenta de passar pelo processo de consulta aos povos indígenas.

21 – Neste contexto, podem ser observados três tipos de medidas legislativas, que visam exclusivamente a regulamentar os aspectos relevantes dos povos indígenas, quando a consulta será obrigatória, uma vez que os afetam diretamente. E, por outro lado, normas de âmbito geral, o que poderia implicar uma afetação indireta aos povos indígenas. O terceiro tipo de medida legislativa é aquele em que certas questões que envolvem legislação de alcance

CAPÍTULO 6 • A CONVENÇÃO 169 E A CONSULTA PRÉVIA PERANTE OS TRIBUNAIS

geral exigem o estabelecimento, em alguns pontos, de referências específicas aos povos indígenas. Nesses casos, se com estas alterações normativas o status legal dos membros dos povos indígenas é modificado diretamente, em questões relevantes e de forma substancial, é claro que esses pontos deverão ser objeto de consulta.

Assim, a consulta relativa às medidas legislativas somente tem efeito nas hipóteses de projetos de normas administrativas ou legislativas que sejam especificamente voltadas para regulamentar aspectos da vida dos povos indígenas ou, em se tratando de uma norma de caráter geral, que os seus efeitos concretos possam atingir diretamente a vida dos indígenas. Outro ponto relevante enfrentado pela decisão é o relativo a um suposto direito de veto dos povos indígenas sobre atividades que, porventura, possam afetar os seus territórios. A este respeito a Corte entendeu que:

> 24. Da leitura dos artigos 6 e 15 da Convenção 169 não se depreende que os povos indígenas gozem de uma espécie de direito de veto. Isto é, a obrigação que o Estado tem de consultar aos povos indígenas a respeito das medidas legislativas ou administrativas que possam afetá-los diretamente, não lhes outorga a capacidade de impedir que tais medidas se levem a efeito. Se bem que no último parágrafo do artigo 6 da Convenção se diz que a consulta deve ser realizada "com a finalidade de se chegar a um acordo ou obter o consentimento acerca das medidas propostas", isto não significa uma condição que, se não for alcançada, leva à improcedência da medida. O que explica tal artigo é que tal finalidade deve orientar, deve ser o objetivo da consulta. Disto se infere que um processo de consulta no qual seja determinado que não se pretende alcançar tal finalidade, poderá ser questionado. Deve afirmar-se que não flui dos artigos da Convenção que os povos indígenas gozem de um direito de veto. O que a norma pretende é institucionalizar o diálogo intercultural.

Relativamente à constitucionalidade do Decreto, o Tribunal Constitucional dispôs que:

> 56. De acordo com o princípio da preservação da lei - que exige que o juiz constitucional "salve", na medida do razoavelmente possível, a constitucionalidade de uma lei impugnada [STC 004-2004-CC / TC, fundo, 3.3] - deve ser ponderada a interpretação da norma. É que a declaração de inconstitucionalidade só cabe diante de uma inconstitucionalidade evidente e quando não existe outra decisão ou interpretação possível. Portanto, observando que a norma em questão nos permite interpretar que o alcance de seus artigos exclui os Povos Indígenas, é assim que a norma deve ser entendida ou interpretada. Nesse sentido, e somente nele, a norma é constitucional, uma vez que o regulamento não se destina aos Povos Indígenas. Em suma, a norma em análise é constitucional na medida em que os Povos Indígenas estão excluídos da sua incidência, em caso contrário, a norma teria de ser submetida ao processo de consulta.

3. A CONSULTA PRÉVIA PERANTE O PODER JUDICIÁRIO BRASILEIRO

O Brasil é signatário da Convenção 169 a qual foi incorporada ao nosso direito interno pelo Decreto 5.051, de 19 de abril de 2004. Nestes pouco mais de 20 anos passados da adoção da convenção tem sido crescente o volume de litígios judiciais relativamente à aplicação da convenção, sobretudo em matéria de consulta prévia. Incialmente o grande protagonista de tais litígios era o Ministério Público Federal que mantém uma aliança estratégica com povos indígenas e populações tradicionais a qual decorre de uma expressa determinação constitucional, contida no artigo 129, V da Constituição Federal. O quadro, no entanto, está mudando e há muitas ações ajuizadas pelas próprias comunidades indígenas, muitas vezes patrocinadas por advogados e advogadas indígenas. Isso indica que a convenção tem sido fortemente discutida nos tribunais federais brasileiros. Esta sessão não pretende realizar um estudo exaustivo de todas as decisões judiciais relacionadas à aplicação da Convenção 169, o que seria uma pretensão vã. Logo, optei por algumas ações que chagaram aos tribunais superiores (STF e STJ), em especial ao STF. Serão apresentados, brevemente, os casos da AHE Belo Monte (estado do Pará) e da comunidade quilombola Quingoma (estado da Bahia). Todavia, dada a crônica morosidade do judiciário nacional, as manifestações das Cortes superiores, na imensa maioria dos casos, se constituem em decisões voltadas para questões processuais proferidas isoladamente por seus presidentes com vistas a cassar medidas liminares e tutelas antecipadas proferidas por instâncias inferiores.

A importância dos territórios para os povos indígenas e tribais s tem sido amplamente discutida ao longo do presente trabalho e, no particular, faz-se necessário que se apresente o desenvolvimento da concepção atualmente prevalecente no STF, o que será feito com uma breve exposição do caso da Terra Indígena Raposa Serra do Sol situada no estado de Roraima e da discussão sobre o chamado "marco temporal".

3.1 Supremo Tribunal Federal

Assim como as demais Cortes Constitucionais, o STF tem enfrentado questões relativas à Consulta estabelecida pela Convenção 169 e aos povos indígenas em geral. No particular é importante relembrar que, desde 1934, as Constituições brasileiras reconhecem direitos específicos aos povos indígenas.

3.1.1 *Terra Indígena Raposa Serra do Sol*

A Terra Indígena Raposa Serra do Sol está localiza no estado de Roraima, ocupando uma área de 1.747 ha e abriga cinco povos indígenas que uma população total de 26.378 pessoas.[17]

---

17. Disponível em: https://terrasindigenas.org.br/en/terras-indigenas/3835. Acesso em: 28 out. 2024.

Povo	Família Linguística	Língua
Ingarikó	Karib	Ingarikó
Macuxi	Karib	Macuxi
Patamona	Karib	Patamona
Taurepang	Karib	Taulipáng (Pemóng)
Wapichana	Aruak	Wapichana

A demarcação da Terra Indígena Raposa Serra do Sol foi fruto de um processo confuso que redundou na existência de cinco municípios em seu interior; o que reflete uma falta de respeito aos direitos originários dos indígenas, pois houve, e há, um processo contínuo de violação do território indígena que vive sob ameaças de invasões garimpeiras e expansão dos municípios.

Municípios - Terra Indígena Raposa Serra do Sol

#	Estados (UF)	Município	Área do município (ha)	Área da TI no município (ha)	Área da TI no município (%)		
1	RR	Normandia	696.681,10	678.564,71		38,83	
2	RR	Pacaraima	802.848,30	264.235,09		15,12	
3	RR	Uiramutã	806.556,40	810.882,73		46,40	

⬇ Exportar para CSV

A decisão do STF foi proferida nos autos de uma ação popular que tramitou durante anos pela Justiça Federal questionando a terra indígena sob o argumento de que a sua homologação e definição colocariam em risco o "desenvolvimento de Roraima". Assim, o Supremo Tribunal Federal passou a discutir os critérios legitimadores utilizados para a demarcação da terra indígena, tendo se utilizado do chamado "marco temporal" para o estabelecimento dos *dies a quo* para o início da ocupação tradicional indígena. Na oportunidade, O STF definiu como *dies a quo* a data da promulgação da Constituição Federal de 1988 (5 de outubro de 1988) que, por isso, passou a ser a data para a contagem inicial do tempo da ocupação da terra pelos indígenas e para o reconhecimento da tradicionalidade da sua ocupação, como se depreende do seguinte trecho do voto proferido pelo Ministro Carlos Ayres de Brito (STF, Pet. 3388):

I. – *o marco temporal da ocupação*. Aqui, é preciso ver que a nossa Lei Maior trabalhou com data certa: a data da promulgação dela própria (5 de outubro de 1988) como insubstituível referencial para o reconhecimento, aos índios, "dos direitos sobre as terras que tradicional-mente ocupam". Terras que tradicionalmente *ocupam*, atente-se, e não aquelas que venham a ocupar. Tampouco as terras já ocupadas em outras épocas, mas sem continuidade suficiente para alcançar o marco objetivo do dia 5 de outubro de 1988. Marco objetivo que reflete o decidido propósito constitucional de colocar uma pá de cal nas intermináveis discussões sobre qualquer outra referência temporal de ocupação de área indígena. Mesmo que essa referência estivesse grafada em Constituição anterior. É exprimir: *a data de verificação do fato em si da ocupação fundiária é o dia 5 de outubro de 1988, e nenhum outro*. Com o que se evita, a um só tempo: a) a fraude da subitânea proliferação de aldeias, inclusive mediante o recrutamento de índios de outras regiões do Brasil, quando não de outros países vizinhos, sob o único propósito de artificializar a expansão dos lindes da demarcação [grifamos]; b) a violência da expulsão de índios para descaracterizar a tradicionalidade da posse das suas terras, à data da vigente Constituição. Numa palavra, o entrar em vigor da nova Lei Fundamental Brasileira é *a chapa radiográfica* da questão indígena nesse delicado tema da ocupação das terras a demarcar pela União para a posse permanente e usufruto exclusivo dessa ou daquela etnia aborígine. Exclusivo *uso e fruição* (usufruto é isso, conforme Pontes de Miranda) quanto às "riquezas do solo, dos rios e dos lagos" existentes na área objeto de precisa demarcação (§ 2º do art. art. 231), devido a que "os recursos minerais, inclusive os do subsolo", já fazem parte de uma outra categoria de "bens da União" (inciso IX do art. 20 da CF); II – *o marco da tradicionalidade da ocupação*. Não basta, porém, constatar uma ocupação fundiária coincidente com o dia e ano da promulgação do nosso Texto Magno. É preciso ainda que esse estar coletivamente situado em certo espaço fundiário se revista do caráter da perdurabilidade. Mas um tipo qualificadamente *tradicional* de perdurabilidade da ocupação indígena, no sentido entre anímico e psíquico de que viver em determinadas terras é tanto pertencer a elas quanto elas pertencerem a eles, os índios ("Anna Pata, Anna Yan":"Nossa Terra, Nossa Mãe").

A decisão, embora pragmática, merece crítica. A Constituição definiu os direitos indígenas como "originários" e declarou a nulidade de todos os atos que, de alguma forma, tivessem por objeto aliená-las, modificá-las, transferi-las etc. Não se desconhece que, em muitos casos, há, de fato, por parte de indígenas mal--intencionados a "fabricação" de aldeias e áreas indígenas. Entretanto, o fenômeno nem de longe é equiparável à expulsão violenta dos indígenas de suas terras. Aliás, um rápido passeio pela história do Brasil mostra que esta última circunstância é mais frequente do que a primeira. O reconhecimento constitucional dos direitos dos povos indígenas sobre as terras por eles ocupadas data da Constituição de 1934. Logo, parece ser razoável que a fixação do *dies a quo* para o reconhecimento da posse indígena, seja firmada no dia da promulgação da Constituição de 1934 (16 de julho de 1934), se for o caso de reconhecimento de um "marco temporal". Existem documentos históricos que demonstram se determinada população foi expulsa de suas terras após 1934 e, portanto, dependendo do caso concreto, o retorno é medido de justiça. O estabelecimento do chamado marco temporal em 5 de outubro de 1988 pode servir para legitimar muita violência pretérita e ocupação ilegal, ainda que este não fosse o desejo do Supremo Tribunal Federal. Por fim, merece ser relembrada a crítica de Biviany Garzón Rojas, Erika M. Yamada e Rodrigo Oliveira (Rojas, Yamada e Oliveira, 2016, p. 10):

> a decisão também relativizou o direito dos índios ao usufruto exclusivo dos recursos naturais disponíveis em seus territórios. Estabeleceu um conjunto de "salvaguardas" ou "condicionan-

CAPÍTULO 6 • A CONVENÇÃO 169 E A CONSULTA PRÉVIA PERANTE OS TRIBUNAIS **165**

tes" da decisão que não se compatibiliza com o direito constitucional ao usufruto exclusivo dos povos indígenas sobre seus territórios...

A decisão, muito embora tenha sido proferida exclusivamente para a Terra Indígena Raposa Serra do Sol, passou a ser utilizada como precedente para a demarcação das terras indígenas em geral.

3.1.1.1 O marco temporal

A jurisprudência do Supremo Tribunal Federal [STF], em especial o caso Raposa Serra do Sol, estreitou o alcance do artigo 231 da CF, estabelecendo que somente seriam reconhecidas como de ocupação tradicional as terras que estivessem ocupadas por indígenas aos 5 de outubro de 1988. Entretanto, o Tribunal na Repercussão Geral no Recurso Extraordinário 1017365 que trata da definição do estatuto jurídico-constitucional das relações de posse das áreas de tradicional ocupação indígena com base nas regras estabelecidas no artigo 231 CF. O caso diz respeito à ocupação tradicional dos índios Xokleng, localizada em parte da Reserva Biológica do Sassafrás, no estado de Santa Catarina.

Aos 11 de dezembro de 1998, o Ministro da Justiça baixou a Portaria 820, declarando os limites da terra indígena Raposa Serra do Sol, determinando a demarcação, nos termos do artigo 2º, § 10, inciso I, do Decreto 1.775/ 996. A Portaria foi substituída pela de n. 534/2005, posteriormente homologada por Decreto de 15 de abril de 2005. A principal medida judicial contestando a demarcação foi a Ação Popular ajuizada pelo Senador Augusto Affonso Botelho Neto, pleiteando a declaração de nulidade da Portaria 534/2005. Foi na Petição 3.388/RR, protocolizada nos autos da Ação Popular mencionada, que o STF dirimiu a questão fixando o *leading case* para o tema. Na decisão o Relator sustentou que:

> [o] marco temporal de ocupação. A Constituição Federal trabalhou com data certa – *a data da promulgação dela própria (5 de outubro de 1988) – como insubstituível referencial para o dado da ocupação de um determinado espaço geográfico por essa ou aquela etnia aborígene; ou seja, para o reconhecimento, aos índios, dos direitos originários sobre as terras que tradicionalmente ocupam.* 11.2. A tradicionalidade da posse nativa, no entanto, não se perde onde, ao tempo da promulgação da Lei Maior de 1988, a reocupação apenas não ocorreu por efeito de *renitente esbulho* por parte de não-índios...

O resultado concreto da aplicação de tais conceitos é que somente os territórios que estivessem tradicionalmente ocupados por povos indígenas aos 5 de outubro de 1988 poderiam ser reconhecidos como TI.

Em outro caso, AGReg no Recurso Extraordinário com Agravo 803.462-MS, a 2ª Turma do STF decidiu que:

[d] essa forma, sendo incontroverso que *as últimas ocupações indígenas na Fazenda Santa Bárbara ocorreram em 1953* e não se constatando, nas décadas seguintes, situação de disputa possessória, fática ou judicializada, ou de outra espécie de inconformismo que pudesse caracterizar a presença de não índios como efetivo "esbulho renitente", a conclusão que se impõe é a de que o indispensável requisito do marco temporal da ocupação indígena, fixado por esta Corte no julgamento da Pet 3.388 não foi cumprido no presente caso.

3.1.1.1.1 A tese confrontante: o indigenato como instituto jurídico

Os direitos originários insculpidos no caput do artigo 231 da CF, foram inicialmente identificados com o indigenato, instituto jurídico que, em contraposição ao "marco temporal" e ao "renitente esbulho", serve de alicerce a respaldar as legítimas reivindicações dos povos indígenas "sobre as terras que tradicionalmente ocupam". João Mendes Jr, (1912) demonstrou que a legislação colonial, em alguma medida, reconhecia a primariedade da posse indígena, do direito surgido da simples presença, com desejo de permanência, em determinadas terras *antes* da presença dos colonizadores:

[O] indígena primariamente estabelecido, tem a *sedun positio*, que constitui o fundamento da posse, segundo o conhecido texto do jurisconsulto Paulo (…); mas o indígena, além desse *jus possessionis*, tem o *jus possidendi*, que já lhe é reconhecido e preliminarmente legitimado, desde o Alvará de 1º de Abril de 1680, como *direito congênito*. Ao *indigenato*, é que melhor se aplica o texto do jurisconsulto Paulo: – quia naturaliter tenetur ab eo qui isistit.

[…] E para que os ditos Gentios, que assim descerem, e os mais, que há de presente, melhor se conservem nas Aldeias: *hei por bem que senhores de suas fazendas, como o são no Sertão, sem lhe poderem ser tomadas*, nem sobre elas se lhe fazer moléstia. E o Governador com parecer dos ditos Religiosos assinará aos que descerem do Sertão, lugares convenientes para neles lavrarem, e cultivarem, *e não poderão ser mudados dos ditos lugares contra sua vontade, nem serão obrigados a pagar foro, ou tributo algum das ditas terras, que ainda estejam dados em Sesmarias* e pessoas particulares, porque na concessão destas se reserva sempre o prejuízo de terceiro, e muito mais se entende, e quero que se entenda ser reservado o prejuízo, e direito os Índios, primários e naturais senhores delas (Mendes Jr., 1912, p. 58-59).

Sabemos que a legislação colonial foi contraditória, parcial e, em essência, voltada para suprimir direitos dos povos autóctones. Fato é que a norma foi positivada e, como declarado por João Mendes Jr., não se tem notícia de sua revogação. Segundo ele, o primeiro ocupante somente poderia ser o indígena que tinha como título o Indigenato, a posse aborígene, expressão de um direito congênito que nasce com a primeira ocupação. Para João Mendes Jr, o regulamento de 1854, no particular, limitou-se a reproduzir o Alvará de 1º de abril de 1680. Acrescenta, ainda, que a Lei 601/1850 traz outras reservas que não "supõem posse originária ou congênita" que seriam as terras devolutas destinadas à (1) colonização, (2) abertura de estradas, (3) fundação de povoações e quaisquer outras servidões púbicas. E mais:

CAPÍTULO 6 • A CONVENÇÃO 169 E A CONSULTA PRÉVIA PERANTE OS TRIBUNAIS **167**

[a] *colonização* de indígenas, como já ficou explicado, supõe, como qualquer outra *coloniza-ção*, uma emigração para *imigração*; e o próprio regulamento n. 1318 de 30 de janeiro de 1854, no art. 72, declara reservadas as terras devolutas, não só as terras destinadas à *colonização dos indígenas*, como as terras dos *aldeamentos onde existem hordas selvagens*. Em suma, quer da letra, quer do espírito da Lei de 1850, se verifica que essa Lei nem mesmo considera devolutas as terras possuídas por hordas selvagens *estáveis*: essas terras são tão particulares como as possuídas por ocupação, legitimável, isto é, são *originariamente reservadas da devolução*, nos expressos termos do Alvará de 1º de Abril de 1680, que as reserva até na concessão de sesmaria. (Mendes Jr., 1912, p. 60).

O Indigenato, como instituto jurídico foi reconhecido pelo STF, e.g., ACO 312.

3.1.2 *RE 1017365/SC – Comunidade Indígena Xokleng, Terra Indígena Ibirama laklaño*

O caso do povo Xokleng[18] foi resolvido pelo STF estabelecendo que, inclusive, reconheceu a repercussão geral da matéria:

Tema: 1031 – Definição do estatuto jurídico-constitucional das relações de posse das áreas de tradicional ocupação *indígena* à luz das regras dispostas no artigo 231 do texto constitucional.

O STF reformulou o entendimento constante da decisão do Caso Raposa Serra do Sol "é possível que esta Corte promova o aperfeiçoamento do julgado na Pet 3.388, uma vez que o próprio Tribunal admitiu que as condicionantes ali fixadas não foram conformadas como representativas de precedente, a vincular de modo obrigatório as instâncias jurisdicionais inferiores, bem como espraiar seus efeitos de forma automática à Administração Pública na análise dos processos demarcatórios." Reafirmar que a decisão de Raposa Serra do Sol não era vinculante foi importante, na medida em que a Administração Federal firmara entendimento em tal sentido. O Presidente Michel Temer atribuiu força normativa ao Parecer 001/2017/GAB/CGU/AGU:

I. O Supremo Tribunal Federal, no acórdão proferido no julgamento da PET 3.388/RR, fixou as "salvaguardas institucionais às terras indígenas", as quais constituem normas decorrentes da interpretação da Constituição e, portanto, devem ser seguidas em todos os processos de demarcação de terras indígenas.

II. A Administração Pública Federal, direta e indireta, deve observar, respeitar e dar efetivo cumprimento, em todos os processos de demarcação de terras indígenas, às condições fixadas na decisão do Supremo Tribunal Federal na PET 3.388/RR, em consonância com o que também esclarecido e definido pelo Tribunal no acórdão proferido no julgamento dos Embargos de Declaração (PET-ED 3.388/RR).

---

18. Ver Capítulo 1 (2.2.1) e capítulo 6 (3.1.1.1).

Em função de tal Parecer Normativo a Administração Pública se viu obrigada a observar os parâmetros fixados em Raposa Serra do Sol, como se eles fossem válidos para toda e qualquer demarcação da terra indígena. Portanto, nos processos de demarcação de terras indígenas, os órgãos da Administração Pública Federal, direta e indireta, deverão observar as seguintes condições:

(I) o usufruto das riquezas do solo, dos rios e dos lagos existentes nas terras indígenas (art. 231, § 2º, da Constituição Federal) pode ser relativizado sempre que houver, como dispõe o art. 231, § 6º, da Constituição, relevante interesse público da União, na forma de lei complementar;

(II) o usufruto dos índios não abrange o aproveitamento de recursos hídricos e potenciais energéticos, que dependerá sempre de autorização do Congresso Nacional;

(III) o usufruto dos índios não abrange a pesquisa e lavra das riquezas minerais, que dependerá sempre de autorização do Congresso Nacional, assegurando-se-lhes a participação nos resultados da lavra, na forma da lei;

(IV) o usufruto dos índios não abrange a garimpagem nem a faiscação, devendo, se for o caso, ser obtida a permissão de lavra garimpeira;

(V) o usufruto dos índios não se sobrepõe ao interesse da política de defesa nacional; a instalação de bases, unidades e postos militares e demais intervenções militares, a expansão estratégica da malha viária, a exploração de alternativas energéticas de cunho estratégico e o resguardo das riquezas de cunho estratégico, a critério dos órgãos competentes (Ministério da Defesa e Conselho de Defesa Nacional), serão implementados independentemente de consulta às comunidades indígenas envolvidas ou à FUNAI;

(VI) a atuação das Forças Armadas e da Polícia Federal na área indígena, no âmbito de suas atribuições, fica assegurada e se dará independentemente de consulta às comunidades indígenas envolvidas ou à FUNAI;

(VII) o usufruto dos índios não impede a instalação, pela União Federal, de equipamentos públicos, redes de comunicação, estradas e vias de transporte, além das construções necessárias à prestação de serviços públicos pela União, especialmente os de saúde e educação;

(VIII) o usufruto dos índios na área afetada por unidades de conservação fica sob a responsabilidade do Instituto Chico Mendes de Conservação da Biodiversidade;

(IX) o Instituto Chico Mendes de Conservação da Biodiversidade responderá pela administração da área da unidade de conservação também afetada pela terra indígena com a participação das comunidades indígenas, que deverão ser ouvidas, levando-se em conta os usos, tradições e costumes dos indígenas, podendo para tanto contar com a consultoria da FUNAI;

(X) o trânsito de visitantes e pesquisadores não índios deve ser admitido na área afetada à unidade de conservação nos horários e condições estipulados pelo Instituto Chico Mendes de Conservação da Biodiversidade;

(XI) devem ser admitidos o ingresso, o trânsito e a permanência de não índios no restante da área da terra indígena, observadas as condições estabelecidas pela FUNAI;

(XII) o ingresso, o trânsito e a permanência de não-índios não pode ser objeto de cobrança de quaisquer tarifas ou quantias de qualquer natureza por parte das comunidades indígenas;

(XIII) a cobrança de tarifas ou quantias de qualquer natureza também não poderá incidir ou ser exigida em troca da utilização das estradas, equipamentos públicos, linhas de transmissão de energia ou de quaisquer outros equipamentos e instalações colocadas a serviço do público, tenham sido excluídos expressamente da homologação, ou não;

(XIV) as terras indígenas não poderão ser objeto de arrendamento ou de qualquer ato ou negócio jurídico que restrinja o pleno exercício do usufruto e da posse direta pela comunidade indígena ou pelos índios (art. 231, § 2º, Constituição Federal, c/c art. 18, caput, Lei 6.001/1973);

(XV) é vedada, nas terras indígenas, a qualquer pessoa estranha aos grupos tribais ou comunidades indígenas, a prática de caça, pesca ou coleta de frutos, assim como de atividade agropecuária ou extrativa (art. 231, § 2º, Constituição Federal, c/c art. 18, § 1º, Lei 6.001/1973);

(XVI) as terras sob ocupação e posse dos grupos e das comunidades indígenas, o usufruto exclusivo das riquezas naturais e das utilidades existentes nas terras ocupadas, observado o disposto nos arts. 49, XVI, e 231, § 3º, da CR/88, bem como a renda indígena (art. 43 da Lei 6.001/1973), gozam de plena imunidade tributária, não cabendo a cobrança de quaisquer impostos, taxas ou contribuições sobre uns ou outros;

(XVII) é vedada a ampliação da terra indígena já demarcada;

(XVIII) os direitos dos índios relacionados às suas terras são imprescritíveis e estas são inalienáveis e indisponíveis (art. 231, § 4º, CR/88); e

(XIX) é assegurada a participação dos entes federados no procedimento administrativo de demarcação das terras indígenas, encravadas em seus territórios, observada a fase em que se encontrar o procedimento.

A "reformulação" do entendimento constante do Raposa Serra do Sol levou a fixação da seguinte tese (com efeito vinculante):

I – A demarcação consiste em procedimento declaratório do direito originário territorial à posse das terras ocupadas tradicionalmente por comunidade *indígena*;

II – A posse tradicional *indígena* é distinta da posse civil, consistindo na ocupação das terras habitadas em caráter permanente pelos *indígenas*, nas utilizadas para suas atividades produtivas, nas imprescindíveis à preservação dos recursos ambientais necessários a seu bem-estar e nas necessárias a sua reprodução física e cultural, segundo seus usos, costumes e tradições, nos termos do § 1º do artigo 231 do texto constitucional;

III – A proteção constitucional aos direitos originários sobre as terras que tradicionalmente ocupam independe da existência de um *marco temporal* em 05 de outubro de 1988 ou da configuração do renitente esbulho, como conflito físico ou controvérsia judicial persistente à data da promulgação da Constituição;

IV – Existindo ocupação tradicional *indígena* ou renitente esbulho contemporâneo à promulgação da Constituição Federal, aplica-se o regime indenizatório relativo às benfeitorias úteis e necessárias, previsto no § 6º do art. 231 da CF/88;

V – Ausente ocupação tradicional *indígena* ao tempo da promulgação da Constituição Federal ou renitente esbulho na data da promulgação da Constituição, são válidos e eficazes, produzindo todos os seus efeitos, os atos e negócios jurídicos perfeitos e a coisa julgada relativos a justo título ou posse de boa-fé das terras de ocupação tradicional *indígena*, assistindo ao particular direito à justa e prévia indenização das benfeitorias necessárias e úteis, pela União; e, quando inviável o reassentamento dos particulares, caberá a eles indenização pela União (com direito de regresso em face do ente federativo que titulou a área) correspondente ao valor da terra nua, paga em dinheiro ou em títulos da dívida agrária, se for do interesse do beneficiário, e processada em autos apartados do procedimento de demarcação, com pagamento imediato da parte incontroversa, garantido o direito de retenção até o pagamento do valor incontroverso, permitidos a autocomposição e o regime do § 6º do art. 37 da CF;

VI – Descabe indenização em casos já pacificados, decorrentes de terras *indígenas* já reconhecidas e declaradas em procedimento demarcatório, ressalvados os casos judicializados e em andamento;

VII – É dever da União efetivar o procedimento demarcatório das terras *indígenas*, sendo admitida a formação de áreas reservadas somente diante da absoluta impossibilidade de concretização da ordem constitucional de demarcação, devendo ser ouvida, em todo caso, a comunidade *indígena*, buscando-se, se necessário, a autocomposição entre os respectivos entes federativos para a identificação das terras necessárias à formação das áreas reservadas, tendo sempre em vista a busca do interesse público e a paz social, bem como a proporcional compensação às comunidades *indígenas* (art. 16.4 da Convenção 169 OIT);

VIII – A instauração de procedimento de redimensionamento de terra *indígena* não é vedada em caso de descumprimento dos elementos contidos no artigo 231 da Constituição da República, por meio de pedido de revisão do procedimento demarcatório apresentado até o prazo de cinco anos da demarcação anterior, sendo necessário comprovar grave e insanável erro na condução do procedimento administrativo ou na definição dos limites da terra *indígena*, ressalvadas as ações judiciais em curso e os pedidos de revisão já instaurados até a data de conclusão deste julgamento;

IX – O laudo antropológico realizado nos termos do Decreto 1.775/1996 é um dos elementos fundamentais para a demonstração da tradicionalidade da ocupação de comunidade *indígena* determinada, de acordo com seus usos, costumes e tradições, na forma do instrumento normativo citado;

X – As terras de ocupação tradicional *indígena* são de posse permanente da comunidade, cabendo aos *indígenas* o usufruto exclusivo das riquezas do solo, dos rios e lagos nelas existentes;

XI – As terras de ocupação tradicional *indígena*, na qualidade de terras públicas, são inalienáveis, indisponíveis e os direitos sobre elas imprescritíveis;

XII – A ocupação tradicional das terras *indígenas* é compatível com a tutela constitucional do meio ambiente, sendo assegurado o exercício das atividades tradicionais dos povos *indígenas*;

XIII – Os povos *indígenas* possuem capacidade civil e postulatória, sendo partes legítimas nos processos em que discutidos seus interesses, sem prejuízo, nos termos da lei, da legitimidade concorrente da FUNAI e da intervenção do Ministério Público como fiscal da lei.

A matéria voltou à ordem do dia com a edição da Lei 14.701 de 20.10.2023 que em seu artigo 4º dispõe que "[s]ão terras tradicionalmente ocupadas pelos indígenas brasileiros aquelas que, na data da promulgação da Constituição Federal, eram, simultaneamente: I – habitadas por eles em caráter permanente; II – utilizadas para suas atividades produtivas; III – imprescindíveis à preservação dos recursos ambientais necessários a seu bem-estar; IV – necessárias à sua reprodução física e cultural, segundo seus usos, costumes e tradições".

A norma foi impugnada perante o STF.

3.1.3   Belo Monte

Devido à grande extensão geográfica de sua área de jurisdição que abrange os estados do Acre, Amapá, Amazonas, Bahia, Distrito Federal, Goiás, Maranhão, Mato Grosso, Pará, Piauí, Rondônia, Roraima e Tocantins o TRF da 1ª Região é, seguramente, o tribunal brasileiro que já julgou o maior número de demandas de povos indígenas e populações tradicionais relacionadas com a aplicação da Convenção 169. É também perante as seções judiciárias que integram a área de jurisdição do TRF 1ª Região que as principais questões têm sido debatidas, pois toda a região amazônica se encontra baixo a sua jurisdição.

Uma das decisões pioneiras do Tribunal Regional Federal da 1ª Região diz respeito à construção da UHE Belo Monte. Cuida-se da discussão sobre o artigo 231, § 3º da Constituição Federal na ocasião o TRF 1, entendeu que ele

> enuncia dois requisitos prévios para o aproveitamento dos recursos hídricos, incluídos os potenciais energéticos, quais sejam: autorização do Congresso Nacional e oitiva das comunidades afetadas. Não explicita, contudo, a precedência de uma medida sobre a outra (AC 2006.39.03.000711-8/PA. Relatora Desembargadora Federal Selene Maria de Almeida Relator para Acórdão Desembargador Federal Fagundes de Deus, 5ª Turma, Publicação: 25.11.2011 e-DJF1 P. 566. Data: 09.11.2011).

A partir de tal afirmação, a Corte caminha para a conclusão no sentido de que

> em observância ao princípio da razoabilidade, cumpre concluir que a oitiva das comunidades localizadas na área de influência do empreendimento somente pode ocorrer após a realização dos respectivos estudos (EIA/RIMA), até mesmo porque nesses estudos é que serão delimitadas as estratégias do empreendimento, de forma a mitigar os impactos ambientais e definir as efetivas repercussões do projeto.

Aqui há uma evidente contradição com o disposto a Convenção 169 que, em seu artigo 6º (1) (a) define a consulta como prévia. A consulta aos povos indígenas deve ser prévia à implantação dos projetos e contemplar, inclusive, a fase de planejamento, cabendo aos governos "consultar os povos interessados, mediante procedimentos apropriados e, particularmente, através de suas instituições representativas, cada vez que sejam previstas medidas legislativas ou administrativas suscetíveis de afetá-los diretamente". Assim, tem-se como fora do contexto da Convenção 169 a assertiva de que "a oitiva das comunidades localizadas na área de influência do empreendimento somente pode ocorrer após a realização dos respectivos estudos". Na verdade, o processo é contínuo e não se define por um ato isolado e formal que possa ser identificado temporalmente como uma única atividade.

No que se refere ao ato congressual que autorizou a implantação da AHE Belo Monte em território indígena, a decisão acrescentou que"

O ato congressual em discussão não se revela, outrossim, ofensivo à Convenção 169 da Organização Internacional do Trabalho (OIT) sobre Povos Indígenas e Tribais, cujas normas estabelecem a consulta aos índios sobre medidas legislativas e administrativas suscetíveis de afetá-los diretamente. Isso porque, no caso concreto, a oitiva das comunidades afetadas efetivamente ocorreu, tal como amplamente esclarecido no memorial apresentado pela própria FUNAI e demonstrado por documentos nos autos, uma vez que, em diversos momentos, foram realizadas consultas às comunidades locais, não só indígenas, como também de ribeirinhos. *E, de outro lado, as normas inscritas em tal convenção não estabelecem que a consulta aos povos indígenas deva ser prévia à autorização do Congresso Nacional.* Destaca-se, inclusive, a eficácia de tais reuniões realizadas com as aludidas comunidades, tanto é assim que o projeto referente ao empreendimento passou por diferentes alterações, resultantes de ações mitigadoras e reparadoras de danos que poderiam decorrer da implantação do AHE na região.

O decreto – legislativo 788/2005 que autorizou a implantação da AHE Belo Monte em território indígena foi "confirmado" pelo TRF da 1ª região e, posteriormente, pelo STF; entretanto, como se verifica de seus termos, cuida-se de um decreto-legislativo que se limita a reproduzir exigências de licenciamento ambiental e, de fato, não foi precedido do necessário debate "apropriado" e de "boa-fé" com os povos indígenas e populações tradicionais, tal como determinado pela Convenção 169. Aliás, no particular, merece ser recordada a decisão proferida pela Corte Constitucional Colombiana (Sentença C-175/09) que entendeu inconstitucional o Estatuto de Desenvolvimento Rural (Lei 1.152/07) por violação aos artigos 2º, 7º, 40 e 330 da Constituição Colombiana e ao artigo 6º da Convenção 169, por falta de consulta às comunidades indígenas e afrodescendentes quando da elaboração do projeto de lei, nem quando de sua tramitação perante o Congresso. Todavia, analisando-se decisões de outras Cortes Constitucionais Sul Americanas, observa-se que a tendência majoritária é modulação dos efeitos da decisão, aproveitando-se o ato legislativo e efetuando-se as correções necessárias.

A discussão da UHE Belo Monte envolve 25 ações judiciais diversas que se encontram em diferentes estágios de desenvolvimento. Contudo, faz-se necessário registrar que a UHE já começou a operar comercialmente. O Supremo Tribunal Federal por intermédio da Suspensão de Liminar 125/PA, relatada pela Ministra Presidente do STF (16.02.2007), na essência, confirmou a decisão do TRF 1, haja vista que ela havia sido suspensa por força de um Agravo de Instrumento, a qual, ao conceder efeito suspensivo a recurso do Ministério Público Federal, sustou os efeitos do Acórdão que, por sua vez, revogara liminar anteriormente deferida nos autos da Ação Civil Pública 2006.39.03.000711-8, ajuizada pelo Ministério Público Federal perante a Vara Federal de Altamira/PA. Posteriormente, o IBAMA ingressou com Medida Cautelar em Reclamação perante o STF sustentando que o MPF ajuizara Ação Civil Pública com vistas a paralisar as atividades administrativas relacionadas à condução do processo de licenciamento do UHE Belo

CAPÍTULO 6 • A CONVENÇÃO 169 E A CONSULTA PRÉVIA PERANTE OS TRIBUNAIS **173**

Monte, sob o fundamento de nulidade do Decreto Legislativo 788/2005 em razão da existência de vícios formais. No caso concreto, o Supremo Tribunal Federal manteve a validade do Decreto Legislativo impugnado, por meio de decisão e de acordo com o decidido na SL 125.

3.1.4 Comunidade Quilombola Quingoma

Um outro caso interessante é o da Suspensão de Tutela Antecipada STA 856/BA – BAHIA que "não foi conhecida" pela Corte sob o argumento de que eventuais ofensas à Convenção 169 não se constituem em violação direta às normas constitucionais, em especial as contempladas nos artigos 216, 225 e 231 da CF e 68 do ADCT. A questão debatida dizia respeito ao licenciamento ambiental de rodovia no Estado da Bahia (BA – 099) no qual havia discussão acerca de regularização fundiária de uma comunidade Quingoma. A pretensão na Ação Civil Pública era a paralisação do procedimento de licenciamento ambiental enquanto não realizada a regularização do território quilombola que já fora reconhecido pela FCP. Um dos argumentos fundamentais dos autores da medida era que "o processo de licenciamento ambiental da Rodovia BA – 099 ocorreu ao arrepio da disposição da Convenção 169 da OIT e da Instrução Normativa 184/2008, do IBAMA, haja vista que os empreendedores se furtaram de realizar etapas imprescindíveis desse procedimento". Acrescentam, ademais que todas as consultas realizadas teriam se dado em momento posterior ao início das obras. A tutela antecipada requerida em primeira instância (paralisação das obras e do licenciamento), de tal decisão houve recurso no qual foi deferida a tutela antecipada para

> determinar a paralisação imediata da execução das obras de implantação da nova Rodovia BA-099 e, consequentemente, qualquer ato visando o empreendimento até a conclusão do processo de regularização fundiária da comunidade remanescente de quilombo do Quingoma, bem assim até o cumprimento das etapas cogentes do licenciamento ambiental do empreendimento relativas à manifestação do estudo de impacto ambiental pelo órgão interveniente (Fundação Cultural Palmares) e a consulta prévia, livre e informada das comunidades tradicionais do Quingoma de Dentro, nos termos preconizados, respectivamente, no art. 21 da Instrução Normativa 184, do IBAMA e da Convenção 169 da OIT.

Foi a decisão acima que deu origem a STA 856, ora examinada. Os recorrentes sustentaram que a questão suscitada perante o STF envolvia matéria constitucional pois demanda apreciação dos arts. 216, 225, caput e § 1º, IV, 231 e do artigo 68 do ADCT da CF e que, ademais, as obras não impactam negativamente o território da comunidade quilombola e que "a Concessionária Bahia Norte [teria] realizado, então, *reunião pública em 03.09.2014, com o intuito de apresentar o empreendimento para a comunidade de Quingoma e demais impactados...*".Acrescentou, ainda que a "licença prévia, [teria sido] concedida somente em outubro de 2014 – ou seja, após a realização de consulta prévia da comunidade interessada".

Por fim, aduz que a decisão do TRF 1 "implica grave lesão à ordem econômica e social", pois as obras já estariam 80% concluídas e que sua "paralisação (...) importaria em periculum in mora inverso e custo material do mais alto relevo". Informa que, "em apenas um mês, a soma do prejuízo chegaria aproximadamente a R$15.828.125,00 (quinze milhões, oitocentos e vinte e oito mil, cento e vinte e cinco reais), e ao final de um ano de desmobilização, o prejuízo remontaria a cerca de R$46.000.000,00 (quarenta e seis milhões de reais)".

Para resolver a questão, a Ministra Carmen Lúcia reportou-se à decisão recorrida que estava assim redigida:

> Com efeito, conforme consignado na própria decisão agravada, o licenciamento ambiental das obras descritas nos autos fora realizado sem a consulta prévia dos povos integrantes da comunidade quilombola indicada na inicial, em manifesta afronta às disposições do art. 6º, item 1 e 2, da mencionada Resolução (sic) OIT 169, que assim dispõem: ...
>
> Vê-se, assim, que, na espécie, o referido licenciamento ambiental afigura-se manifestamente nulo, de pleno direito, à míngua de cumprimento das disposições em referência, às quais a decisão agravada não dispensou qualquer fundamentação.
>
> Registre-se, por oportuno, que a mencionada Convenção OIT 169 tem aplicação à hipótese tratada nestes autos, nos termos do que dispõem o seu artigo 1º, e o art. 3º, incisos I e II do Decreto 6.040/2007, que instituiu a Política Nacional de Desenvolvimento Sustentável dos Povos e Comunidades Tradicionais (...)
>
> De ver-se, ainda, que a circunstância da referida comunidade ter sido posterior e supostamente consultada acerca da aludida obra não tem o condão de suprir a omissão apontada, na medida em que, conforme bem pontuou o douto Ministério Público Federal, "a promoção das audiências não tinha o escopo de fazer cumprir substancialmente os ditames da supracitada Convenção 169 da OIT, haja vista que não buscou discutir o projeto previamente para ponderar a viabilidade da implantação naquela localidade, bem como avaliar eventuais mudanças a serem consideradas antes de iniciar as obras. Assim, da forma procedida, os empreendedores negligenciaram o impacto social, cultural e ambiental a serem suportados pela Comunidade de Quingoma".

A partir da exposição acima, entendeu o STF que o objeto da STA estava limitado à análise do preenchimento de requisitos da "Convenção 169 sobre povos indígenas e tribais" da Organização Internacional do Trabalho – OIT, "pelo que suposta ofensa aos arts. 216, 225 e 231 da Constituição da República e ao art. 68 do Ato das Disposições Constitucionais Transitórias dar-se-ia apenas de forma reflexa. " Assim, a STA não foi conhecida, mantendo-se a decisão do Tribunal Regional Federal da 1ª Região.

O não conhecimento da STA, do ponto de vista prático, implica em prestigiar a decisão do TRF 1 e, por via de consequência, dar efetividade aos dispositivos da

CAPÍTULO 6 • A CONVENÇÃO 169 E A CONSULTA PRÉVIA PERANTE OS TRIBUNAIS **175**

Convenção 169 relativos à consulta. Entretanto, parece-me evidente que o tema tem natureza constitucional, sobretudo diante do teor do § 2º do artigo 5º da Constituição Federal, mediante o qual os direitos e garantias expressos na Constituição não excluem outros decorrentes do regime e dos princípios por ela adotados, *ou dos tratados internacionais* em que a República Federativa do Brasil seja parte. Aliás, como já foi visto no presente trabalho, as Cortes Constitucionais tendem a considera que os direitos constantes da Convenção 169 têm natureza constitucional.

3.2   Superior Tribunal de Justiça

O Superior Tribunal de Justiça é uma corte superior cuja missão é unificar a aplicação e o entendimento do direito nacional de natureza infraconstitucional e, em tal condição, tem recebido vários recursos relativos à aplicação da Convenção 169 e da consulta nela prevista. As matérias submetidas ao STJ, ainda que sob o manto da infraconstitucionalidade, são muito semelhantes às apreciadas pelo STF. chegando à corte por caminhos assemelhados – medidas para cassação de liminares (ou similares) concedidas por cortes inferiores.

O STJ, por despacho de seu então presidente, Ministro Felix Fischer, na Suspensão de Segurança e Liminar SLS 1.745/PA condicionou a concessão de licença ambiental da Usina Hidrelétrica São Luiz do Tapajós à consulta prévia de todas as comunidades, indígenas ou tribais, potencialmente afetadas com a implantação do empreendimento, nos termos da Convenção 169 da OIT. Todavia, o MPF ingressou com Reclamação na corte sob o argumento de que passados mais de 8 meses da decisão judicial a medida ainda não havia sido implementada. As partes recorridas, em especial a União, alegaram que vinham adotando medidas para dar cumprimento à decisão e, em especial, no sentido de propiciar a discussão de proposta de realização de um processo de consulta junto às lideranças do Povo Munduruku sobre o aproveitamento hídrico na região do Tapajós. Acrescentando que no ano de 2012 foi criado um Grupo de Trabalho Interministerial (GTI) para a regulamentação da Convenção da OIT, além de um Grupo de Trabalho Específico ("GT Tapajós"). Contudo, "ainda não foi possível pactuar com os representantes indígenas um processo participativo de consulta". A síntese da decisão da Corte foi no sentido de que

> [O] transcurso de alguns meses do deferimento do pedido suspensivo (SLS 1.745/PA) que garantiu a participação das comunidades indígenas e tribais potencialmente afetadas pela construção de empreendimento de energia hidroelétrica, antes da concessão de qualquer licença ambiental, ainda que sem a fixação de prazo certo e peremptório, não ofende a autoridade do referido julgado, pois preservada a efetividade desse direito, em atenção à Convenção 169 da OIT (promulgada pelo Decreto 5.051/04) e ao princípio ambiental da participação comunitária (popular ou cidadã).

O ministro relator da decisão ainda acrescentou que:

Como delimitado na decisão monocrática por mim proferida na SLS 1.745/PA, o que não se mostra possível é "dar início à execução do empreendimento sem que as comunidades envolvidas se manifestem e componham o processo participativo com suas considerações a respeito de empreendimento que poderá afetá-las diretamente".

Não se olvide que a realização de consultas públicas com os povos indígenas e tribais, como forma de pluralizar a decisão político-administrativa correspondente, a par de inexistir a necessária regulamentação legal, não é tarefa singela.

De acordo com as informações prestadas pela União, o Governo tem engendrado esforços – e deve sim progredir – para abrir um efetivo diálogo com os povos interessados e permitir um amplo debate sobre o empreendimento, sua importância econômica e social para o país e eventuais impactos negativos de diversas ordens.

Verifica-se das informações prestadas pela União que "Em 29 de outubro de 2013, a partir de demanda apresentada pela Associação Pusuru, foi feita uma nova rodada de diálogo com as lideranças indígenas. O Governo Federal custeou o deslocamento de lideranças até Brasília para que pudessem participar das reuniões" (fl. 209)

De mais a mais, os estudos de viabilidade do aproveitamento energético ainda estão em curso, inexistindo qualquer protocolo do EIA/RIMA no IBAMA.

Ressalve-se, no entanto, a necessidade de que o Governo Federal persista em sua tarefa de realizar ampla e prévia consulta a todos os povos indígenas e tribais potencialmente afetados pelo empreendimento energético que se pretende implantar, sem a qual restará inviabilizada a licença ambiental.

A decisão originalmente proferida no AgRg na SLS 1754/PA assentou que

[a] Convenção 169 da OIT é expressa em determinar, em seu art. 6º, que os povos indígenas e tribais interessados deverão ser consultados "sempre que sejam previstas medidas legislativas ou administrativas suscetíveis de afetá-los diretamente". Contudo, a realização de meros estudos preliminares, atinentes tão somente à viabilidade da implantação da UHE São Luiz do Tapajós/PA, não possui o condão de afetar diretamente as comunidades indígenas envolvidas". E mais:"... o que não se mostra possível é dar início à execução do empreendimento sem que as comunidades envolvidas se manifestem e componham o processo participativo de tomada de decisão

A decisão é acertada, pois protegeu a terra indígena dos impactos do empreendimento, todavia não impediu a Administração de realizar estudos preliminares relativos à viabilidade do empreendimento. Logo, qualquer medida que implicasse na tomada de decisão quanto à efetiva implantação da atividade, nos termos da decisão, necessariamente, deveria ser precedida do processo de consulta às populações interessadas e, potencialmente, impactadas. É relevante reafirmar que a consulta é um processo e não uma mera reunião formal, assim tendo sido dado início às atividades de informar e obter a opinião dos povos indígenas sobre determinado projeto, a consulta está em andamento e, como processo dinâmico, somente se encerrará com o término do empreendimento em questão.

Capítulo 7
INSTITUIÇÕES FINANCEIRAS, CONSULTA PRÉVIA E LICENÇA SOCIAL PARA OPERAR

Os diferentes tratados, convenções e declarações internacionais examinados nesta obra geraram e ainda geram repercussões sobre as agências internacionais de fomento econômico integrantes do sistema da ONU e, igualmente, geram repercussões nas instituições privadas, trazendo a chamada "questão indígena" para o centro do debate econômico quando se trata do financiamento de atividades extrativistas a serem realizadas (ou que tenham influência) sobre territórios indígenas ou tribais. Acresce o fato de que, desde os fins do século passado, os povos indígenas e tribais têm oferecido forte resistência à utilização de seus territórios sem que eles tenham concedido uma autorização prévia para tal, ou mesmo que tenham sido adequadamente compensados pelos impactos negativos causados sobre as suas terras, modo de vida, cultura e outros bens juridicamente tutelados ao nível internacional e local.

Por outro lado, para as instituições financeiras e de fomento, a inexistência de uma aprovação formal concedida pelos povos indígenas e tribais para a utilização de seus territórios, propicia a criação de toda uma série de riscos para os agentes financiadores, tais como: (1) a instabilidade dos projetos em função da desaprovação por parte dos povos indígenas e populações tradicionais; (2) desgaste de imagem institucional; (3) condenações por parte da opinião pública internacional em função de violação de direitos humanos).

Estas e outras preocupações fizeram com que o sistema financeiro internacional passasse a olhar para as condições de execução dos grandes projetos de infraestrutura por ela financiados, exigindo cuidados até então inimagináveis. Como sabemos, o sistema financeiro internacional foi estruturado nos últimos dias da 2ª Guerra Mundial e no imediato pós-guerra. Terminado o conflito, a ONU, fundada em São Francisco no ano de 1945, instituiu o Banco Mundial, o qual desde sua criação passou por múltiplas transformações, sendo hoje um conglomerado que envolve diferentes instituições que "evoluíram do Banco Internacional de Reconstrução e Desenvolvimento (BIRD), como um facilitador do desenvolvimento e da reconstrução no pós-guerra até o atual mandato de diminuição da pobreza". Como promotor de desenvolvimento, o Banco Mundial tem um importante papel no financiamento de grandes projetos governamentais. A International Finance Corporation é uma instituição basicamente voltada para financiamentos de grandes projetos desenvolvidos pelo setor privado. Nas Américas, foi instituído o Banco Interamericano de Desenvolvimento, cujos objetivos são bastante próximos aos do Banco Mundial. A partir da década de 70 do século XX, iniciou-se um processo de críticas bastante severas aos empréstimos concedidos pelos bancos de desenvolvimento, pois segundo os críticos, tais empréstimos estavam contribuindo para a implantação de projetos que eram social e ambientalmente desastrosos, gerando consequências extremamente gravosas para as populações afetadas por eles. Destaque-se que uma das primeiras ondas de protestos internacionais foi gerada pelos empréstimos para o chamado Projeto Polonoroeste, na região amazônica, Brasil.

Outra instituição multilateral relevante que surgiu ao final da 2ª Guerra Mundial foi o Fundo Monetário Internacional, criado em Bretton Woods em julho de 1944 por 44 países, que tinha entre os seus objetivos básicos a construção de um sistema de cooperação econômica capaz de evitar a repetição do "círculo vicioso de desvalorizações competitivas que contribuíram para a Grande Depressão de 1930".[1] Presentemente, o principal objetivo do FMI é a "estabilidade do sistema monetário internacional". O FMI oferece assistência técnica e aconselhamento para os 188 países membros, "encorajando políticas que contemplem estabilidade econômica, redução de vulnerabilidades às crises econômicas e financeiras e aumentem os padrões de vida".

Todos esses mecanismos expressam a introdução do conceito de desenvolvimento que se tornou quase que uma unanimidade após a 2ª Guerra Mundial, sendo uma meta perseguida por praticamente todos os governos desde então. O "desenvolvimento" se tornou um mantra recitado por todos os países, em especial as nações jovens surgidas do processo de descolonização que foi fortemente acelerado nos fins da década de 50 do século XX. Os povos indígenas e tribais, com suas fortes críticas, desvendaram o lado deletério do desenvolvimento que, até então, era visto apenas pelos seus lados positivos, sem se considerarem as externalidades negativas por ele causadas. Conforme observado por Robert Goodland (Goodland, 2004, p. 66) "dar atenção aos afetados pelo desenvolvimento é um processo relativamente novo", segundo o mesmo autor, nas décadas de 50 e 60 do século XX, não havia qualquer possibilidade de que os afetados por grandes projetos pudessem ter as suas reclamações ouvidas e, principalmente levadas em

---

1. Disponível em: http://www.imf.org/external/np/exr/facts/glance.htm. Acesso em: 28 out. 2024.

CAPÍTULO 7 • INSTITUIÇÕES FINANCEIRAS, CONSULTA E LICENÇA PARA OPERAR **179**

consideração pelas autoridades públicas. Entretanto, na década de 80, o Banco Mundial introduziu o conceito de "consulta significativa" para os projetos por ele financiados e, em 1992, a participação dos *stakeholders* se tornou obrigatória. No que se refere aos povos indígenas, deve ser observado que estudos econômicos produzidos pelo FMI demonstram que os povos indígenas e tribais estão arrolados entre as mais pobres entre os pobres da América Latina (Hall e Patriños, 2005) e, certamente, são os que sofrem mais agudamente os aspectos negativos do processo de desenvolvimento, em especial quando se trata da implantação de indústrias extrativistas ou da construção de grandes barragens.

1. PROJETO POLONOROESTE E A MUDANÇA DE RUMO DO BANCO MUNDIAL

Um dos primeiros projetos parcialmente financiados pelo Banco Mundial a sofrer críticas por parte dos povos indígenas e tribais, bem como por grupos de apoio, foi o chamado Polonoroeste implantado no Brasil no início da década de 80 do século XX na região amazônica.

O Polonoroeste foi criado pelo Decreto 86.029, de 27 de maio de 1981, abarcando

> a área de influência da ligação rodoviária Cuiabá – Porto Velho, abrangendo o oeste e o noroeste do Estado de Mato Grosso (municípios de Cuiabá, Várzea Grande, Nossa Senhora do Livramento, Poconé, Cáceres, Mirassol d'Oeste, Barra do Bugres, Tangará da Serra, Vila Bela da Santíssima Trindade, a parte a Oeste do rio Roosevelt, no Município de Aripuanã) e o Território Federal de Rondônia.

Segundo relato feito por Betty Mindlin (Mindlin, 1988), a população indígena existente na área de abrangência do projeto era de 10 mil pessoas, integrantes de cerca de 80 grupos indígenas, dos quais "15 ainda isolados na floresta". Os objetivos do projeto eram: (1) concorrer para a maior integração nacional; (2) promover a adequada ocupação demográfica da região-programa, absorvendo populações economicamente marginalizadas de outras regiões e proporcionando emprego; (3) lograr o aumento significativo na produção da região e na renda de sua população; (4) favorecer a redução das disparidades de desenvolvimento, a níveis inter e intrarregionais; e (5) assegurar o crescimento da produção em harmonia com as preocupações de preservação do sistema ecológico e de proteção às comunidades indígenas, conforme o decreto de criação. As intervenções que o Polonoroeste pretendia realizar eram: (1) a reconstrução e a pavimentação da rodovia Cuiabá – Porto Velho; (2) a construção e a consolidação da rede de estradas vicinais; (3) a implantação e a consolidação de projetos integrados de colonização e assentamento dirigido; (4) a execução de serviços de regularização fundiária; (v) o apoio às atividades produtivas (pesquisa e experimento agrícolas, assistência técnica e extensão rural, crédito, armazenamento e comercialização), bem como a expansão dos serviços sociais (educação e saúde) e a melhoria na infraestrutura de pequenas comunidades rurais; e (5) a preservação do sistema ecológico e o apoio às comunidades indígenas.

O orçamento do Polonoroeste, no período de 1981 a 1985, foi da ordem de "Cr$ 77.308.000.000,00 (setenta e sete bilhões e trezentos e oito milhões de cruzeiros), a preços de janeiro de 1981 e excluído o crédito rural". O Banco Mundial contribuiu com US$ 346,4 milhões em financiamento. Conforme Phillip Fearnside (Fearsnside, 1987, p. 31) a maioria da verba, cerca de 57% do orçamento de US$ 1,55 bilhões do projeto para o período de 1981-1985 foi destinada para a completa reconstrução e pavimentação de um trecho de 1.500 km da rodovia Marechal Rondon (BR-364 ligando Cuiabá a Porto Velho. Para a proteção de terras indígenas e áreas de relevante valor ambiental destinou-se apenas 3% do valor do projeto.

Apesar de ter entre os seus objetivos institucionais o de "assegurar o crescimento da produção em harmonia com as preocupações de preservação do sistema ecológico e de proteção às comunidades indígenas", o projeto enfrentou forte resistência dos povos indígenas localizados na área de influência do projeto, sobretudo em função da projetada a utilização de seus territórios sem que qualquer forma de consulta ou acordo tenha sido realizada com as comunidades impactadas.

A associação Survival International (1986), importante grupo de apoio aos povos indígenas e tribais, em matéria contemporânea aos fatos indicou que entre os anos de 1984 e 1985 ocorreram vários conflitos nas áreas indígenas afetadas pelo Polonoroeste, sendo o primeiro registrado na área Indígena do Igarapé Lourdes, habitada pelos Gavião, Arara e Zoró, inclusive com a tomada de reféns por parte dos indígenas. Diversos outros conflitos com características similares ocorreram, com outras etnias. Fato é que ainda hoje se escutam ecos dos erros passados cometidos pelo Banco Mundial no caso do Polonoroeste, gerando grave desconfiança em relação aos procedimentos adotados pela instituição financeira (Carvalho, 1991). Infelizmente, vários outros casos podem ser apresentados, indicando a existência de financiamentos que acabaram resultando em intervenções polêmicas e com reflexos negativos sobre o meio ambiente e sobre comunidades tradicionais e povos indígenas. O Banco Mundial reconhece que as suas relações com os povos indígenas têm sido frequentemente tensas e marcadas pela falta de confiança (Grifitths, 2005).

Os fatos acima narrados fizeram com que, paulatinamente, o Banco Mundial passasse a se utilizar de critérios ambientais e sociais para a concessão de financiamentos de projetos de impacto sobre populações tradicionais.

1.1   As políticas do Banco Mundial

De acordo com Shelton Davis (1993), a primeira diretiva do Banco Mundial relacionada aos povos indígenas foi a OMS 2.34, editada em fevereiro de 1982. Todavia, o Banco já havia dado início a estudos relacionados ao tema, sob a ótica da Convenção 107 da OIT, ou seja, com uma concepção integracionsista dos indígenas ao processo de desenvolvimento. Segundo Davis, a publicação dos estudos do Banco Mundial, ironicamente, foi feita em uma época na qual os indígenas começavam a formular forte crítica ao integracionismo que deu base à convenção e aos próprios estudos do Banco. Ao mesmo tempo, e em resposta a tais críticas, a OIT passou a considerar uma revisão geral da Convenção 107, o que efetivamente foi feito com a posterior edição da Convenção 169.

A OMS 2.34 era dirigida para projetos que pudessem causar impacto sobre populações "tribais" que era termo constante da Convenção 107. As populações tribais para o Banco Mundial eram as formadas por grupos étnicos estáveis, com baixa utilização de energia em seus sistemas econômicos e que ostentassem, em grau variado, as seguintes características: (1) geograficamente isolados ou semi-isolados, (2) não aculturados ou parcialmente aculturados conforme os padrões da sociedade dominante, (3) economia não monetarizada ou parcialmente monetarizada, produção de subsistência e independente do sistema econômico nacional, (4) etnicamente distintos da sociedade nacional, (5) iletrados ou sem uma linguagem escrita, (6) linguisticamente distintos da sociedade nacional, (7) identificados com determinado território, (8) economia dependente de um determinado ambiente, (9) possuem liderança indígena, porém pouca ou nenhuma representação nacional e poucos direitos políticos individuais ou coletivos, principalmente por não participarem do processo político e (10) possuem posse precária de seus territórios, com pouca aceitação pela sociedade dominante e sem proteção judicial e com pequena capacidade de fazer valer os seus direitos.

A política do Banco reconhecia competir aos governos a implementação de medidas que pudessem salvaguardar a integridade e o bem-estar dos povos tribais, não demorou muito para que o Banco declarasse que não iria apoiar políticas governamentais que perpetuassem o isolamento das populações tribais, nem aquelas que forçassem a aceleração do processo de aculturamento. Em conclusão: as políticas do Banco Mundial para os projetos por ele financiados deveriam ser baseadas em conhecimento detalhado sobre os povos a serem afetados, contemplando: (1) o reconhecimento, a proteção e a demarcação das áreas tribais contendo os recursos necessários para sustentar os meios tradicionais de vida dos povos tribais, (2) serviços adequados e consistentes com o nível de aculturação dos povos, incluindo, em especial, medidas contra doenças e de proteção da saúde, (3) manutenção, conforme desejado pela comunidade, de sua integridade cultural e (4) um fórum de participação tribal para as decisões que os afetassem e compensação pelos agravos sofridos.

Em 1989, foi promovida uma revisão da OMS 2.34 com base na análise de 33 projetos financiados pelo Banco Mundial no período entre 1982 e 1986. Inicialmente, foi identificado que as polícias implementadas pelo Banco partiam do pressuposto de que as populações rurais eram basicamente idênticas, o que se mostrou equivocado. A análise relativa ao ano de 1983 demonstrou que 15 projetos tinham impactos em áreas tribais; 36 em 1984 e 53 em 1986. Tais projetos, como foi revelado, incidiam em áreas habitadas por pequenos grupos tribais isolados e não aculturados, portanto bastante vulneráveis perante as dimensões dos projetos e interesses econômicos envolvidos. A revisão identificou que boa parte dos projetos não continha todas as 4 medidas protetivas determinadas pelo Banco.

A revisão das políticas levo à edição da Diretiva Operacional 4.20 (OD 4.20) "Povos Indígenas" em 1991. Inicialmente, foi feita uma mudança no critério para a identificação dos "povos indígenas" que passou a significar grupos sociais com identidade social e cultural distinta da sociedade dominante que os tornam desavantajados e vulneráveis ao processo de desenvolvimento". Da mesma forma, na OD 4.20 foi constatado que a denominação "povos indígenas" abarca realidades muito diversas, fazendo com o que os povos indígenas somente possam ser identificados a partir de algumas características tais como: (1) ligação estreita com territórios ancestrais e os recursos naturais neles contidos, (2) autoidentificação ou identificação pelos outros como membros de grupo cultural distinto, (3) língua indígena diferente da língua nacional, (4) existência de instituições sociais e políticas costumeiras e, (5) produção orientada para a subsistência.

A diretiva reconheceu a necessidade de que os povos indígenas fossem protegidos dos potenciais efeitos deletérios dos projetos de desenvolvimento, bem como que se lhes conceda a oportunidade – caso desejem – de participar dos benefícios do processo desenvolvimentista. Foi estabelecida, também, a necessidade de que os projetos a serem financiados pelo Bano fossem precedidos de uma análise de impacto ambiental, nas hipóteses em que o projeto fosse suscetível de causar significativo impacto sobre o meio ambiente. Por fim, a diretiva indica duas medidas relevantes a serem tomadas pelo Banco: (1) assistência aos mutuários para que se capacitem e ampliem a capacidade de resposta aos pleitos indígenas e (2) a incorporação das questões indígenas nas políticas do Banco, com a exigência de que os mutuários estabelecem, nos projetos a serem financiados, Programas de Desenvolvimento dos Povos Indígenas.

A OD 4.20 foi substituída pela Política Operacional/Procedimentos Relacionados aos Povos Indígenas OP/BP 4.10 em 2005, a qual manteve vários

CAPÍTULO 7 • INSTITUIÇÕES FINANCEIRAS, CONSULTA E LICENÇA PARA OPERAR **183**

aspectos da OD 4.20, em especial os relacionados aos requerimentos para evitar os impactos adversos dos projetos e para a garantia dos benefícios culturalmente apropriados e fortaleceu os relacionados à ampliação da participação dos povos indígenas nos projetos que impactem os seus territórios. A grande novidade da nova regulamentação foi a exigência da consulta prévia, livre e informada, e de amplo apoio comunitário ao projeto proposto.

A regulamentação reconhece que os povos indígenas, em função de grandes projetos, estão submetidos a grandes riscos tais como perda de identidade cultural, de modo de vida, perda de recursos naturais essenciais para os seus modos de vida etc. A nova política procura englobar sistematicamente os problemas vividos pelos povos indígenas para exercerem os direitos humanos de forma consistente com as suas características culturais específicas e suas manifestações de vontade. Além disso, a política objetiva assegurar um processo de desenvolvimento que respeite inteiramente a dignidade, os direitos humanos, a economia e a cultura dos povos indígenas. São também objetivos da OP/BP 4.10: (1) evitar impactos potencialmente adversos sobre os povos indígenas e, na impossibilidade de fa-zê-lo, (2) minimizá-los, mitigá-los ou compensá-los.

Dadas as dificuldades para identificar um povo indígena e a falta de con-senso sobre a matéria, a política do Banco se utiliza de forma genérica do termo "Povos Indígenas", fazendo referência a grupos que se distingam da sociedade e que sejam cultural e socialmente vulneráveis, que se autoidentifiquem como indígenas, possuam uma língua indígena, e que sejam reconhecidos como tais. E mais: que tenham relação com os recursos naturais de seus territórios e instituições próprias e distintas da sociedade nacional. O Banco Mundial aplica tais critérios independentemente da legislação nacional do país do mutuário.

Há exigência também de que seja documentada a realização de CLPI que demonstre o amplo apoio comunitário por parte dos povos indígenas afetados ao projeto proposto. Tal processo de consulta deve ser realizado nos moldes es-tipulados pela Convenção 169, ou seja, (1) culturalmente apropriado; (2) repre-sentativo; (3) efetivado com boa-fé; (4) abrangendo as várias etapas do projeto; (5) na língua indígena; (6) com tempo hábil para a construção de consenso e (7) em locais que permitam a ampla afluência dos povos indígenas.

É importante observar que não há uma definição do que deve ser entendido por "amplo apoio comunitário", fazendo com que ele seja identificado de forma casuística, cabendo ao Banco fazer uma revisão dos procedimentos adotados na fase de consulta, para formar um juízo de valor sobre a validade da consulta. Caso a opinião da instituição financeira seja desfavorável ao procedimento adotado, a tramitação do empréstimo será sustada.

1.2 *International Finance Corporation*

Como uma das instituições integrantes do grupo do Banco Mundial, a International Finance Corporation desenvolveu mecanismos para gerir os riscos sociais e ambientais dos projetos por ela financiados, assim como o Banco Mundial fez para os seus. A IFC adota os chamados Padrões de Desempenho (Performance Standards), dos quais o de n. 7[2] é voltado para as questões relativas aos povos indígenas e tribais. A IFC possui uma Estrutura de Sustentabilidade que busca introduzir as diferentes questões de sustentabilidade socioambiental dos projetos por ela financiados como um importante instrumento de análise de risco.

O Padrão de Desempenho 7 reconhece que os povos indígenas e tribais estão incluídos entre os "segmentos mais marginalizados e vulneráveis da população". Reconhece, ainda, que em várias oportunidades as suas condições sociais, econômicas e jurídicas são entraves para que possam defender os seus direitos relativos aos seus territórios e os recursos naturais neles incluídos, dificultando a sua participação nos benefícios do desenvolvimento.

> Como consequência, os Povos Indígenas podem se tornar mais vulneráveis aos impactos adversos associados ao desenvolvimento do projeto do que as comunidades não indígenas. Essa vulnerabilidade pode incluir perda de identidade, cultura e meios de subsistência baseados em recursos naturais, bem como exposição ao empobrecimento e a doenças (IFC, 2012, p. 1).

Os critérios para identificação dos Povos Indígenas e Tribais é, em linhas gerais, o mesmo adotado pela Convenção 169 e pela OP/BP 4.10, não trazendo novidades especiais.

Cabe ao mutuário adotar as medidas necessárias para:

- Prevenção de Impactos Adversos: mediante a identificação de todos os Povos Indígenas e Tribais localizados na área de influência do projeto e que sofram os impactos por ele causados. Deverão estar incluídos na avaliação o grau e a natureza dos impactos econômicos, sociais, culturais e ambientais.

- Participação e Consentimento: o mutuário deverá realizar um processo de engajamento das comunidades afetadas, conforme estipulado no Padrão de Desempenho 1, o qual deverá incluir (i) a análise das partes interessadas, planejamento do engajamento, divulgação de informações e consulta e participação de maneira culturalmente apropriada, com a finalidade de (a) envolver os órgãos representativos e as organizações dos Povos Indíge-

---

2. Disponível em: https://www.ifc.org/wps/wcm/connect/586227004d08289a99cbddf81ee631cc/PS7_Portuguese_2012.pdf?MOD=AJPERES. Acesso em: 17 out. 2017.

CAPÍTULO 7 • INSTITUIÇÕES FINANCEIRAS, CONSULTA E LICENÇA PARA OPERAR **185**

nas, (b) permitir aos Povos Indígenas que tenham tempo suficiente para a tomada de decisão. Dada a vulnerabilidade dos Povos Indígenas e Tribais, o mutuário deverá obter o consentimento prévio, livre e informado das comunidades afetadas pelo projeto, aplicando-se os parágrafos 13 a 17 do Padrão de Desempenho 7.[3]

---

3. 13. De forma geral, os Povos Indígenas mantêm vínculos estreitos com suas terras e com os recursos naturais relacionados. 6 Com frequência, essas terras são tradicionalmente de sua propriedade ou estão sujeitas ao uso consuetudinário. Embora os Povos Indígenas talvez não possuam título legal a essas terras, conforme definição na legislação nacional, o uso dessas terras, inclusive o de caráter sazonal ou cíclico, como meio de subsistência ou para fins culturais, cerimoniais e espirituais que definam sua identidade e comunidade, pode, em muitos casos, ser comprovado e documentado. 14. Caso o cliente se proponha a localizar um projeto ou explorar comercialmente recursos naturais em terras tradicionalmente detidas ou sujeitas ao uso consuetudinário por Povos Indígenas e impactos adversos podem ser esperados, o cliente tomará as seguintes medidas: (i) Documentará os esforços para evitar e, de outra forma, minimizar a extensão de terra proposta para o projeto; (ii) Documentará os esforços para evitar ou, de outra forma, minimizar os impactos sobre os recursos naturais e as áreas naturais de importância para os Povos Indígenas; (iii) Identificará e analisará todos os interesses na propriedade e os usos de recursos tradicionais antes de comprar ou arrendar a terra; (iv) Avaliará e documentará o uso de recursos por parte das Comunidades Afetadas de Povos Indígenas sem prejuízo de qualquer pretensão dos Povos Indígenas à terra. A avaliação da terra e do uso dos recursos naturais deve abranger ambos os sexos e considerar especificamente o papel da mulher no manejo e uso desses recursos; (v) Assegurará que as Comunidades Afetadas de Povos Indígenas sejam informadas dos seus direitos com relação às terras nos termos da legislação nacional, incluindo qualquer lei nacional que reconheça direitos de usos consuetudinários; e (vi) Oferecerá às Comunidades Afetadas de Povos Indígenas indenizações e o devido processo legal no caso da exploração comercial de suas terras e recursos naturais, juntamente com oportunidades de desenvolvimento sustentável culturalmente apropriadas, incluindo: – Fornecimento de indenização baseada na terra ou indenização em espécie em lugar de indenização pecuniária, quando viável. 11 – Garantia do acesso contínuo aos recursos naturais, identificando os recursos de reposição equivalentes ou, como última opção, fornecendo indenização e identificando meios de subsistência alternativos, caso o desenvolvimento do projeto resulte em perda de acesso e perda de recursos naturais, independentemente da aquisição de terras para o projeto. – Garantia de uma participação justa e equitativa nos benefícios associados ao uso dos recursos pelo projeto quando o cliente pretender utilizar recursos naturais que sejam fundamentais para a identidade e subsistência das Comunidades Afetadas de Povos Indígenas e quando o uso desses recursos aumentar os riscos de subsistência. – Fornecimento às Comunidades Afetadas de Povos Indígenas de acesso, uso e trânsito na terra que está sendo explorada, observadas as considerações prioritárias de saúde e segurança. 15. O cliente levará em conta elaborações alternativas viáveis do projeto para evitar a realocação dos Povos Indígenas das terras de propriedade comunal e dos recursos naturais sujeitos a propriedade tradicional ou uso consuetudinário. Caso tal realocação seja inevitável, o cliente só dará prosseguimento ao projeto se tiver obtido um CPLI conforme descrito acima. Qualquer realocação de Povos Indígenas obedecerá aos requisitos do Padrão de Desempenho 5. Quando viável, os Povos Indígenas realocados devem poder regressar às suas terras tradicionais ou consuetudinárias, se a causa de sua realocação deixar de existir. 16. Quando um projeto puder impactar significativamente o patrimônio cultural crítico que for essencial para a identidade e/ou para os aspectos culturais, cerimoniais ou espirituais das vidas dos Povos Indígenas, será dada prioridade ao impedimento de tais impactos. Quando impactos significativos do projeto sobre o patrimônio cultural crítico forem inevitáveis, o cliente obterá o CPLI das Comunidades Afetadas de Povos Indígenas. 17. Caso um projeto proponha o uso de patrimônio cultural, incluindo conhecimentos, inovações ou práticas de Povos Indígenas para fins comerciais, o cliente informará as Comunidades Afetadas de Povos Indígenas sobre (i) seus direitos de acordo com a legislação nacional; (ii) o escopo e a natureza da exploração comercial proposta; (iii) as possíveis

- Quando alguma dessas circunstâncias for aplicável, o cliente contratará peritos externos para auxiliar na identificação dos riscos e impactos do projeto.

- Diante da inexistência de um consenso internacional sobre o significado e conteúdo do consentimento prévio, livre e informado, a IFC adota a definição constante do parágrafo 12 do Padrão de Desempenho 7. Em síntese, ele deverá (1) ser documentado, (2) mutuamente acordado com as comunidades afetadas, (3) prover evidências de que o acordo foi efetivado entre as partes, (4) não necessita de unanimidade da comunidade afetada.

2. PRINCÍPIOS DO EQUADOR

Após a adoção das medidas acima por parte das instituições integrantes do grupo Banco Mundial, o setor privado também seguiu pela mesma trilha, inspirando-se, sobretudo, nas decisões tomadas pela *International Finance Corporation*, criando os chamados Princípios do Equador. Os Princípios do Equador contam com a adesão de 131 instituições financeiras de todos os continentes. Os Princípios do Equador são compromissos voluntários assumidos pelas instituições que a eles aderem de os utilizarem como "um referencial do setor financeiro para identificação, avaliação e gerenciamento de riscos socioambientais em projetos". Atualmente, estão vigentes os Princípios do Equador IV, dado que há um mecanismo de revisão periódica do conteúdo, com vistas a adaptá-lo às novas realidades. A revisão atualmente vigente PE IV foi feita para atualizá-los com padrões mais fortes e um escopo mais amplo e incorporado os direitos humanos, as mudanças climáticas, a biodiversidade e os povos indígenas de maneira mais completa que as versões anteriores.

Os princípios são 10 (dez): (1) análise e categorização; (2) avaliação socioambiental; (3) padrões socioambientais aplicáveis; (4) sistema de gestão ambiental e social e plano de ação dos Princípios do Equador; (5) engajamento de partes interessadas; (6) mecanismo de reclamação; (7) análise independente; (8) obrigações contratuais; (9) divulgação de informações e (10) transparência. Tais princípios são aplicados para a análise de crédito a ser fornecido aos possíveis mutuários de financiamentos a ser concedidos pelas instituições vinculadas aos PE.

Todo o processo deve ser consistente com as diretrizes emanadas dos tratados e convenções internacionais relacionados aos Povos Indígenas e Tribais,

---

consequências desse desenvolvimento e (iv) obterá o CPLI dessas Comunidades. O cliente garantirá também a participação justa e equitativa nos benefícios oriundos da comercialização de tais conhecimentos, inovações ou práticas, de acordo com os costumes e tradições dos Povos Indígenas.

bem como com a farta jurisprudência sobre o tema e, portanto, deve ser livre de manipulação externa, interferências, coerção ou intimidação.

A documentação a ser fornecida às Comunidades Afetadas deve estar "prontamente disponível" sendo relevante observar que ela deve ser "culturalmente adequada" e "no idioma local".

É importante frisar que as instituições signatárias dos Princípios do Equador "reconhecem que os povos indígenas podem estar entre os grupos mais vulneráveis das Comunidades Afetadas por Projetos." No caso de projetos com impactos sobre povos indígenas o cliente deverá se assegurar de que houve processo de Consulta Pública e Participação Informada e que deverá estar conforme os direitos dos povos indígenas e os instrumentos de proteção previstos nas leis nacionais pertinentes, inclusive aquelas que implementam normas internacionais no país anfitrião. Em linha com as circunstâncias especiais descritas no Padrão de Desempenho 7 da IFC (quando pertinente, como especificado no Princípio 3)." Assim, sempre que o financiamento for concedido por uma instituição financeira integrante dos Princípios do Equador e que o projeto tenha impactos negativos sobre comunidades indígenas, haverá a necessidade de CLPI.

2.1 Princípios do Equador e Padrão de desempenho 7 na jurisprudência brasileira

É interessante notar que a jurisprudência brasileira começa a considerar que os Princípios do Equador e o Padrão de Desempeno 7 da IFC são normas de direito costumeiro empresarial e, portanto, com o seu cumprimento exigível, até mesmo pela via judicial. As decisões são, ainda, escassas. Em ação ordinária de reparação de danos morais e pedido de indenização ajuizada em face de membro do Ministério Público Federal, o Tribunal Regional Federal da 3ª Região entendeu que:

9. Ressalte-se, ainda, que tal Recomendação foi assinada por mais dois Procuradores da República e teve como fundamento diversos dispositivos da Constituição Federal, entre eles o artigo 129, V, acima mencionado, além da Convenção n. 169 da OIT (recepcionada pelo ordenamento jurídico interno através do Decreto n. 5051/2004), da Declaração de Collevecchio sobre responsabilidade social e ambiental das instituições financeiras (lançada durante o Fórum Econômico de Davos, em 2003), dos Princípios do Equador (princípios adotados pelas instituições financeiras, em 2003, para a concessão de financiamentos, levando-se em conta a sustentabilidade e do impacto social dos empreendimentos), do Padrão de Desempenho 7 da Corporação Financeira Internacional – IFC (relacionado a povos indígenas), do Protocolo de Intenções pela Responsabilidade Ambiental (do qual o BNDES e o Branco do Brasil são signatários), do Pacto Global (do qual o Banco do Brasil é signatário e cujo objetivo é alinhar as práticas empresariais com os objetivos da Declaração Universal de Direitos Humanos, da OIT, da Declaração do Rio sobre o Meio Ambiente e Desenvolvimento, e da Convenção das

Nações Unidas Contra a Corrupção). (TRF-3 – ApCiv: 00009489020134036005 MS, Relator: Desembargador Federal Valdeci dos Santos, Data de Julgamento: 26.08.2020, 1ª Turma, Data de Publicação: Intimação via sistema Data: 28.08.2020)

3. LICENÇA SOCIAL PARA OPERAR

O conceito de licença social tem origem na indústria de mineração na década de 1990, como resposta aos riscos sociais enfrentados pela atividade. O conceito evoluiu durante os anos e, certamente, há várias definições para o termo, expressando as várias dimensões por ele englobadas, indo desde a simples descrição de risco (a capacidade das comunidades paralisarem projetos com o consequente aumento de custos) até o compliance (licenças e autorizações governamentais) e o gerenciamento geral de negócios (responsabilidade corporativa em relação aos direitos políticos e sociais dos stakeholders).

A atividade econômica necessita de estabilidade e segurança para poder se desenvolver dentro do planejado e não ser surpreendida por paralisações causadas por terceiros (ações judiciais, protestos etc.). Nesse sentido, é necessário que o seu desenvolvimento seja capaz de gerar parcerias com a comunidade de stakeholders que sejam mutuamente benéficas.

No caso da utilização de recursos naturais, a IFC define a LSO como "acordo e parceria informada com a comunidade local que permita a existência e o crescimento de um projeto que opere com recursos naturais" (IFC, 2020, p. 18).

Fonte: IFC (2020)

As empresas do setor de recursos naturais têm feito grandes investimentos na construção de escolas, hospitais, infraestrutura, apoio e defesa das comunidades. Todavia, a resistência a muitos projetos, em especial na mineração, persiste.

CAPÍTULO 7 • INSTITUIÇÕES FINANCEIRAS, CONSULTA E LICENÇA PARA OPERAR

The results of such investments have frequently been sobering, however. Communities in many parts of the world remain vehemently opposed to mining activities and continue to demonstrate their opposition through refusals to negotiate, lockouts, protests, and violence[4] (IFC, 2020).

Não se pode, obviamente, definir um padrão explicativo único para o descontentamento das comunidades com projetos de mineração; entretanto, há estudos que indicam que cerca de 68% dos conflitos envolvendo mineradoras e comunidades locais têm origem na percepção comunitária de falta de transparência nos projetos.

A LSO não é um documento, mas uma situação fática que exprime o nível de relacionamento que permite a convivência entre a atividade e/u empreendimento e as comunidades que se encontram em seus arredores; nesse sentido, toda atividade deve buscar a "obtenção" dela, para assegurar a estabilidade de sua atuação, de forma que possa ser proveitosa tanto para a empresa, como para as comunidades que estejam próximas e sujeitas a seus impactos.

A falta de infraestrutura é um dos principais problemas dos países em vias de desenvolvimento, especialmente daqueles que dependem da exportação de produtos primários. Em tal contexto, as questões socioambientais possuem enorme relevância, pois a construção de infraestrutura e a exploração de recursos naturais, com muita frequência, ocorrem em territórios indígenas e de comunidades locais.

A experiência internacional demonstra que os licenciamentos ambientais de infraestrutura em territórios indígenas ou de populações tradicionais são muito complexos e vão além do mero atendimento às normas legais. A grande questão se prende à LSO (Boutilier e Thomson, 2019). Veja-se que a LSO não tem existência no mundo jurídico. Todavia, no mundo real, ela é mais importante e necessária do que as autorizações meramente burocráticas e cartoriais expedidas pelos órgãos de controle ambiental. Em termos gerais, a LSO pode ser definida como o grau de tolerância e aceitação de uma atividade pela comunidade na qual esta atividade se insere. Ela objetiva equilibrar a relação entre as comunidades impactadas e o causador do impacto negativo. A ideia é que, se há um benefício global em decorrência de uma atividade, não é de justiça que uma pequena comunidade sofra sozinha as cargas negativas. Decorre daí que o beneficiário da atividade deve compensar de forma efetiva e duradoura o sacrifício das populações localizadas no entorno.

---

4. Contudo, os resultados de tais investimentos têm sido frequentemente preocupantes. Comunidades em muitas partes do mundo continuam a opor-se veementemente às actividades mineiras e continuam a demonstrar a sua oposição através de recusas de negociação, bloqueios, protestos e violência.

Algumas instituições de fomento internacional, tais como o Banco Mundial e o seu braço para o setor privado, a IFC incorporaram o conceito de LSO em seus procedimentos. Os 8 padrões de desempenho da IFC (IFC, 2012) em seu conjunto indicam os elementos que devem compor a LSO e são um roteiro seguro a ser seguido pelos projetos de infraestrutura. A licença social se desdobra em várias ações em favor das comunidades locais, tais como a realização de compras e utilização de serviços a serem fornecidos na região na qual a atividade está implantada. Há determinados movimentos que objetivam dar transparência às compras locais (Geipel, 2017).

É importante observar que, muito embora a LSO seja uma situação de fato, isto não tem impedido que ela seja discutida e levada em consideração por tribunais judiciais e administrativos. No âmbito de disputas internacionais, a LSO vem sendo, cada vez mais, levada em consideração. A Corte Permanente de Arbitragem[5] tem decidido alguns casos sobre a matéria. No caso Copper Mesa v. Ecuador Copper Mesa Mining Corporation v. Republic of Ecuador (PCA n. 2012-2) (PCA Case n. 2012-2)[6] houve uma importante discussão sobre a impossibilidade concreta de implantação de uma atividade de mineração, em razão de forte inconformismo da comunidade local. Sem discutir o mérito da decisão, o fato é que o Ecuador foi obrigado a indenizar a empresa que não conseguiu operar como estabelecido no contrato de concessão.

No caso SAS v Bolívia (South American Silver Limited v. Bolivia, PCA Case n. 2013-15)[7] foi discutida a desapropriação de uma mina feita pelo governo boliviano, em razão de conflitos sociais entre mineiros, indígenas e camponeses com a mineradora. O tribunal arbitral, após ter examinado a questão, decidiu que a expropriação [reversão da mina para o estado] não tinha sido arbitrária e que atendia aos requisitos de utilidade pública e benefício social. A corte arbitral concluiu que a reversão da mina fora feita visando solucionar o conflito social. Por fim, foi decidido que competia à mineradora obter a LSO.

Um elemento fundamental para a operação de atividades causadoras de significativos impactos ambientais, como a mineração, é a capacidade de manutenção de diálogo constante e produtivo com as comunidades que se encontrem na área de influência do empreendimento. O bom relacionamento e a confiança recíproca entre a atividade produtiva e os stakeholders relevantes dão base à licença social para operar. Conforme a observação de Robert G. Boutilier e Ian

---

5. Disponível em: https://pca-cpa.org/en/home/. Acesso em: 28 out. 2024.
6. Disponível em: https://investmentpolicy.unctad.org/investment-dispute-settlement/cases/436/copper-mesa-v-ecuador. Acesso em: 28 out. 2024.
7. Disponível em: https://www.italaw.com/cases/2121. Acesso em: 28 out. 2024.

Thomson, a licença social significa o grau de aceitação ou de aprovação das atividades de uma organização (Boutilier e Thonson, 2019, p. 41).

A LSO se estrutura sobre três pilares: (1) legitimidade, (2) credibilidade e (3) confiança (The Ethics Centre, 2018). A legitimidade indica até que ponto um indivíduo ou organização segue "as regras do jogo"; no caso, as regras de comunidade, sejam de natureza legal, social, costumeiras, formais ou informais. A credibilidade indica a capacidade que um indivíduo, ou empresa, tem de fornecer informação verdadeira e clara para a comunidade e o cumprimento de promessas feitas. A confiança é a disposição para aceitar as ações de outras pessoas, estabelecendo um relacionamento de alta qualidade que demanda tempo e esforço para ser criado. Em seu sentido mais geral, a LSO exprime o "grau de tolerância, aceitação ou aprovação das atividades de uma organização pelos stakeholders com maiores preocupações sobre tais atividades" (Boutiler e Thomson, 2019, p. 42).

A LSO é fruto de arranjos formais e/ou informais entre as empresas e as comunidades que se encontrem localizadas nos territórios sob impacto do empreendimento. Ela se baseia essencialmente no reconhecimento de direitos individuais e/ou coletivos das comunidades por parte do titular da atividade econômica impactante.

A licença social para operar não é prevista em lei, não está escrita em um papel e não prevê penalidades legais. Diferentemente da licença prévia, licença de instalação e licença de operação, antigas conhecidas do mundo empresarial, a licença social muitas vezes é esquecida pelas organizações, justamente por não fazer parte de um rito formal, normatizado.

No contexto corporativo, por vezes regido por questões exclusivamente monetárias e pautadas em custo *versus* benefício, a licença social que não estiver explicitada pelos cálculos mais óbvios e evidentes é comumente esquecida. Em um mundo cada vez mais interconectado, interligado e intercomunicado, as empresas têm sido pegas de surpresa. De repente, a comunidade bate à porta e, quando menos se espera, anos de investimento são postos em risco.

O assunto em si não é novo. Há três décadas, o especialista Ian Thomson estuda esse tipo de licença. Certa vez ele mencionou que *"além de obter licença legal para operar, é preciso conseguir no mínimo a anuência da comunidade, que deve estar 'de acordo' para a empresa praticar atividades nas vizinhanças. O ideal é que as pessoas vejam a operação como vantajosa. A partir desse momento, elas começam a se referir ao projeto como 'nossa mina' ou 'nossa fábrica'. Elas se sentem donas também"*.

Na última década, atuando por meio de empresas em comunidades no Brasil, Peru e Colômbia, pude comprovar as palavras de Thomson na prática. As companhias em geral passam anos se preocupando com os trâmites para a obtenção das licenças prévias, de instalação e de operação, mas cada vez mais o momento da inauguração, que deveria ser uma grande alegria, converte-se em pesadelo. E a licença social, que, a priori, parece não gerar qualquer despesa, coloca todo o investimento realizado em risco (Rocha, 2016).

A LSO não é um "documento" estático, mas é, isto sim, fruto de diálogo constante entre as partes, de forma que os seus termos possam acompanhar a evolução dos fatos e das diferentes conjunturas no território. Naturalmente, o padrão mínimo a ser observado são os parâmetros legais aplicáveis. Todavia, há circunstâncias em que não há um standard legal ou regulamentar, fazendo com que se apliquem as normas de "direito costumeiro" vigentes no meio empresarial, nas organizações internacionais e organizações não governamentais.

O Centro Empresarial Brasileiro para o Desenvolvimento Sustentável – CEBDS produziu o documento 10 Princípios Empresariais para uma Amazônia Sustentável:

> É uma obrigação perguntar, adequada e respeitosamente, aos povos indígenas, comunidades tradicionais, quilombolas e ribeirinhas, sua posição sobre decisões administrativas e legislativas capazes de afetar suas vidas e seus direitos. É um direito dos povos indígenas serem consultados e poderem participar das decisões do Estado brasileiro por meio do diálogo intercultural marcado pela boa-fé. Esse diálogo, além de amplamente participativo e transparente, deve ser livre de pressões, flexível para atender a diversidade dos povos e comunidades indígenas locais e ter efeito vinculante, no sentido de levar o Estado a incorporar o que se dialoga na decisão a ser tomada.
>
> Deve ser um compromisso da empresa garantir aos povos indígenas, tradicionais, quilombolas e ribeirinhos, os direitos mínimos de salvaguardar suas culturas e identidade no contexto das sociedades que integram, se assim desejarem (CEBDS, 2020, p. 59-60).

A obtenção da licença social junto às comunidades é fundamental e absolutamente necessária para que os projetos e empreendimentos possam ser bem--sucedidos e as comunidades não tenham prejudicados os seus modos de vida.

REFERÊNCIAS

ACSELRAD, Henri; MELLO, Cecília Campello do Amaral e BEZERRA, Gustavo das Neves. *O que é Justiça Ambiental*. Rio de Janeiro: Garamond, 2009.

AFRICAN DEVELOPMENT BANK GROUP'S. *Development and Indigenous Peoples in Africa*. Abidjan: African Development Bank Group, 2016.

ALENCAR, José de. *O guarani*. 20. ed. São Paulo: Ática, 1996.

ALMEIDA, Maria Regina Celestino de. Catequese. Aldeamentos e Missionação. In: FRAGOSO, João e GOUVEA, Maria de Fátima (Org.). *Coleção Brasil Colônia, I (1443-1580*. Rio de Janeiro: Civilização Brasileira, 2014.

ALMEIDA, Maria Regina Celestino. *Os Índios na História do Brasil*. Rio de Janeiro: Fundação Getúlio Vargas, 2010.

ALMEIDA, Rita Heloisa. *O Diretório dos Índios* – Um projeto de "Civilização" no Brasil do Século XVIII. Brasília: Editora da Universidade de Brasília, 1997.

AMADO, Luiz Henrique Eloy. Terra indígena e legislação indigenista no Brasil. *Cadernos de estudos culturais* – Povos indígenas, v. 1, n. 13, jan./ jul. p 65-84, Universidade Federal do Rio de Janeiro, Laboratório de Pesquisa em Etnicidade, Cultura e Desenvolvimento – LACED, 2015.

ANAYA, S. James. *Indigenous peoples in international law*. 2. ed. Oxford/New York: Oxford University Press, 2004.

ANAYA, S. James. *International Human Rights and Indigenous Peoples*. New York: Aspen Publishers, 2009.

ANDRADE, Lúcia. O papel da perícia antropológica no reconhecimento das terras de ocupação tradicional – o caso das comunidades remanescentes de quilombos do trombetas (Pará). In: SILVA, Orlando Sampaio; LUZ, Lídia e HELM, Cecília Maria Vieira. *A perícia antropológica em processos judiciais*. Florianópolis: Associação Brasileira de Antropologia, Comissão Pró-Índio de São Paulo, Editora da UFSC, 1994.

ANTUNES, Paulo de Bessa. *A Propriedade Rural no Brasil*. Rio de Janeiro: OAB/RJ, 1985.

ANTUNES, Paulo de Bessa. *Ação Civil Pública, Meio Ambiente e Terras Indígenas*. Rio de Janeiro: Lúmen Juris, 1998.

ANTUNES, Paulo de Bessa. *Direito Ambiental*. 19. ed. São Paulo: Atlas, 2017.

ANTUNES, Paulo de Bessa. *Uma Nova Introdução ao Direito*. 2. ed. Rio de Janeiro: Renovar, 1992.

ANTUNES, Paulo de Bessa. *Uma nova introdução ao direito*: perspectiva ambiental do direito. 3. ed. Rio de Janeiro Lúmen Juris, 2021.

ASIA INDIGENOUS PEOPLES' PACT (AIPP), the International Work Group for Indigenous Affairs (IWGIA) and Asian Forum for Human Rights and Development (FORUM-ASIA), *Asean's indigenous peoples*. Chiang Mai 2010.

ATAÍDE, Pedro. *Direito minerário*. Salvador: JusPodivm, 2017.

BACCI, Massimo Livi. *Conquista* – A destruição dos Índios Americanos. Trad. Sandra Escobar. Lisboa: Edições 70, 2007.

BANDEIRA, Maria de Lourdes. Terras Negras: invisibilidade expropriadora. *Textos e Debates*. ano 1, n. 2, p. 7-24, UFSC, 1991.

BANTON, Michael. *A Ideia de Raça*. Lisboa: Edições 70, 2015.

BOUTILIER, Robert G. e THOMSON, Ian. *The social license*. New York: Routledge, 2019.

BURGENTHAL, Thomas; SHELTON, Dinha e STEWART, David P. *International human rights in a nutshell*. 4. ed. St Paul: West publishing, 2009.

CARVALHO, Guilherme. Os Bancos Multilaterais e o Complexo Rio Madeira: A tentativa de garantir o controle dos recursos naturais da Amazônia para o grande capital. CEDI – Centro Ecumênico de Documentação e Informação – Povos indígenas no Brasil – 1987/88/89/90, *Aconteceu*, especial n. 18, p. 29, São Paulo, 1991.

CATS-BARIL, Amanda. *Indigenous Peoples' Rights in Constitutions Assessment Tool*. Stockholm: International Institute for Democracy and Electoral Assistance – IDEA, 2020.

CEBDS – Centro Empresarial Brasileiro para o Desenvolvimento Sustentável. *10 Princípios Empresariais para uma Amazônia Sustentável*. 2020.

CÉSAR, José Vicente. Situação legal do índio durante o período colonial (1500 – 1822). *Revista América Indígena*, v. XLV, n. 2, abr.-jun. 1985.

CIDH – Comisión Interamericana de Derechos Humanos. *Derecho a la libre determinación de Pueblos Indígenas y Tribales*. Comisión Interamericana de Derechos Humanos: Washington, 2021.

CIDH – Comissão Interamericana de Direitos Humanos. *Derechos de los pueblos indígenas y tribales sobre sus tierras ancestrales y recursos naturales. Normas y jurisprudencia del Sistema Interamericano de Derechos Humanos*, 2010.

CIDH. *Derechos de los pueblos indígenas y tribales sobre sus tierras ancestrales y recursos naturales. Normas y jurisprudencia del Sistema Interamericano de Derechos Humanos*. Diciembre 2009, OEA/Ser. L/V/II. Doc. 56/09, párr. 333.

CM, Correa; JI, De Correa; Jonge B. The status of patenting plants in the Global South. *J World Intellect*. Prop. 2020;23:121–146. https://doi.org/10.1111/jwip.12143.

COMMITTEE ON THE ELIMINATION OF RACIAL DISCRIMINATION, 87 th Session (2015) by The Association of Indigenous Village Leaders in Suriname. The Association of Saramaka Authorities/ The Forest Peoples Programme. A Report on the Situation of Indigenous and Tribal Peoples In Suriname and Comments on Suriname's 13th-15th Periodic Reports (CERD/C/SUR/13-15) 14 July 2015.

REFERÊNCIAS 195

CONFERÊNCIA DAS NAÇÕES UNIDAS SOBRE MEIO AMBIENTE E DESENVOLVIMEN-TO. *Conferência das Nações Unidas sobre o Meio Ambiente e Desenvolvimento: de acordo com a Resolução 44/228 da Assembleia Geral da ONU, de 22.12.89, estabelece uma abordagem equilibrada e integrada das questões relativas a meio ambiente e desenvolvimento: a Agenda 21.* Brasília: Câmara dos Deputados, Coordenação de Publicações, 1995.

CONTESSE, Jorge e LOVERA, Domingo. El Convenio 169 de la OIT en la jurisprudencia chilena: prólogo del incumplimiento. *Anuario de Derecho Público.* Santiago: Universidad Diego Portales, 2011.

CORDEIRO, Tiago. *A grande aventura dos jesuítas no Brasil.* São Paulo: Planeta, 2016.

CORTE IDH – Corte Interamericana de Direitos Humanos. *Caderno de Jurisprudência da Corte Interamericana de Direitos Humanos.* n. 11: povos indígenas e tribais. Corte Interamericana de Direitos Humanos: San José, C.R., 2022.

COSTA, João Batista de Almeida e OLIVEIRA, Cláudia Luz (Org.). *Cerrado, Gerais, Sertão –* Comunidades Tradicionais nos Sertões Roseanos. São Paulo: Intermeios, 2012.

CULTURAL SURVIVAL, *Quarterly,* 10.2 (Summer 1986) Land Rights: Strategies for Survival.

CUNHA, Manuela Carneiro. *Índios no Brasil (História, Direitos e Cidadania).* São Paulo: Claro Enigma, 2012.

CUNHA, Manuela Carneiro. *Os Direitos do Índio.* São Paulo: Brasiliense, 1987.

DAVIS, Shelton H. *The World Bank and Indigenous Peoples.* The World Bank, 1993.

DAVIS, Shelton H. *Vítimas do milagre –* o desenvolvimento e os índios do Brasil. Rio de Janeiro: Zahar Editores, 1974.

DEROCHE, Frédéric. La Notion de "peuples autochtones, une synthèse des principaux débats terminologiques. In: FRITZ, Jean Claude; DEROCHE, Frédéric; FRITZ, Gérard e PORTEILLA, Raphäel (sous la direction de). *La Nouvelle Question Indigène.* Paris: L`Harmattan, 2005.

DIAMOND, Jared. Colapso – Como as Sociedades Escolhem o Fracasso ou o Sucesso. Trad. Alexandre Raposo. Rio de Janeiro: Record, 2005.

DIAS, Simone Conceição Soares. Trajetória dos Fundos de Pasto na Bahia. *Anais eletrônicos* – VI Encontro Estadual de História – ANPUH/BAHIA, 2013.

DIEGUES, Antônio Carlos (Org.). *Os Saberes Tradicionais e a Biodiversidade no Brasil.* Brasília/São Paulo. Ministério do Meio Ambiente e da Amazônia Legal /Universidade de São Paulo, 2000.

DOROUGH, Dalee Sambo. The Revision of International Labour Organization Convention no. 107: a subjective assessment. In: DUNBAR-ORTIZ, Roxanne; DOROUGH, Dalee Sambo, ALFREDSSON, Gudmundur; SWEPSTON, Lee e WILLE, Petter (Edited by). *Indigenous Peoples' Rights In International Law*: Emergence and application – Book in honor of Asbjørn Eide at eighty. Kautokeino & Kopenhagen: Gáldu & IWGIA, 2015.

DOYLE, Cathal M. *Indigenous peoples, title to territory, rights and resources –* the transformative role of the free prior and informed consent. London/ New York: Routledge, 2015.

DUE PROCESS OF LAW FOUNDATION. *Digesto de jurisprudencia latinoamericana sobre los derechos de los pueblos indígenas a la participación, la consulta previa y la propiedad comunitaria.* Washington, 2013.

DUTFIELD, Grahan. *Intellectual property rights, trade and biodiversity.* London: Earthscan, 2000.

FANON, Frantz. *The Wretched of the Earth.* New York, 1963.

FAUSTO, Carlos. *Os índios antes do Brasil.* 4. reimp. Rio de Janeiro: Zahar, 2014.

FEARNSIDE, P.M. Frenesi de Desmatamento no Brasil: A Floresta Amazônica Irá Sobreviver? In: G. Kohlhepp and A. Schrader (Ed.). *Homem e Natureza na Amazônia.* Tübinger Geographische Studien 95 (Tübinger Beiträge zur Geographischen Lateinamerika-Forschung 3). Geographisches Institut, Universität Tübingen, Tübingen, Germany, 1987.

FRASER, Nancy e HONNETH, Axel. *Redistribution or Recognition* – A Political-Philosophical Exchange. London-New York: Verso, 2003.

GALVIS, Maria Clara e RAMIREZ, Angela. *Manual para defender os direitos dos povos indígenas.* Trad. Rodolfo Marinho. Washington: Due Process of Law Foundation, [S/d].

GANDAVO, Pedro de Magalhães. *Tratado da Terra do Brasil e a História da Província de Santa Cruz,* Kindle Edition, [1574 (2014)].

GARCIA, Rodolfo. *Ensaio sobre a História Política e Administrativa do Brasil (1500-1810).* 2. ed. Rio de Janeiro: José Olympio/INL, 1975.

GEIPEL, Jeff; NICERSON, Emily; KIELTY, John e REGENSTREIF, Thérèse. *Mining local procurement reporting mechanism,* 2017. Disponível em: https://rue.bmz.de/resource/blob/75704/lprm.pdf.

GOMES, Flávio dos Santos. *Mocambos e quilombos*: uma história do campesinato negro no Brasil. São Paulo: Claro Enigma. 2015 GOODLAND, Robert. Free, Prior and Informed Consent and the World Bank Group. *Sustainable Development Law and Policy*, Summer 2004.

GRABNER, Maria Luiza. O direito humano ao consentimento livre, prévio e informado como baluarte do sistema jurídico de proteção dos conhecimentos tradicionais. *Boletim Científico ESMPU*, a. 14, n. 45, p. 11-65. Brasília, jul./dez. 2015.

GRIFFITHS, Tom. *Indigenous peoples and the World Bank: experiences with participation,* Indigenous Peoples Program, Forests Peoples Program: Moreton-in-Marsh, 2005.

GRUPO DE TRABAJO ASUNTOS INDÍGENAS DE LA ULA, Provea, Laboratorio de Paz: Lexys Rendón Situación del *Derecho a la Consulta Previa en Venezuela.* Caracas. 2016.

HALL, Gilbert e PATRINOS, Anthony. *Latin America's Indigenous Peoples, Finance and Development.* December 2005, v. 42, n. 4, 2005.

HÄMÄLÄINEN, Pekka. *Continente indígena*: La implacable pugna por norteamérica. Desperta Ferro Ediciones. Edição do Kindle, 2024.

HAMMOND, Edward. *Biopiracy watch*: a compilation of some recents cases. Penang: Third World Network, 2013.

REFERÊNCIAS **197**

HANNIGAN, John. *Environmental Sociology*. 3. ed. London and New York: Routledge, 2014.

HESPANHA, António Manuel (2014). *O Caleidoscópio do Direito – O Direito e a Justiça no Mundo de Hoje*. 2. ed. Coimbra, Almedina, 2014.

HOLANDA, Sérgio Buarque (1985). *História Geral da Civilização Brasileira, 1 – A época colonial (do descobrimento à expansão territorial)*. 7. ed. São Paulo: DIFEL, 1985.

IFC – Corporação Financeira Internacional (2012). *Padrões de Desempenho sobre Sustentabilidade Socioambiental*. Disponível em: https://www.ifc.org/content/dam/ifc/doc/2010/2012-ifc-performance-standards-pt.pdf. Acesso em: 24 ago. 2024.

IFC – International Finance Corporation. *Unlocking Data Innovation for Social License in Natural Resources*. Discussion Paper | January 2020, p. 18. Disponível em: https://openknowledge.worldbank.org/server/api/core/bitstreams/63772d4f-bb4d-522a-a274-5fbae-ec4aa63/content. Acesso em: 13 ago. 2024.

ILO – International Labour Organization. *Understanding the ILO Indigenous and Tribal Peoples Convention, 1989*. n. 169. *A tool for judges and legal practitioners*, 2021.

ILO – International Labour Organization. *Understanding the Indigenous and Tribal People Convention, 1989*. n. 169. Handbook for ILO Tripartite Constituents. Geneva, 2013.

IMAI, Shin; LOGAN, Katharine e STEIN, Gary. *Aboriginal law handbook*. Toronto: Carswell, 1993.

INTER-AMERICAN COMMISSION ON HUMAN RIGHTS. *Situación de los derechos humanos en Guatemala: Diversidad, desigualdad y exclusión*. Washington: Comisión Interamericana de Derechos Humanos, 2015.

INTERNATIONAL WORK GROUP FOR INDIGENOUS AFFAIRS (IWGIA). *The Indigenous World 2016*, Copenhagen, 2016.

KAHL, Sonja. *La protección ambiental en la Comunidad Andina*, Cuaderno Doctrinario 001-2022-TJCA (Hugo R. Gómez Apac, Director), Tribunal de Justicia de la Comunidad Andina: Quito, 2022.

KHOR, Martin. *A worldwide fight against biopiracy and patents on life*. Third World Resurgence. n. 63, nov. 1995, p 9-11. Disponível em: https://www.twn.my/title/pat-ch.htm. Acesso em: 08 jul. 2024.

LACERDA, Rosane Freire. *A Convenção 169 da OIT sobre Povos Indígenas e Tribais*: Origem, Conteúdo e Mecanismos de Supervisão e Aplicação, [S/d].

LEITE, Ilka Boaventura. Terras quilombolas. In: LIMA, Antônio Carlos de Souza (Coord. geral). *Antropologia e direito*: temas antropológicos para estudos jurídicos. Brasília: Contracapa, 2012.

LEITE. Ilka Boaventura. Terras de quilombos. In: LIMA, Antônio Carlos de Souza (Coord. geral). *Antropologia e direito*: temas antropológicos para estudos jurídicos. Rio de Janeiro/Brasília: Contra Capa/ LACED/ Associação Brasileira de Antropologia, 2012.

M'BOKOLO. Elikia. *África negra*: história e civilizações. Salvador: EDUFBA 2009. t. I (até o século XVIII).

MACKAY, Fergus. A *Guide to Indigenous Peoples' Rights in the International Labour Organization*. Moreton-in-Marsh: Forest Peoples Programme, 2003.

MACKAY, Fergus. *A guide to indigenous peoples' rights in the Inter-American Human Rights System*. Copenhagen: IWGIA, 2002.

MAIA, Luciano Mariz. *Legislação Indigenista*. Brasília: Senado Federal, 1993.

MALHEIRO, Agostinho Marques Perdigão (1867). *A escravidão no Brasil* – ensaio histórico--jurídico-social, parte 3ª, africanos. Rio de Janeiro: Tipographia Nacional, 1867.

MAMIGONIAN, Beatriz G. *Africanos livres e abolição do tráfico de escravos no Brasil*. São Paulo: Companhia das Letras, 2017. v. 1, v. 1.

MARTINS JR., Izidoro. *História do Direito Nacional*. Brasília: Ministério da Justiça, 1979.

McANANY, Patricia A. e YOFFEE, Norman (Edited by). *Questioning Collapse* – Human Resilience, Ecological Vulnerability, and the Aftermath of Empire. New York: Cambridge University Press, 2012.

MENDES JÚNIOR, João. *Os Indígenas do Brazil, seus Direitos Inidividuaes e Políticos* (Edição Fac-Similar). São Paulo: Typ. Hennies Irmãos, 1912.

MENDONÇA, Marcos Carneiro de. *Raízes da Formação Administrativa do Brasil*, Instituto Histórico e Geográfico Brasileiro/Conselho Federal de Cultura, 1972. T. I.

MENEZES, Wagner. *Tribunais internacionais – Jurisdição e competência*. São Paulo: Saraiva, 2013.

MORAN, Emilio. *Nós e a Natureza*. São Paulo: SENAC, 2008.

MOREIRA, Adriano. Tratado de Tordesilhas de 7 de junho de 1494. *Nação e Defesa*, ano XIX, n. 70, abr./jun. 1994, Instituto de Defesa Nacional, Lisboa, p. 9-25, 1994.

MPMG – Ministério Público do Estado de Minas Gerais (2014). *Direitos dos povos e comunidades tradicionais*. Disponível em: https://issuu.com/asscom/docs/publicacao_especial_direitos_dos_po. Acesso em: 13 ago. 2024.

NISKIER, Gustavo. *Conflitos indígenas e projetos de desenvolvimento econômico*. Dissertação de Mestrado. PUC/RJ, 2016.

OIT. *La aplicación del convenio núm. 169 por tribunales nacionales e internacionales en américa Latina*: una compilación de casos. Ginebra: organización internacional del trabajo, 2009.

OLIVEIRA, João Pacheco. Os indígenas na fundação da colônia. In: FRAGOSO, João e GOUVEA, Maria de Fátima (Org.). *Coleção Brasil Colônia, I (1443-1580)*. 2014.

PATINO, Maria Clara Galvis e RINCÓN, Ángela Mari Ramirez. *Digesto de jurisprudencia latinoamericana sobre los derechos de los pueblos indígenas a la participación, la consulta previa y la propiedad comunitaria*. Washington: Fundación para el Debido Proceso, 2013.

PEREIRA, Osny Duarte. *Direito Florestal Brasileiro*. Rio de Janeiro: Borsoi, 1950.

PONTES DE MIRANDA. *Comentários à Constituição da República dos E.U. do Brasil*. Rio de Janeiro: Editora Guanabara Waissmann, Koogan, Ltda., 1936.

PONTES DE MIRANDA. *Comentários à Constituição da República dos E.U. do Brasil*. Rio de Janeiro: Editora Guanabara Waissmann, Koogan Ltda., 1937. t. II.

PONTES DE MIRANDA. *Comentários à Constituição de 1946*. Rio de Janeiro: Max Limonad. 1953. v. V.

PONTES DEMIRANDA. *Comentários à Constituição de 1946*. São Paulo: M. Limonad, 1953.

PRICE, Richard. *Maroon Societies*: Rebel Slave Communities in the Americas (Eidted by). New York: Anchor BookKindle Edition, 1973.

PRINCÍPIOS DO EQUADOR. *Os Princípios do Equador III, um referencial do setor financeiro para identificação, avaliação e gerenciamento de riscos socioambientais em projetos*, Junho de 2013.

RAMOS, Alcida Rita. *Sociedades Indígenas*. São Paulo: Ática, 1986.

REIS, João José e SILVA, Eduardo. *Negociação e conflito a resistência negra no Brasil escravista*. São Paulo: Companhia das Letras, 1989.

RESÉNDEZ, Andrés. *The other slavery: the uncovered story of Indian enslavement in America*. New York: Mariner, 2016.

RICARDO, Fany; KLEIN, Tatiane e SANTOS, Tiago Moreira (Org.). *Povos indígenas no Brasil: 2017/2022*. São Paulo: ISA – Instituto Socioambiental, 2023.

ROCHA, Liliane (2016) *Licença social para* operar: temor ou valor? Disponível em: https:// envolverde.com.br/opiniao/licenca-social-para-operar-temor-ou-valor/.

ROJAS, Biviany Garzón; YAMADA, Erika M e OLIVEIRA, Rodrigo. *Direito à consulta e consentimento de povos indígenas, quilombolas e comunidades tradicionais*. São Paulo: Rede de Cooperação Amazônica – RCA; Washington, DC: Due Process of Law Foundation, 2016.

ROMBOUTS, S. J. *Having a Say* – Indigenous Peoples, International Law and Free, Prior and Informed Consent. Oisterwijk: Wolf Legal Publishers, 2014.

ROULAN, Norbert (Org.), PIERRÉ-CAPS, Stéphanie e POUMARÈDE, Jacques. *Direito das minorias e Povos Autóctones* (Tradução de Ane Lize Spaltemberg). Brasília: Unb, 2004.

RUIZ, Rafael. *Francisco de Vitoria e os direitos dos índios americanos* – a evolução da legislação indígena castelhana no século XVI. Porto Alegre: EDIPUCRS, 2002.

SHERMAN, Brad e BENTLY, Lionel. *The making of modern intellectual property law*. Cambridge: Cambridge University Press, 1999.

SHIVA, Vandana. *Biopirataria* – a pilhagem da natureza e do conhecimento. Petrópolis: Editora Vozes, 2001.

SILVA, Eduardo. *As camélias do Leblon e a abolição da escravatura* – uma investigação de história cultural. São Paulo: Companhia das Letras. 2003.

SILVA, José Afonso. Terras tradicionalmente ocupadas pelos índios. In: SANTILLI, Juliana (Coord.). *Os direitos indígenas e a Constituição*. Porto Alegre: Sérgio Antônio Fabris Editor, 1993.

SILVA, José Bonifácio de Andrada. *Representação à Assembleia Geral Constituinte e Legislativa do Império do Brasil sobre a escravatura*. Rio de Janeiro: Tipographia de J.E.S. Cabral, 1840.

SILVA, Rafael Freitas. *Arariboia*: o indígena que mudou a história do Brasil. Rio de Janeiro: Bazar do Tempo, 2022.

SILVA, Rafael Freitas. *O Rio antes do Rio*. 4. ed. Belo Horizonte: Relicário, 2020.

STEBBINS, Susan A. *Native peoples of north America*. State University of New York – Potsdam, 2024.

TAMANG, Parshuram. *An Overview of the Principle of Free, Prior and Informed Consent and Indigenous Peoples in International and Domestic Law and Practices*. Department of Economic And social Affairs, Division for Social Policy and Development, Secretariat of the Permanent Forum on Indigenous Issues. Workshop on free, prior and informed consent. New York, 17-19 January 2005.

TARAGÓ, Myriam Noemi. *Los Pueblos Originarios y La Conquista*. Buenos Aires: Sudamericana, Kindle Edition. 2014

THE ETHICS CENTRE. *Ethics Explainer*: Social license to operate. 2018. Disponível em: https://ethics.org.au/ethics-explainer-social-license-to-operate/.I

VALENTE, Rubens. *Os fuzis e as flechas* – História de sangue e resistência indígena na ditadura. São Paulo: Companhia das Letras, 2017.

VILLARES, Luiz Fernando. *Direito e povos indígenas*. Curitiba: Juruá Editora, 2009.

WAINER, Ann Helen. *Legislação Ambiental do Brasil (Subsídios para a História do Direito Ambiental)*. Rio de Janeiro: Forense, 1991.

WHITE. Rob. *Crimes against nature* – environmental criminology and ecological justice. Portland (Oregon): Willan Publishing, 2010.

WITKOSKI, Antônio Carlos. *Terras, Florestas e Águas de Trabalho*. 2. ed. São Paulo: Annablume, 2007.

WORLD Bank. *Emerging lessons series n. 2*. The Inspection Panel. Disponível em: https://openknowledge.worldbank.org/collections/b107d678-5533-4065-84e5-991e24c53adc.

ANOTAÇÕES